U0069397

南懷瑾文化

大圓滿

禪定休息簡說

ཨ་རྫོགས་ཆེ།

南懷瑾 講述

出版說明

一九七九年的六月，南師懷瑾先生開了一門課，講解密宗的一個法本，就是《大圓滿禪定休息清淨車解》。

南師雖為貢噶上師認可，具備傳授密法的資格，但在台灣居留的三十多年之中，始終不太願意傳講密法，他說：「我反對一般人學密宗，因為不把禪宗修成，不到達禪宗明心見性這個階段的，去學密宗，沒有不走入魔道的。」

先生又說：「我要有精神的話，就把密宗所有方法的錯誤之處，都講出來，他們執著在哪裡？同樣是受陰境界。」其實在本書中，先生也已經講了不少。

這次為什麼會講密法呢？因為是應「大乘學舍」出家眾之請；也因為這個法本是有關禪定方面的修持。修禪定是各宗派共通的法門，所以，這次是以佛法的立場來講的。參加聽課的人，除出家眾外，在家人更多，編者也是聽眾之一。

先生在講這門課時，一反往常，十分嚴厲，蓋因出家眾是以修行為主，所以先生在講解時，常警語連連。如說：

「學佛學道的原則，就是反省的工夫，反省的學問，也就是檢查自己內在最深處的行為科學。」

「你們哪有資格學佛！平時講道理，牛吹得那麼大，種的是惡道的業。」

「講白骨觀已告訴你，你們不但我慢貢高，這四個字對你們太客氣了，說真話，只有兩個字：混蛋。」

「在座很多學佛的，哪個夠條件？都是求智慧，求增壽增福，想進帳。」

「那個住茅蓬的和尚，幾十年也沒有把道理弄通！戒行好，行持好，理不通又有何用？」

見地方面，先生說了一句極重要的話，他說：「一般人都把境界當成道，但是，覺悟實相般若的『覺』，可不是境界」。並且說，「如不能頓悟，（這個法本）告訴你如何漸修。」

這次講課不准錄音，以免隨意傳播，斷章取義，反而好心得惡果。但出家眾須寫筆記，並繳呈先生批閱。

這本書是根據多人筆記整理而成。在全部十八講中，前七講是經過先生審閱批改的；後十一講則難以確定。所以在整理過程中，多次反覆與宏忍師共同檢閱筆記文稿，並與其他筆記對比參酌。其中以禪定尼師的筆記較為詳細完整。

三年多前先生在時，宏忍師已將記錄稿集中核校，再由邱珍珍、烏慈親二位女士輸入電腦存檔，本書內容小標題則為編者所加。這本書得以出版，幫忙的人不少，在此一併致謝了。

此書出版印行時，簡化書名為《大圓滿禪定休息簡說》。另南師於一九四五年曾受密教三壇大戒，戒牒副本附錄於書後。

劉雨虹 記

二〇一五年四月於廟港

大圓滿禪定休息清淨車解前敘

佛教密宗一宗，初傳入於西藏之時，適當此土初唐盛世。開啟西藏密宗之教主，乃北印度佛法密教之蓮花生大師，據其本傳，稱為釋迦如來圓寂後八年，即轉化此身，為密教之教主也。當其初傳之佛學概要，已見於拙著《禪海蠡測》中之〈禪宗與密宗〉一章。其出自蓮師初傳之密宗修持方法，即為西藏政教史上所稱之寧瑪派，俗以其衣著尚紅，故稱為「紅教」。紅教修法，除灌頂、加行、持咒、觀想等以外，則以大圓滿等為最盛。此後傳及五代至宋初時期，有因紅教法久弊深，嫌其雜亂者，又分為噶舉派，俗以其衣著尚白，故稱為「白教」。迨元代時期，又有分為薩迦派者，俗以其衣著尚花，故稱為「花教」。復至於明代初期，西寧出一高僧，名宗喀巴，入藏遍學顯密各乘佛法，有慽於舊派之流弊百出，乃創黃衣士之「黃教」。遞傳至現代為達賴，班禪、章嘉等大師之初祖也。大抵舊派可以實地注重雙修，黃教則以比丘清淨戒律為重，極力主張清淨獨修為主。此則為藏密修持方法分派之簡略觀點。至於所謂雙修，亦無其神祕之可言，以佛法視之，此乃為多欲眾生，謀一修持出離之方便道也。苟為大智利根者，屠刀放下，立地成佛，又何須多此累贅哉！如據理而言，所謂雙修者，豈乃徒指男女之形式！蓋即表示宇宙之法則，一陰一陽之為道也。後世流為縱欲之口實，使求出離於欲界、色界、無色界之方便法門，反成為沉墮於三界之果實，其過祇在學者自身，非其立意覺迷之初衷也，於法何尤哉！

民國締造之初，對於漢藏文化溝通尤力。東來內地各省，傳紅教者，有諾那活佛。傳白教者，有貢噶活佛。傳花教者，有根桑活佛。傳黃教者，有班禪、章嘉活佛等等。各省佛學界僧俗入藏者，實繁有徒，指不勝舉。密宗風氣，於以大行。上之所舉，亦僅為犖犖大者。活佛者，即呼圖克圖之別號，表示其為有真實修持，代表住持佛法之尊稱，實無特別名理之神祕存焉。大陸尚未變色之時，紅教徒眾，集居於西康北部者為多。白教徒眾，集居於川康邊境者為多。花教徒眾，亦以散居於西康及雲南邊境者為多。黃教則雄踞前後藏，掌握西藏之政教權，以人王而兼法王，形成為一特殊區域之佛國世間矣。

因漢藏佛教顯密學術之交流，密宗修法，亦即源源公眾。而且於近六十年來，傳佈於歐美者為更甚。大概而言，紅教以大圓滿、喜金剛為傳法之重心。白教以大手印、六成就法、亥母修法等為傳法之重心。花教以大圓勝慧、蓮師十六成就法為傳法之重心。黃教以大威德、時輪金剛、中觀正見與止觀修法為傳法之重心。當其神祕方來，猶如風行草偃，學佛法而不知密者，幾視為學者之不通外國科學然，實亦一時之異盛也。

要之，密宗之側重修持，無有一法，不自基於色身之氣脈起修者，祇是或多或少，揉雜於性空緣起之間耳。大圓滿之修法，例亦不能外此。所謂大圓滿者，內有「心性休息」一法，即如禪宗所云明心見性而得當下清淨者。又有「禪定休息」一法，即為修持禪定得求解脫者。又有「虛幻休息」一法，即以修持幻觀得成就者。今者，自由出版社蕭天石先生，先取禪定休息之法流通之，即其中之第二法也。其修法之初，勢必先能具備有如道家所云：法、財、侶、地之適當條件。尤其特別注重於擇地，一年四季，各有所宜，且皆加有詳說。至於擇地之要，當須參考《大藏經》中密部之《梵天擇地法》，則可互相證印矣。至其正修之方法，仍以修氣修脈，修明點，修靈能，如《六成就法》之第一法也。其中尤多一注視光明而定，與注視虛空平等而定之法。道家某派，平視空前之法，其初似即由此而來者。最後為下品難修眾生，又加傳述欲樂定之簡法。此即《大圓滿禪定休息清淨車解》一書之總綱也。造此偈論者，乃蓮師之親傳弟子，名無垢光尊者所作。解釋之者，乃龍清善將

目錄

第一講

第二講

第三講

第四講

第五講

第六講

第七講

第八講

第九講

第十講

第十一講

第十二講

第十三講

第一講

前言

今天開始講《大圓滿禪定休息清淨車解》，這個「車」字，就是佛法的小乘與大乘的「乘」字，梵文的原意是車子。「解」是解釋，「車解」也就是大小乘法本的意思。依照我們習慣的文法來翻譯，就是大圓滿禪定休息法要，是大乘道。這是屬於西藏密宗紅教的部分，也就是原始的密宗。

幾十年來，由於眼見過去佛教界的作風所產生的不良反應，所以我儘量的把佛法學術化、科學化，擺脫了宗教的形態，也擺脫了宗教的一切習慣，希望真正的佛法，能普遍永恆的流傳。但是，幾十年來對於自己的做法，發現也有很大的缺失。雖然過去的傳統做法，太偏向宗教性，但卻能使人重法、重師承，也就是尊師重道；而現在的做法，反而使人輕法，因為得來容易，師道的尊嚴反而都被破壞了。

像我這種做法，甚至於可以說，是捧著學生玩的，似乎是跪求學生來學佛的。不過，天下事有利必有弊，沒得辦法，只好依舊照我原來的辦法去做，對與不對，還不知道。

這些話是說明，過去學佛的人，對於研習這個法，認為是一件很嚴重的事，所以我們在座的，不管出家在家，可以說，沒有一個夠資格學這個法的。因為按照過去的規矩及傳統的精神，要學這個法，必須具備相當的成就和戒行才可以。戒行包括學佛人的虔誠、敬師、敬三寶的精神，幾乎是發神經似的瘋狂，幾乎是愚忠、愚孝、愚信的態度。

而且，每一次傳法，一定要供養，要錢哦！像木訥尊者的師父說的，如果沒有錢，家裏唯一的財產，只有一隻跛腳的羊，也要拿出來供養。現在是拿錢來代表供養，如果你是個叫化子，今天只有一毛錢，這一毛錢，誠懇的拿出來供養，才是真供養。供養的真義在於至誠，不在於數目的多寡。

今天，對於你們之中的少數幾位，還可以談談這個法，老實講，主要還是為未來佛教界，培養挑擔子的師資，希望這幾位出家人，將來能夠自利而利他。你們居士們沾了他們的光，若說真要教你們居士這個法門，法是要求的，但也沒有人要求過，多少年來我也懶得傳。所以你們有什麼問題要自動來找我啊！連一點求法的精神都沒有，都要等到我約你，我才沒有空！你想想嘛！一個普通人開店做生意，有人要買貨，我才賣給他；你不買，我卻上門去兜售，這種做生意的辦法，我不來！

佛法本來「直心是道場」，我不說假話，這次傳法的目的，並不是為你們在家的諸位，你們不過是順帶的，既然為出家人而講，你們這些有緣碰上的也聽聽，就是這樣一回事。

為什麼這麼說呢？我們大家都要反省，自己是否具備了佛弟子學法的條件。照密宗的傳法規矩，傳法本來是很嚴重的，而且每一次傳法，都要先灌頂、獻哈達；白教是獻白綢子一塊，黃教獻黃綢子。西藏的禮法，哈達就如同花環一樣，有時喇嘛活佛傳法，學法的人一時買不到哈達，就去向喇嘛旁邊的侍者買，哈達就這樣買來買去。講這些只是讓你們大家知道規矩，像這些形式方面，也很重要。

今天這個法，與《大乘要道密集》，以及《大手印》，屬於一個系統。但是，還有一點你們更要注意的，就是這個與白骨觀的關係。白骨觀是一切修習止觀的基礎，這個基礎不打好，你修這些法就很困難了。這個話我講過了好幾次，如果還不懂，還要問，就很令人厭煩。所以要以白骨觀為基礎，不然你們打坐學佛只是浪費時間。

這兩天對一位同學發了脾氣，因為他要請假在家裏打坐兩個星期。這真是浪費時間，浪費青春！搞什麼屁事！佛法是這個道理嗎？你可能會說：老師！你也在峨嵋山閉關三年！對啊！可是我沒有浪費；而且，我也因為知道什麼是浪費才說浪費啊！菩薩行，功德都沒有發起，學什麼佛？好好的作人做事，積極的為善，積極的發起功德，問問自己，我們一天到晚做了些什麼事？除了自私自利為己以外，哪裏有一點肯為人服務的心？沒有！幾十年當中，我沒有看到過一個人真肯為他人做事。真看到，我就向那個人下拜。有是有，有菩薩心行的人多得很，可惜都不是學佛的；這些人的動機，也不會說自己是無緣之慈、同體之悲。嘿！真的慈悲心，絕對沒有這種想法，這樣做的才是菩薩行；然而，凡是學佛的人，卻反而沒有這種心思。

現在翻開本文，這些本子都是台灣印出來的，上面有一篇我的序文。聽說有許多盜印的，把我的序文也拿掉了，來源就不曉得了。若照規矩，密宗的法本是不准印的。我到台灣來一看，不得了，這個文化都要斷絕了，所以就拿出來這個法本，讓蕭先生（天石）印了。印了以後，就被很多人罵，說我不該把祕法公開。可嘆那些高度近視的人，他們不知道這些祕法的法本，法文譯本已經流傳一百多年了；英文的翻譯，外面也多得很，我們還在這裏坐井觀天。更何況，我們這個本子，還是從英文本翻譯過來的，現在自己還不准別人拿去看，豈不可笑！照密宗的規矩，沒有得到灌頂的人，看一下眼睛都會爛的，嚴重得很，把人嚇都嚇死了，不爛都嚇得爛了。

現在我把法本公開了，為的是保留文化，不然的話，這個東抄抄，那個西抄抄，最後抄得走了樣，法本等於沒有了。這不是斷絕慧命嗎？在台灣許多傳密宗的人，他們當面對我不敢說半個不字；若說半個不字，我眼睛一瞪，管你什麼年齡，什麼地位，馬上把他駁得體無完膚。所以，當面他們不會說什麼，背後會說某人搞的，把密法公開，不得了。

什麼不得了？你的動機不為自己，為未來的世界、眾生著想，沒有什麼叫祕密；佛如果還有個守祕密的心理，那還叫作佛嗎？有時祕密是不得已，這些道理，現在我暫時都不去講了。

譯者的解說

現在第一頁，大家先看本文後面的小字，這是西藏龍清善將巴大師的解說。

「三種休息法總義第二章」，休息法有心性休息、禪定休息、虛幻休息三種。禪定休息為第二，這本是總義的第二章。

「示諸法極頓成光明大圓滿禪定休息法並解」。這是說，第二章裏頭說到的，就是佛的一切法，可以使人頓悟，得到自性大光明成就，可以立刻證得大圓滿的禪定，得大休息。大休息法門有兩種：第一是普通小乘念休息的法門，第二是大乘的休息，就是經典上所謂「狂心頓歇，歇即菩提」，這個就是休息。「並解」是加上解釋。

「廣演分為三種：講說解釋之因，廣說入境體義，一切圓滿結義」。擴充起來講，分為三個部分，第一是說明為什麼講這個法門，其次是廣說大光明境界的道理，與大光明的體和最高義理，結論是一切圓滿。換句話說，第一章就是講解大圓滿禪定這一部論著的原因，第二章是說進入大圓滿禪定光明境界的道理，第三章是結論。

中文就是這樣簡單，文字翻譯得不好，因此，密宗越來越密；最近我把它公開，所以能夠在外流行，可惜沒有時間整理，大家看不懂。你們不要被文字騙過去，這種文字的翻譯，都是文學低能者所為，所以把佛法搞得越來越錯，不得了！我真希望把它全部用科學方法整理，剝掉迷信的外衣，標出重點來，這樣真正的密法才能流傳下去。

「初又分三種：名義、禮讚、立宗」。中文經典的習慣叫緣起，又分三種：一、名義，解釋這個法門為什麼叫大圓滿禪定休息。二、禮讚，佛教的規矩先要唱頌、讚歎一番，一邊唱，一邊右繞三匝，這是印度人的禮貌。三、立宗，就是宗旨，這都是講修法。

「第一又分三：譯名、講說、於何安名」。第一點「名義」又分三項：「譯名」、「講說」、「於何安名」。第一章分三點，三點裏頭，第一點分三項，這三項裏頭，先講第一章第一點第一項的名稱。大家都搞清楚了嗎？佛經是非常科學的，每項之內又分類得很精詳。

「初譯名者，具四大種語之印土語云」，梵文的話翻譯過來，叫作「麻哈生底等，翻其語為藏語（今譯為漢語）」。

「麻哈者大也，生底為圓滿，得拿，禪定」，叫作大圓滿禪定。南印度梵文「得拿」翻成中文叫作「禪定」，中國的佛經，依北印度的發音叫作「禪那」。有人說，我們要學佛，就要先學梵文，才能懂佛法。你以為梵文學通了就懂佛法了嗎？梵文的語音有南印度、北印度、中印度、東印度、西印度之別，你怎麼研究？

「畢辛打，譯義為休息，亦有譯為清淨者」。也有將「畢辛打」譯成清淨的，清淨是意譯，不是直譯，是把休息翻譯成清淨；這一本書，休息也好，清淨也好，反正是翻譯的名辭。

什麼叫休息

「譯休息者，有實性、休息、法爾三義」。所謂清淨休息，就包括般若實性、明心見性，是見本體那個本性，見了本性，大休大息，一切放下就成道。所謂成道、空，這是法爾自然如此；其實，法爾就是自然，自然就是法爾。

印度有一種外道，叫作「自然外道」，因此，中國也有些人把老子的自然，套進印度的自然外道裏，真是該打屁股。老子之前，並沒有自然這個名稱啊！老子寫了「自然」，後來的人才借用這個名辭，把翻譯外來的科學名辭，稱為自然科學，把印度的外道，套用自然叫作自然外道。

老子的「自然」，意思是自己本身當然如此，所以，叫作自然。「道法自然」，道的本身是當然如此，所以，道法是自，是然，法爾如斯。那麼佛法翻譯為什麼不用老子的自然呢？如果一用了自然，大家會說佛法套用道家；再不然，又和那個自然外道混淆不清了。因此，又想辦法變花樣，產生一個名辭叫法爾。

法爾怎麼解釋呢？如果有人解釋得出「法爾」的話，我決定叫他為太老師，叫老師都不夠，因為法爾無法解釋，就是這個樣子。就像爬二十層的樓梯，一爬到了，坐在那裏，哎唷！我的媽啊！什麼都想不起來了，那豈不是法爾？你說怎麼解釋？自然這樣，加任何名辭都不對，所以叫清淨也好，叫休息也好，叫圓滿也好，這裏頭有三個意義：「實性」、「休息」、「法爾」，完全放下了，自然放下。我們學禪定，叫你放下，你卻拚命去求一個放下，你不是活該在那裏忙嗎？

講到這裏，前天夜裏讀一首古詩，每一句都好，中間有兩句話，可以來註解我們現在講到的「實性」、「休息」、「法爾」。如果我不曉得這個人是文人的話，看了詩，幾乎認為他是大澈大悟的道人了，所以說文字般若也是大功德。

故事是說，有一個修道的人，買了一隻小船，一輩子就在小船上划來划去，雲遊天下，三十年沒有上岸。大家想想，他在船上怎麼修定？他打不打坐？打坐的話，一定要搖搖擺擺的坐，怎麼能得定啊！可是他照樣得定。你以為一定要躲到山林裏，才叫作修道嗎？你們打坐，坐在平地坐得住，坐在船上坐不住，定不了，你們那叫入定嗎？還是叫入腿？注意啊！你們天天在入腿啊！哪裏是在入定！入定是無往而不定。這個人天天在船上，所以，一般人很佩服他。有一個有名的文人為他作一首詩，中間有兩句真是好極了：「無物可離虛殼外，有人能悟未生前」。你四大肉身是虛殼，無所謂內外，所以也無物可離；但卻能悟未生前的一切。好啊！好對子。

我的布施跟你們不同哦，看到一點好詩，恨不得告訴所有的人，而且，把這好句子，恨不得硬塞到每個人的腦子裏，要他記住。哪裏像你們，懂一點東西深怕人家曉得了，如果問你，還說「不知道」。那是慳吝法的布施，所以，智慧不會大。我這樣說可不是自我宣傳啊！人必須錢財無私，智慧無私，才是大布施。文人這個嘴巴，加上他這個頭腦，真厲害，所以，般若裏頭的「文字般若」，是天機靈感出來的東西，不是從妄念生出來的，那完全是自然出來的，是法爾如斯。

「實性與法爾，乃具特別之休息也」。這個話對了，經典上說「狂心頓歇，歇即菩提」，不能說我要睡覺了，那也是狂心頓歇，對不對？他說，「特別之休息」是真正的休息，就是強調這個休息。雖然拿休息來形容，並不是普通睡眠之休息，必須真正放下，如禪宗明心見性以後，真正大歇大息才是。

「住於輪迴眾生，修持其義，則可休息而止憩故」。為什麼叫休息？我們人都在六道輪迴中生生死死，如果真明了道，「狂心頓歇，歇即菩提」的話，真的放下，立刻不再入六道輪迴，這叫作大休大息。對於學禪的人來說，這個教理上的說明，清楚透澈，解釋得好極了。什麼是真的放下？你以為肩膀上沒有擔子，衣服也脫掉，你就放下了嗎？那是假的，真放下在一念之間，可以停止生死輪迴，超出三界，這叫作休息。

清淨圓滿是什麼

「哲底為解釋，必宿打為清淨，薩耶饒塔，為木，噶為馬，拉馬，為名稱也」。梵文「哲底」，譯為中文叫解釋；「必宿打」翻譯為中文叫清淨；「薩耶饒塔」，中文是「木」。「噶為馬，拉馬」，就是名稱的意思。

到此為一段，古人分類分得很科學，很有條理；怕浪費紙張，所以段落編排沒有現代這麼清晰，不是一目瞭然。

「講說者，圓滿一切法，於何處圓滿，自然大智慧，於此圓滿，即輪迴涅槃」。悟道的那個般若，是自然的大智慧。什麼叫自然大智慧？就是儒家《中庸》所說：「不思而得，不勉而中」；也就是《中庸》最後說的：「上天之載，無聲無臭」；也是孔子在《易經．繫傳》上講的：「何思何慮」。東方有聖人，西方有聖人，此心同，此理同。所以，真正悟道的智慧，是大自然大智慧，是「不思而得，不勉而中」，得了這個，那麼，輪迴就是涅槃。

「無始清淨，自性真面，非由他成，於彼圓滿」。所謂凡夫就是在六道輪迴中生生死死；而佛是跳出了輪迴，究竟涅槃。其實輪迴就是涅槃，涅槃就是輪迴，無始以來，自性本來清淨，只因我們眾生妄生分別，把輪迴及涅槃硬是隔離了。實際上輪迴像輪子一樣的輪轉，是圓的，是無始無終，無止無息。當然，要悟了道，才可以講，輪迴就是涅槃，涅槃就是輪迴，否則，你輪迴去吧！你去涅槃吧！鑽進去就要命。

自性本來的面目，並不是阿彌陀佛給你的，也不是釋迦牟尼佛、觀世音菩薩給你的，自性本來就是佛。「於彼圓滿」，這樣到達這個境界，才是大圓滿，就是禪宗講的明心見性，見到自己本來面目。曾有悟了道的禪師說：

「哦！鼻孔原來是向下的」，哪一個鼻孔是向上的啊？鼻孔本來向下。另有一個人悟了說：「尼姑原來是女人做的」，和尚當然是男人做的，這有什麼稀奇？本來如此嘛！這叫作本來面目，「非由他成」。到了這樣的境界，悟到了這個，大澈大悟，「於彼圓滿」，這叫作大圓滿。

「一切法之根本，由自性所分出故，彼圓此圓，皆是圓滿於唯一明點中也，圓滿乃是自性，故名為大，為他法之廣源故」。大圓滿就是一切法之根本，因為自性本來清淨圓明，起作用時，等於這個清淨起了分化；分化了以後，向外亂蹦亂跳，其實這也是自性的功能，但是，如果迷了途就回不來了。「彼圓此圓」是回轉到本自圓滿的境界，現在把他圈到這個明點當中。這個明點，說是「明白」的明也可以；說是修起法來，故意把他造一個光明點也可以。要知道，那個光明點，乃至於無比大的光明，都是我們自性動念，要它起用就起用，不起用也自如。自性本空，要起用則無所不具，皆是圓滿於一明點中。自性的圓滿叫作「大」，因「為他法之廣源」之故。

「遍行云：廣大此心境，無一不具者」。《遍行》是密教之經典，這句話是讚歎之辭，引用佛經說明我們此心是無比的廣大，具足一切法。所以，六祖悟道的時候講：「何期自性本自具足」，並不是要自己做工夫，才可以把心境放廣大，因為自性本是一切具足的。但是初修的人，還是應該做工夫的。

休息與禪定

「禪定者，於法性之境中，無分別智定一而不散亂也。如來一子本續云：心靜禪定自然獲，如是云也」。禪定的方法是什麼呢？譬如修白骨觀也是，修安那般那（出入息）也是，修念佛法門，參話頭等等一切，八萬四千法門都是，修禪定的方法多得很。本法門告訴我們的禪定，是什麼禪定呢？是大的禪定，是在自性中而定，放下即是，不放下也是，就在這個境界中。也就是在這個法性之境中的無分別智定，隨時隨地，無往而不定。打起坐來入定，頭頂在下，兩腳朝天，也是定，睡在床上右脇而臥也是定，要能無一而不定，才懂得法性之境中的無分別智定，乃如來大定。現在告訴你們，大圓滿禪定這個定，是什麼境界呢？是智慧明白了，法爾如斯的境界，無境界之境界。如果你有一個境界，已經不是大圓滿了。這很不容易了解！

古人說，「莫將容易得，便作等閒看」，幾十年當中，我有一個毛病，是愛說話，所以你們才得以沾一點點光。如果我沒有發表欲，才不會給你們講！真的，碰到我這麼一個瘋子，有什麼說什麼，你們得大利益哦！所以，要好好聽。

關於禪定的道理，大家要知道，他所謂「定一」，沒有一個一，只是姑且這麼說，密宗有本經典叫《如來一子本續》，本續就是法本的論著。佛在這本傳法的經典上講，一個人心能夠靜，自然就得禪定了。你們大家打坐，兩腿一盤，眼睛一閉，本來已經定了嘛！偏要在那裏拚命用功，那怎麼能夠得定呢？心靜以外，還求什麼禪定呢？佛都告訴你了，心靜就自然獲得禪定了。大家反而在這個境界上，拚命用功求禪定，所以，都不是在禪定，都在那裏瞎忙，閉起眼睛，心裏頭拚命做工夫，叫作瞎忙。所以，「心靜禪定自然獲」，法本上就是這樣說的，這叫作禪定。

「休息者，心與法爾境相合時，妄念客無聚散，於本住大法性盡，獲止息之義。如旅客疲而求止憩，鬆懈一切而住，與休息相同」。什麼叫休息呢？我們的心與自然法爾境界相配合，老子說得對：「專氣致柔，能嬰兒乎」。你們如果能做到，自己的心真像生下才一百天內的奶娃兒一樣，此心活活潑潑的，沒得妄念，就是休息了。一個奶娃兒，你逗逗他，他也會笑笑，你說那笑有意義嗎？那你才見鬼；沒有意義嗎？有意義，他就喜歡笑，笑過了沒得事；他要哭就哭了，哭也沒得事。「心與法爾境相合」的時候，客塵煩惱的妄念，無所謂聚，無所謂散。

剛才說的奶娃兒，你打他一個耳光，哇哇就哭，你逗他一下，他又笑，他的妄念，無所謂聚，也無所謂散，「法爾如斯」。我們凡夫越長大越不懂，笑了以後不笑了，心想：我剛才為什麼對他笑？糟糕！他該不會說我神經病吧？一大堆客塵煩惱與妄念就來了，這個就是人長大了。大人一毛錢都不值，而且，大人變老人更可怕，所以人永遠保持童心就是道。

禪宗有一個老和尚，收了一個徒弟，兩三歲就把他帶上山，長到二十幾歲什麼都不懂。有一天，老和尚有事下山去了，他的師兄弟也開悟了的，到山上去，老和尚不在，只看到這個徒弟，出家幾年了，什麼都不知道，氣死了。於是就教他，應該見人要禮貌合掌，說一句「阿彌陀佛」。阿彌陀佛給他塗上去了，然後這師叔等不及先走了。過幾天，他師父回來了，這個徒弟老遠在門外迎接，給師父跪下來說：「阿彌陀佛」。師父一看，愣住了，徒弟說：師叔來過，他教我出家人的威儀，應該這個樣子……老和尚把師弟叫來大罵：我花了二十年搞一個玉石，永遠不給他破一個洞，保持他完整，你來不到幾天，就把他弄得稀爛，這一下完蛋了。

天真未琢，破了就完了，所以我們一般人如果能夠成道，實無天理！因為心裏頭的道理太多了，講難聽一點是：髒的心思太多了。真的哦！我不是罵人哦！我講了老實話，認為我在罵人，不是你瘋了就是我瘋了。所以，「心與法爾境相合」，這個時候才是休息，妄念是客塵煩惱，無所謂聚散。

「於本住大法性盡」，我們本來有的本性就是這個樣子，是本住的；這個時候是無明盡，所以，《心經》上告訴你：「無無明，亦無無明盡，乃至無老死，亦無老死盡」，十二因緣一路講完了。你以為無明斷了，才能成佛嗎？錯了！「亦無無明盡」，無始無終，你能這樣懂了，悟了，就得到真正大休息的道理。

這個時候，「如旅客疲而求止憩，鬆懈一切而住，與休息相同」。他這個境界，等於我們在外面奔波了幾十年，作官做生意，忙忙碌碌，搞了半天，好無聊哦！這樣子的旅客，人生過了幾十年的就曉得，「無物可離虛殼外，有人能悟未生前」！就像「旅客疲而求止憩」一樣，算了，回來睡大覺吧！這一下，什麼都不管，佛也不修了，坐也不打了，一切鬆懈，打呼睡覺去了。你有本事，睡得發了胖，算你本事大，我封你一個佛號叫「胖胖佛」。

你們現在學佛，打坐、修道，在那裏緊張得要死，都在那裏求佛，求一個境界，不能鬆懈一切。真能一切放下，這個境界就是與休息相同。你想，一個人如果這樣休息下去，縱使身上有百病也會好的！真的，這樣休息下來，年紀大了的，一定返老還童。

你為什麼做了很久的工夫，但沒有效果呢？我說的你不信，我只好找古代祖師爺說的，該信了吧！我現在活著不是祖師爺，我死了就是祖師爺了，將來的人把我的書拿出來，也坐在這裏，講給大家聽。嘿！終有那麼一天哦！說不定那天我自己來講自己的，也告訴他們：這位南先生，這麼樣的了不起啊。你們要注意啊！會有這樣一天的，輪迴中間就是有那麼怪的。

「解釋者，於根本義明白指示，廣大指示」。什麼叫作解釋呢？對於根本的明心見性道理，明白的指出來給你聽。就像這一本書，就叫作解釋，其實再用不著我來講了。因為你們不明白，我只好又來解釋這個解釋，所謂明白指示給你們聽，「廣大指示」給你們聽。「了解者，說與前同」，前面講過了，就叫了解，不必囉嗦。這裡括弧中小字註解，「見心性休息」，是說在另一本法本上講過了。

同乘大車入解脫城

「車者，如同引客於所欲處之乘、輪、軸等，引具殊勝時之異生於大解脫城之乘者是也」。車就是我們一般翻譯大乘、小乘的乘字。什麼叫「引具」呢？引是接引、領導、帶領；「具」是具足的眾生，具足什麼？福報具足、智慧具足，還要有暇滿之身；「暇」是有清閒的時間；「滿」是四肢五官都圓滿健康的，叫圓滿之身。所以說，暇滿之身難得，在座諸位，今天要珍惜自己啊！五官具全，不聾不瞎；如果你是個瞎子，不講給你聽的話，你也沒有辦法看；如果是聾子，你也聽不見。在這個人海茫茫，二十世紀的末期，人人都忙得要死的時候，你能盤起腿來，聽這麼一個虛無縹緲的大圓滿，這是多大的福報！暇滿之身難得啊！要珍惜自己的身體，所以，一分一秒都不要荒怠。

有些人，情扯不開，割不斷，那是你不肯割斷，不是不能割斷。什麼叫割不斷？肯不肯而已；非不能也，是不為也。孟子說：挾太山以超北海，是不能也，非不為也，與長者折枝，是不為也，非不能也。哪裏有切不斷的呢？切不斷的是自己的心念，剪不斷，理還亂，那是自己的心念而已。外面的事，要斷就斷，平常我不上這個座位講課時，你跟我講：「實在沒有辦法切斷」，我說：「對啊！是啊！」那是跟你說假話。如果你要我說真話，我就眼睛一瞪：「什麼切不斷？不要自欺了，你捨不得切斷，非不能也，是不肯也」。切不斷？這個社會非要你不可嗎？你死了，社會上的人，難道也跟著死掉嗎？照樣活下去！也許比你在的時候，還活得好。

我常常感覺，我死了以後，你們照樣修下去，也許修持得比我在的時候，還要好！我在這裏，你們反而被我蓋住了。

我們人活著，都要麻煩很多人，你說你不麻煩人，你是個出家人。那你才見鬼呢！你現在第一個就麻煩我；不麻煩我，就麻煩廟子上，也是麻煩別人。你可知道，從過去到現在，有多少人在維持這個廟子啊！你不麻煩人嗎？那怎麼可能？人都不知道反省，這個道理都不懂，怎麼學佛啊！

在特別好的時候，就是「殊勝時」，比如我們二十世紀末期很混亂，並不是好的時代，但是，我們這一堂人，這兩個鐘頭在這樓上，在我看來就是「殊勝時」、殊勝地。想想外界有我們這樣享福嗎？當然，各人立場不同，外面喝酒跳舞的人，看我們這一群是瘋子。「異生」，就是眾生，是一切各種不同的眾生；人、馬、牛、羊、統統叫異生，生命功能一樣，只是生命的作用、相貌、業報不同。

他說：這個法門是引導這些眾生，在具足圓滿殊勝的時候，使他們到達大解脫成就的佛的國土，這裏用「城」。其實，你懂了這個道理，叫如來國土也好，叫光明也可以，叫常寂光土也可以，隨便你變化，意思是使一切眾生進入大解脫領域，所以叫「車」子。

「集經云：誰乘於彼，令一切有情，皆入涅槃。如是所云也」。再引用佛經上說：大乘這隻船或車，是哪一個人乘的呢？不是給諸佛菩薩乘坐的，是給一切未成道的眾生，一切有情，使他成為佛菩薩，皆入涅槃。注意！這部車子，你如果悟了道，不要坐了，應該讓位，給那些在車站上等的人坐。

「清淨者，無有罪垢及法爾菩提心中，示一切法清淨，清淨平等大圓滿道是至上，故名為清淨也」。這句話注意哦！什麼叫作清淨？一點罪垢沒有，一點髒的都沒有，「諸惡莫作，眾善奉行」，為善去惡，是純善的境界，沒有過錯，以及法爾菩提心當中的無緣之慈、同體之悲。法爾的大悲心，表示一切法本來清淨，不是你把他清淨得了的，是本來清淨的。所以，清淨本性，是自性平等，清淨平等，這個大圓滿道是「至上」，至高無上，所以叫作清淨。

「真實名集云：此乃清淨微妙道，如是所云也。名稱者乃繫屬字，示連接前後意義之字也」。清淨這個境界，圓滿清淨，至微至妙，不是你去修來的，而這些至微至妙的清淨是形容辭，都是連接的賓辭，不是主辭。

「又於何安名？禪定休息者，乃名意義之部分。清淨車者，乃名喻義之聚合也」。這是兩個邏輯觀念，禪定叫休息，透過名稱的含義，又叫作清淨車解。這些名稱是比喻之辭，把清淨禪定境界，比喻為清淨之大車。

由這些地方，你們研究佛經，看佛經的文字結構、文章的作法，那是非常科學的，幾千年前，就這樣有邏輯條理，這是一般人很少注意到的。寫論文照這樣的方法，非常清楚。實際上，現在不論中外，除了科學論文以外，我發現人文科學，沒有一本論文像佛經這樣條理分明，這樣上下清晰連貫的。你們看一般世俗大的論文，似乎上下連貫，再仔細一看，毛病就出來了。而每一部偉大的佛經，不管多少卷，上下畫一個表，那真是條理井然，大家要注意這一點。

敬禮的內涵

「二、禮讚，其略示前已示竟（見心性休息中）又廣示，初與體合解」，現在說本法門第一篇第二點「禮讚」，這個在「心性休息中」已說過，所以不再另加解釋。「廣示」，是廣大的開示，開示是佛學的名稱，就是打開來演示，用言語來表演，指出來給你看，示現出來給你們看，連接起來叫開示。

「夫具德者，乃自然之智慧也」。圓滿具足福德智慧，叫具德者。所以說，想明心見性，但悟不了；就因為你想悟，所以悟不了。悟了以後，你曉得本來如此嘛！那是自然的智慧，並不是你修來的。

「普者，三世皆無遷變」。過去生沒有變動，現在生也沒有變動，死了再投胎未來生也沒有變動，本性跟著你，所以，「不生不滅，不垢不淨，不增不減」。你下了地獄，上了天堂，它都跟著你，你只要認得它，認得了你自己，你就成佛了，跳出了六道；認不得，它陪你下地獄，陪你升天堂，陪你變豬變馬變狗，變女人，變男人，本性沒有動。所以，叫作不動尊，這就是「三世皆無遷變」。

「身及智無離聚之密意，由妙賢（妙善）而不動」。我們現在的肉身，是生命一個重要的部分，我們最怕這個肉身死掉。其實，這個肉體有什麼稀奇呢！這是個虛殼子，但是，你一旦進入這個軀殼裏頭，就出不來了，這也像是彌勒的樓閣，沒有門哦！進去了也出不來。這個裏頭本來虛無！把自己解剖分析，裏頭哪裏有個我呢！我在哪裏？找找看！

「無物可離虛殼外，有人能悟未生前」，這個人可惜是古人，如果他是現在人，我非要請他喝一杯酒，至少要請他吃一碗豬腳麵線。臺灣本省人習俗，請客常常是豬腳麵線。這兩句詩真好，他說的真透澈，人這個身體是虛殼哦！現在住進這個房子的就是你，這個身體是物質的一部分而已；而這個智，則是另一部分哦！這兩樣配合一起就是身心。「身及智無離聚」，不生滅，要想使「身、智」永遠存在，那可是工夫了！就是道家所謂的長生不老，與天地同休，日月併壽。

密法修成功，法、報、化三身，留形住世，可以永遠存在，所以，《法華經》上多寶如來永遠在。如何永遠在呢？「身及智無離聚之密意」，真的密法是在這個地方，這是密中之密，用方法使身及智聚而不散，則永恆常在。使身與智要聚則聚，要散則散，等於道家所說的：「散而為炁，聚而成形」，一切由我自在，你就成功了。「由妙賢而不動」，妙賢也翻成妙善，就是文殊大智的境界而不動。

有人說我是學禪宗的，其實我什麼都不宗，我只是學佛的人，要學佛就取法上宗。但是，我也不是密宗，密宗也只不過是作為我的參考而已。

「敬禮者，了悟此義之謂也」。你跪下來磕頭沒有用，你對佛的真供養是「法供養」，佛希望一切眾生成就，你真的用功到了，這就是對佛最大的敬禮。

「與道合解者：具德，乃自性菩提心全放（一切放下），法身密意也」。具福德圓滿、智慧圓滿，把自性的大悲心、菩提心完全放下，放下的也放下，空的也空，這是「法身密意也」。共有兩層，第一層身與智無離聚之密；第二層自性菩提心全放，這是法身密意。

「普者，常時于此境中而不離也。賢者，未離法身境中，顯現一切有情，本自解脫，大圓滿境界也」。「普者」，證到了這個，永遠在這個境界中。什麼叫普賢菩薩之賢？這個賢也叫現，現在之現，呈現之現。什麼是呈現？就是現量境，我們這個世界，一切萬有，皆是阿賴耶識的現量；我們今天的身心，也是自己阿賴耶識的現量。其實，你說我們現在墮落了嗎？

沉迷了嗎？沒有！未離法身境中，自然呈現。一切有情本來就是在解脫，何必求解脫呢？所以，二祖告訴三祖：誰來束縛你？他就悟了，因為本自解脫。有人綑你，你才求解脫嘛！你說我業重，被綁起來，不能解脫，誰把你綁起來？是你自己綁自己，自己綑自己，所以不能求佛，不能求菩薩，只有求自己解脫，這才是真正的大圓滿。

「敬禮者，精勤達到法爾中之修法之謂也」。你恭敬老師，頂禮老師，這些外表形式不必要，你要真正的下工夫勤勞去修，達到了自然本有之性，明心見性；修到了，才是真正的恭敬頂禮。

「與果合解者：具德，是無始本覺也，乃生死涅槃諸無上達到，而于頓成寶祕密孔中（法身中），內明身智無離聚而住者也」。證到了果位，福德圓滿、智慧圓滿，這就叫作證得了本覺，依教理本來就是覺悟，覺者佛也。密宗之大祕密，講無始本覺，這個本覺是什麼意思呢？就是生死涅槃。生死是凡夫，涅槃是佛，這是一體之兩面，是由無上修持、無上智慧、無上功德才能達到的。達到哪裏？可以頓成，達到立地成佛的祕密的這個孔裏；也可以叫這個是法身的境界，這是個祕密的祕密，等於道家講守竅，竅也是一個孔、一個洞。

不要把這個孔洞解釋成有形之洞，這是無形的洞，萬事最清淨是在空洞的境界。如果解釋有形的，你色身的體內，都有那個祕密，打開了以後，心竅的祕密打開了，你就澈悟了。他說：這個是內明，身與智無離也無聚，到這個境界，坦然而住，你就成就了，成佛了。可是，非要身智兩種莊嚴的祕密孔打開不可，氣脈也要打開的，法身空性也要打開的。

「普者，於彼境中示密嚴，具五決定莊嚴者也」。祕密的莊嚴具備了五種決定：一、處，無上密嚴莊嚴土；二、本師，圓滿受用身；三、眷屬，得地三菩薩；四、法，大乘；五、時，常相續輪。

「賢者，於彼境中以大悲心變化六能仁（六道中度眾佛），調伏於六種眾生處」。「六能仁」不是六通，是度六道眾生的佛。有時候成了佛的，還投生畜生道，他故意進入畜生道來度畜生。成了佛的人，比你還要忙，你以為他真在那裏清淨嗎？成功的人比凡夫忙得多啊！不忙的人是凡夫，凡夫才不忙，佛菩薩忙得很，因為，他在彼境中以大悲心變化成六道眾生，來調伏六種眾生，所以叫「六能仁」。

「敬禮者，恭敬獻呈也！祕密心要云：智界不別故，以大悲連接，于六種眾生，時處無盡現，如是所云也」。真正成就的佛，智慧與一切法界六道眾生沒有分別。「智界不別故」，成就了的人，他不管地獄不地獄，他看下地獄等於到極樂世界一樣。他的大悲心接連不斷地一個接著一個，在六道眾生中，無窮無盡的時間，利益度化眾生，十方世界，沒有哪一處不到。你們要想學佛就要學這種精神，如果想躲開世界去成佛，成個鬼！鬼才躲開這個世界！這本經與《祕密心要》都告訴你了。

「敬禮廣說者，自性本寂等句連以天空現日，乃讚佛及菩薩，是具有色之莊嚴語也」。真正的敬禮上師，敬禮佛，是要你自己成就了，證得法身空性，自己自性上的起用，萬里晴天無片雲，陽光普照，照遍三千大千世界，這就是佛菩薩成就的境界。那不是一句形容辭，硬是有色相可以給你看見，那麼莊嚴，所以在色界天才能成就。

為什麼我經常注意到你們臉色不對呢？我們本身就有三界，腹部是欲界，胸部是色界，頭部是無色界。你這個小色界都轉不了，東一堆黑的，西一堆黃的，六道輪迴都擺在臉色，可見你一天都在六道輪迴裏頭轉，色身不莊嚴。如果具足了如晴空日月那樣的光明，就這麼照下來，那個色身是莊嚴的，所以說，一望而知，你那個色界是對或不對。這是講小的，大的更不要說了。

「三立宗者，為諸賢劫等句，其所作者，以其自性所說之嚴飾允許為解說敕論之義也」。他說，這個法本傳下來，是為了這個賢聖劫當中，對一切好的法門作註解，是幫助修行成聖的人解說，但是，沒有悟道不要亂說，悟了道的人，才可以做這個註解。

「其入境體義，及一切圓滿結義，乃如其解釋及攝義者也」。這是結論，就是使你們成就，這是解釋這法本的人——龍清善將巴所作的序論，下次就開始講本法門。

第二講

今天是《大圓滿禪定休息清淨車解》的正式法本研究。像這一類的法本，在密教本身是看得非常嚴重的。換句話說，修這個法門的人，先要檢討自己功德是否夠。所謂功德的問題，學佛首先注重修「行」，就是「行門」的功德，自己的功德是不是夠，這是大家首先要檢討的。

惶惶對法王

很多年前，曾在楊管北先生家裏講過這個法本，但聽的人只是當文字聽過去而已，沒有確實去做。後來又講《華嚴經》，參加的人，老實說，聽過如秋風過驢耳，聽了就過去了，毫無用處。這也就是我經常感覺到的，一般學佛的人，因為自己功德行願不夠，所以用功不會有進步。這一點大家要特別注意。一般所謂用功不上路，光想在工夫上求，是求不到的。「行」的功德沒有實踐，大家為己的心思多，為別人的心思太少了。所以，如果這樣能夠成佛，實無天理，那我也就不學佛了。修行第一講「行」，行門是要利世利他，不是先利己。

諸位手邊有我的詩本，詩與文，我素來並不好，不過，平常也喜歡作作詩。以前我在北投楊先生那裏，講完了這些，也講完了《華嚴經》（民國五十七年十月廿八日），在回家的路上，心中非常難過，當時就作了一首五言律詩。現在提出來，只是跟大家介紹行願的道理，不是跟大家講文學。

驀憶平生事　秋風拂面涼
不堪塵擾擾　何況世茫茫
戚戚存悲願　惶惶對法王
淒清終古月　寂默照爐香

那時正是秋天，忽然回憶起我這幾十年當中所做的事，看起來都在弘法利生，大家也跟著學佛，究竟學得如何，個人肚子裏有數。當然，以詩的立場講，是有很多牢騷，很多的愁煩，很多的不滿。這四十個字當中，就是對於聽者不滿，對於自己不滿，對於佛法以及時代文化之衰敗與低落，更有無限的感慨。

這一首詩做得並不好，中間的四句對仗，都是雙聲疊韻，照中國作詩的規格講，是有問題的。但是，我這個人素來是不守規格的；因為，照規格作出來的詩，修整太厲害了，就有一點作假了。當時作得很自然，現在事隔多年，我經常夜裏也念自己作的詩，「不堪塵擾擾，何況世茫茫。戚戚存悲願，惶惶對法王」。後兩句「淒清終古月，寂默照爐香」，無限的淒涼，無限的寂默，也無限的孤獨；感覺古來的大道，都是非常淒涼，真正向道德路上走的，幾乎沒有人可以走，也沒有人願意走。自己回到佛堂點一支香，正巧月亮照到香爐，四顧無人，感慨真修行的人沒有找到，接佛棒子的人更沒有。

今天一早我就一直罵人，好像比虛雲和尚罵得還厲害。虛雲和尚罵人，是從山門外罵到廚房，轉一圈又從廚房罵到山門，一路罵下去，而且，廟子很大，全山到處罵遍了，看到誰都罵。今天，我也大有這種味道，當然，也是由於感慨的地方太多。

普賢如來　身智合一

大圓滿禪定休息清淨車解。印度語，麻哈、生底、德拿、畢辛達、薩耶、哲底、鐃塔、必宿打、噶、拉馬。西藏語（今譯漢文）名稱大圓滿禪定休息清淨車解。敬禮具德普賢如來。

這個法門是從普賢如來的系統下來的，在密宗，普賢如來叫金剛薩埵，是最大的一尊佛。這個「大」並不是階級的大小，不像世間法地位之高低，而是願力最大，心境最大。所以，顯教《華嚴經》，最後稱普賢是大願王，重點還是在於行。密宗修法的程序上，先是皈依上師，然後才皈依佛、皈依法、皈依僧，而以上師的傳法為尊。

這個法本的本師普賢如來，有些初學佛的人，也許要問，我們只曉得普賢菩薩，怎麼普賢也稱如來？在佛教有四大菩薩，文殊代表智慧，普賢代表大行，觀音代表大悲，地藏代表大願。沒有行就不對。這四大菩薩，早在釋迦牟尼佛以前已經成就，因為釋迦牟尼佛降生在娑婆世界成佛，四大菩薩憑他們的願力，而來輔助，現身為佛的大乘首座弟子，所以稱為菩薩。此處稱為普賢如來，是以過去已成就的名而稱。這個法本，是向上追溯到釋迦佛以前的諸佛菩薩，都是依此而修成佛道，而且強調以「行」為主。現在看經文後的小字解釋。

「自性本寂離戲之空界，頓成身智自性極妙嚴，諸作千光照攝調伏界，佛子智悲如日喜頂供」。首先認識自性本空，不是你去空它，是本來寂滅，不必另求涅槃。真正依密法來講，等於顯教禪宗悟後起修的道理，悟到了自性本空，即是離戲的境界。「離戲」、「戲論」都是佛學術語，你認為本性是空，就落在一邊；認為有，又落一邊；即空即有，亦著一邊；非空非有，亦是一邊，這四邊都是兒戲的話。實際上，自性說是空也對，有也對，非空非有也對，即空即有也對；換句話說，空也不對，有也不對，非空非有也不對，即空即有也不對。所以，一切皆是戲論，離戲論就是道。本來如此，這個道理要注意。

所以，大家坐在那裏，拚命想斷妄念，那是你自己在玩遊戲；那你說我不斷妄念可以嗎？那更在遊戲。所以空、有、非空非有、即空即有，都是在兒戲境界。換句話說，沒有成道以前，念佛、持咒、修定，各種法門，都是在兒戲境界，自己跟自己過不去；真悟道的人，坦然而住，本來就是，自性本寂，離了戲論自然空。空只是形容辭，有個空的境界，又是戲論了。如果真明白達到自性本空，言下頓悟的話，頓悟就頓成，當下三身都成就了，頓成什麼？身智合一。上次講過，有些人理論上好像悟了道一樣，天臺宗講那個是「理即佛」，你悟的道理是佛的道理，可是你沒有證到啊！所以沒有用。也可以說，這只是相似於佛的境界；光是智到了沒有用，要身與智合一，身是四大合攏來的。

顯教的道理不大管身體，既然悟道了，何期自性本自具足萬法，身體也在萬法之內。但是你不要搞錯了，「自性本空」，你才不空呢！你空得了什麼啊？自己騙自己，都是戲論。真空了，不但智空，身也空；證到了身空以後，身智還要合一呢！還要起用，所以是三身成就。智是智慧，是法身；身是四大組成的身，也就是「報身」；報身、法身都成就了，才起千百萬億化身之作用。所以，身智合一頓成，才是真正悟，是證道。

後世禪宗隨便講頓悟，悟了什麼？很多朋友說我是禪宗，我不承認。我說我不是禪宗，而且我也不大同意禪宗；當然我也不是密宗，我也不同意密宗。我是一個學佛的人，什麼宗都不管，那只是個方法，不是究竟。說到究竟，就是我們學佛要三身成就，光是意境上之清淨，那算什麼呢？那又何必學佛呢？讀書道德修養高的人都做得到，尤其我主張大家學詩詞，文學到了那個境界，心境自然會清淨。就如在座的焦金堂先生，一天背一首禪宗的詩，已經背了幾百首，可以出一本書了，一年就有三百六十幾首，他心境自然到達了清淨，這樣由詩就可以進入。

但是，真正成佛的境界，是要轉變色身的習氣，身智俱成；身和智是一體的，也就是心物一元。這個心物一元的自性，由真空到達妙有，達到了美妙莊嚴的成就，才是佛法的極點。

一切的作為，像是千百萬億種光明，自然發出智慧的光明，「諸作千光照攝調伏界」，也可以說是有相之光，也是無相之光。成就了的人，你本身發出來千萬億種的光明，普照三界，攝伏一切的煩惱，調伏一切眾生。「身智妙嚴」這四個字是成果，要注意！成果如何達到呢？要智悲雙運，要智慧的成就，也要大悲心的發起。大悲心不是專為己，是為世為人，要真正發起利世為人的大悲心，當然不是動輒掉眼淚就叫大悲心。智與悲像兩個車輪一樣，必須雙運才能起用。

所以說「佛子智悲如日喜頂供」，智悲雙運是因，像太陽一樣普照，達到了極喜的境界，達到了頂巔，這個法門是值得我們供奉遵守的。

「為諸賢劫異生眾，由於其道解脫城，決定超出之法者」。這個法門是為了這個劫數中的眾生，使他們在修法道路上，真正得到解脫，這是確定可以超出三界的法門。

「明此自性大圓理，清淨車輅之解釋」，這個法門是告訴我們，真正澈底的達到明心見性，得大圓鏡智的成佛境界；這也是使我們真正得到解脫，而達到涅槃清淨究竟之果的大車子。

「夫一切如來廣大聖言之頂尖者」，每個法門都讚歎自己是很高的，這個法門也一樣，這是一切如來最廣大聖言境界，是至高無上最頂尖的法門。

「是自性大圓滿法門故，其理真實。然於一凡夫實解，如何受持次第，使達到所謂大圓滿禪定休息究竟故，所以用此解釋明白指示要門之理也。今初敬禮」。這一段文字易懂，不另解釋了，這種法本，同《四書》等古書一樣，小字是解釋開始的偈語「**敬禮具德普賢如來**」。

不變的光明清淨

本性等空清淨界，勝法不動極離戲，光明心性菩提心，敬禮體圓無遷變。

這是偈子，我們看《華嚴經》《楞嚴經》等經典，在梵文的原本，都是先來一首詩歌一樣的偈子，後面的長文是解釋。後來傳到了中國，以解釋的長文為主，把歌唱的偈文放在後面作結論，恰恰與原始的方法相反。現在這個法本的翻譯，是依照原始的方法，先說偈子，然後加以解釋，這是印度梵文本的方式。

「蓋大圓滿之體者，乃心性自然之智慧」，這一句話就說完全了，什麼是大圓滿？明心見性才得到大圓滿；真見到自性之體的時候，才是大圓滿，也就是心性自然之智慧。

「不動離一切戲論之邊」，心性之體，本來如如不動，本來是不動尊，不沾邊，離一切戲論。住空境界也不對，住有境界也不對，空有都不住，自然而住，一切都不沾，就到了。這句話大家注意哦！你用功打坐，搞了半天，都在沾邊啊！佛法是無量無邊，大家坐起來都是有量也有邊；豈只是有邊，範圍還小得很呢。

「其本體為絕一切分別遣除之性」，自性的本體是怎麼樣呢？當然，是絕一切分別，也絕一切的「遣除」。什麼叫「遣除」呢？我們坐在那裏打坐用功，妄想來了，討厭！把妄想排開；念頭來了，把念頭排開，你心裏都在遣除，都是用遣除的工夫，這就錯了。所以，大家都是白用功，因為見地不夠，見地方面不了解。本體本來是「絕一切分別」，也絕一切遣除；換言之，就是本來沒有分別，用不著遣除，如果加上用工夫的方法去求道，早已經離道太遠了。道本來是離一切分別，離一切相，本空啊！空到什麼程度呢？

「空而如無方分之天」，空到沒有東西南北，沒有任何方位的分別，像太空一樣，沒有邊際，無限的大，無量無邊。如果你心裏說，今天已經求證到那個本性了，那個境界是無量無邊，那樣想你早就該打耳光了，那已經是有量有邊了；有個無量無邊，那已經又落邊了。

「明而如無遮障之日」，自性的光明，等於萬里無雲的晴天，一點也沒有陰影的遮障。那麼，自性本體的功德呢？

「功德如圓成本具之寶」，剛才講修成功需要功德，明白了自性的話，功德本來有，自性上面具備了無比的功德，不是另外去修來的。六祖所謂：「何期自性本自具足」，本自具足萬法，也具備了功德。當然，在沒有明道以前，你也不曉得自己有沒有功德，所以不要妄自斷定自己沒有功德，也不要妄自斷定自己本來已有功德。這個法本告訴我們，自性本體的功能是空的、光明的，也是具備萬有的。「功德如圓成本具之寶」，「圓成」兩個字，就是從唯識所謂的圓成實性而來。「本具」，是自性本自具有這樣之寶。

「生死涅槃，何方未成？何方能現？」如果在顯教，就會翻譯成「生死涅槃，何方未了」。顯教講空的一面，所以會翻譯成「未了」；密教是講起用有的一面，所以翻譯成「未成」。都對！換句話說，你明心見性以後，無所謂生死，既無所謂生死，你又何須要求證涅槃呢！你本來就在涅槃中嘛。「何方能現」，你又何必一定要求那稀奇古怪的功用呢？你本來就是道種。

「其體住於法界，若識自性真面，即以無遷變義而敬禮也」。自性本性，大家想求一個「體」，你求一個「體」早就錯了。所以，《法華經》上告訴我們：「是法住法位，世間相常住」。自性本體在何處得見呢？無處不在，哪裏不可以見性啊？你明白了，處處可以見性；「其體住於法界」，住於法位，本來沒有動過。若識得自性的真面目，那才曉得我們從無始以來，直到現在，沒有變動過。

沒有悟道是因為自己迷糊了，自己何以迷糊？《楞嚴經》上說：「如人迷方，因方故迷」。等於一個人走路，把方向搞錯了，因為有個方向觀念，所以找不出東西南北；如果沒有方向觀念，根本就不會覺得自己迷掉了方向。這個道理比喻得非常妙，要在這個裏頭參。世上的人走路迷失了，因為有方向觀念才使他迷掉了方向，相反的，你沒有方向的觀念，這個宇宙本來是圓的，你哪裏會迷掉了方向？這個道理要懂得。這個懂了以後，就曉得本來無變遷。接著他引用《遍行本續》這本經典上的話：

「如遍行本續云：吉！汝導師教遍行王，三世佛性之法界，生死不捨悲無方，敬禮汝師遍行王」。這裏的「吉」，是一位祖師菩薩的名字，如同《心經》裏的舍利子一樣。這是說：吉！你的大導師普賢佛教我的，我們的體性是無所不在的，起用時發救人利世的大悲心，發起利人利世之大行願，過去佛、現在佛、未來佛，一切佛的佛性在哪裏？本來在法界裏。「生死不捨」，一般人學佛想跳出生死，覺得這個世界好苦，不想再來受生。這種人應該叫作愚癡笨蛋的學佛人，根本違反佛法的原則。

成了佛到哪裏呢？涅槃！涅槃是鑽到盤子裏去嗎？不捨生死！不捨生死到哪裏呢？永遠在法界中。所以，生生世世不捨生死，不捨眾生，永遠來救度，救度了也等於沒有救度。所以你們在座學佛的佛婆婆、佛公公注意啊！一天到晚想專修，你要專修到哪裏去呢？你哪裏懂得修呢？都是亂搞一場。我罵他們是「佛油子」，一身都散發著佛味兒，真的佛法反而不懂。

「生死不捨悲無方」，不捨生死才是大悲心，也就是說，在生死輪迴中救度眾生，如果你怕吃苦頭不來了，難道我不怕吃苦嗎？我的苦頭比你更多，而且一天到晚盯著你們，還要講好幾次話，那我不是自找麻煩嗎？我吃飽了飯不曉得舒服嗎？我這個精神你們不學，只曉得學自私，你到哪裏找「佛」去學啊？你能學到像我這個「凡夫」的樣子，就差不多了，還想學佛！

所以，「敬禮汝師遍行王」，你要敬禮你的導師普賢「行」，這個「行」願最難了，嘴裏講大悲、六度，比唱讚子，比什麼都好聽，在行上一點都做不到，那怎麼叫學佛？所以，他說，你要頂禮你的導師遍行王啊！

「篤哈集云：唯一心性諸種子，彼現三有及涅槃，所欲之果能與之，敬禮如摩尼寶心」。《篤哈集》這本經典上講，你要知道一切唯心，一切心性的種子爆發了，就像善行的種子爆發了，大悲的種子爆發了，才可以談到學佛。種善因得善果，種佛因得佛果。我們平常一天到晚在顛倒中，所以我現在規定，這裏一個月兩次，陰曆的十五、三十這兩天，舉行「布薩」，就是嚴格的檢討自己的錯誤。現在規矩很嚴哦！參加靜坐班的居士們，以《四書》為戒本，出家人以真正的戒律為戒本，一條一條的繩子，越來越綑得緊，受不了的趕快告假。我後面還要綑緊，真學佛就要有這個精神。因為現在不只佛法，整個國家民族，整個傳統文化太衰敗了，我只好扮演這個角色，使你們警覺一點。道理是什麼呢？學佛就是培養你心性的種子向善，善因才能得善果，而善因主要在於善行。

所以說，我們現在的物質世界、精神世界，欲、色、無色界這三有，以及佛所證得到的涅槃境界，都是一心的變相而已。跳出三界外，你跳到哪裏去啊？有第四界可跳嗎？假使跳得出三界外的話，你不是跳出自心外了嗎？事實上，都還在自心中；不過，不受境界的變化而轉，能定而作主。雖受「現三有」而不住三有，就是跳出來了。這就是涅槃，涅槃本來在這裏，所以他說「彼現三有及涅槃」，你所要求的成佛之果，你懂得了這個，才可以拿得到。所以說「敬禮如摩尼寶心」，我們真正拜佛是拜什麼佛？拜自己的心，拜自己的本性。不過，上面有一個佛像，因形相的影響，使你起一種景仰，最後回轉來曉得不是拜他，是拜你自己，你的心是無價之寶。

「寶鬘集云：其如水置水，酥入酥隨化，我之自證智，妙見如是禮。如是云也。又所作立宗者」。密宗、禪宗只是一個路線的問題，你哪裏去真得到明心見性呢？你們打坐都怕妄念是不是？妄念怕什麼？如水倒在水裏一樣，找到了，妄念哪裏會把你們障礙住呢？笨死了。所以你們上座都是在冤枉用功，如水倒在水裏一樣，牛奶倒在牛奶中一樣，哪裏能停留！一天到晚坐在那裏除妄念，吃飽了三餐飯，幹空事，在造業，哪裏是在修行！所以，修行要見地、智慧。現在直接告訴你們，這真是密法，水倒在水裏，牛奶倒在牛奶中，你除什麼妄念？哪裏有個妄念？懂得了這個才是自己的「自證智」。唯識所講的自證智，如果信不過，那就沒辦法了，你只好千生萬劫修去吧！

所以，要頂禮自性，恭敬自性，學佛首先要得這個見地，妙見，要頂禮自己的智慧「妙見如是禮」，這就是密法裏的密法。所以，西藏密宗恭維我們中國禪宗是大密宗，那是真正的大密宗，直指人心，見性成佛，現在都給你們指出來了。你想除妄念，除煩惱，就已經被煩惱騙住了。你不理他，那個煩惱「如水置水」，他本空嘛！如「酥入酥」，不理他自然而化；你想化他、空他，早不空了。這是普賢如來的境界「普現」，到處都呈現出來的，很容易看得清楚。

你說：這個道理我也懂呀！但我信不過。那你不要問我，你自己既然信不過，問我有什麼辦法！信不信得過是你啊！我沒有辦法幫你信得過。

如果你確實信不過，趕快拜佛，趕快磕頭，趕快做好事，做到你智慧明利了以後，再回轉來就信得過了。信得過是靠智慧，也靠功德，所以信心發不起來，是你智慧功德不夠啊！

是智慧　非工夫

如來密意極希有，為各自證智悟故，攝集續論要門心，演所行持須諦聽。

諸佛的密意是什麼？一切眾生本來就是佛，這是諸佛的密意。大家要信自心自性本來是佛，佛是要你自證，證到自心本來是佛，這要大智慧來開悟的。開悟開個什麼？就是自己把關閉的，迷住的心，打開了，這是無上的祕密。你以為拿個咒子給你念念，頭上給你滴一點水，叫作灌頂嗎？灌個什麼頂？天天到理髮店洗頭，理髮師天天為你灌頂。灌了有個屁用！死了還是爛肉一堆。密法在你那邊，真把祕意懂得了，才是大密法，你們偏偏要重形式，好笨哦！所以，叫我們「**諦聽**」，仔細聽。

「夫自證智者，乃此要門之所言也，我當以所修習者，為諸後來者演說其義。蓋此義為一切三世如來之母故」。註解這本經的人，發大慈悲，為後世有心修學的人，說出他自己的修行經驗和道理。這個道理，就是一切三世如來之母，也就是說，依此義修習才能成為如來，三世如來都是從這個義理而誕生。

「攝經云：過去未來佛，十方所住者，共道波羅密，其他即非是」。《攝經》說，這不是眾生之共道，而是十方三世一切佛成佛之共道，是波羅密多到彼岸的法門。如果，離開自心自性以外，還有法門可得的話，那是魔道、邪道；因為除了自性自心之外，其他法門都不是。

「彼又讚佛母云：不可言思智慧到彼岸，不生不滅如虛空體性，各各自證智慧之行境，敬禮三世如來之佛母」。佛母在哪裏？就在這裏，佛母這個境界，自心自性，本來是不可思議的。佛法說不可思議，這不可思議是方法，就是說，你要明心見性，不可以用思議去推測，不可以用邏輯的方法理論去思辨，所以叫「不可思議」。大家一講佛學，就把這句話講錯了，在觀念上把「不可思議」，變成「不能思議」。佛經上沒有告訴你不能思議啊！只告訴你，不可思議，是遮止的說法，這個法門你不要亂修而修錯了。

所以，大家一上座，不管修哪一宗的法門，都在那裏思議，對不對？明明告訴你不可思議。這是不可思議，智慧到彼岸的法門，要了解自性本來不生不滅，它自體本如虛空，本來住虛空的。如果修持的境界上，造成一個虛空，已經不是它了，那是你妄心造出來的，是在那裏思議出來的。所以每人要在自己的心地上著手，個個自證智慧，這個修行的法門，這個境界，才是一切佛之佛母，一切佛都從這個來。所以，我們大家念的《心經》說，「三世諸佛，依般若波羅密多故，得阿耨多羅三藐三菩提」，都要以這個智慧而成就。

「夫於此大圓滿，若到彼岸，尚有何行？蓋智慧到彼岸，即是大圓滿也」。智慧到達了彼岸，就是自性真達到了大圓滿，更沒有另外修行的法門。所以，我經常跟大家說：佛法的成就是智慧的成就，不是工夫！工夫是境界，是智慧的附屬。境界是報身，是色身。

「然安立為三世一切如來之真面，乃由彼所出生故」。所以說，「安立」為過去、現在、未來一切如來的真面目，都是由般若智慧所生。

「如遍行云：吉！我即無作如所有真實，離諸一切增益損減義」。所謂我，就是一切無作、無住、無願，這是大乘的法印。如果是有所住、有所作、有所願的境界，就都不對了。「我即無作如所有真實」是什麼意思？如所有性，一切萬法即真如，一切世間也就是佛境界。《楞嚴經》上告訴你：「離一切相，即一切法」，「如所有真實」，這是真實的。要注意哦！一切的世間法，此中要離開一切增益，就是沒有增加，我們大家學佛都在增加，以為今天多打一小時坐，多念一卷經，多磕兩個頭，就多增加了一點功德，那是妄見！貪心！佛法是不增不滅。你增不起來，也滅不掉！你想把它空掉，空到哪裏去？如果佛法有個東西給你空掉，那就不叫佛法了，那叫世間法。「離諸一切增益損減義」的道理，才是真正的真我，顯教叫你「無我」，叫你不要執着這個妄心生滅之我。妄心生滅，如何空呢？如水放入水裏一樣。

「三世如來皆由我生故」，所以，釋迦牟尼佛下生的時候，就傳了密法，一手指天，一手指地，說：「天上天下，唯我獨尊」。這句話說完全了，三世諸佛就是我，這個我是無我，無我即真我。

「決定指示為如來佛母」，澈底的了解這個道理，這是諸佛之因，也就是諸佛之母。

「以上入所作本法前段之因已示竟，現說其本體分，略示及廣示二種」。下面再告訴你如來心性本體之相。

「初要門體之集要而略示者」，開始說的是簡單的部分，上面是大原則，先要懂得頓悟法門，頓悟不懂的話，再告訴你漸修，這是祕密。漸修怎麼修呢？下面就是「第一金剛理示修等持之地方」。

環境和季節

山巔樹林海洲等，四時處及相合處，一心不動寂三昧，修習光明離戲者。處所人及行持法，由三種性而成就。

這和中國道家所講法、財、侶、地的道理一樣，第一修持要找地方，環境要舒服，山頂或樹林海邊，氣候要好，得其地，得其水，「**一心不動寂三昧**」，得三昧境界。然後「**修習光明離戲者**」，要想得定，還要好的環境，才能得到自性的光明；「**離戲**」，是「空、有」這些亂七八糟道理都去掉，證真佛。「**處所人及行持法**」，修行地、同伴及行持法，就是道家所說法、財、侶、地都要具足。「**由三種性而成就**」，一個人修道，漸修的開始，當然先要把顯教、密教的教理都要學會，然後再說專修。有人一天到晚想住茅蓬、閉關，有什麼資格閉關？經教都沒有通，修法更不懂，住茅蓬還差不多，閉關怎麼閉得住呢？關在裏面享福，享完了福，來生變猴子、變牛。你以為我這是在罵人嗎？大慈悲才給你講真話，平常騙騙你，大家應酬一下，何必罵你！罵人很吃力的，你知道嗎？

「彼諸欲求解脫者，於四時合意之處，平等而住甚深三昧，即決定成就」。想求解脫的，氣候的調整非常重要。比如像今天的天氣，大家都感覺不太舒服，為什麼？濕度大，所以我趕快把除濕機打開，那個房間就像天堂了。外面下雨，濕度增加，你工夫不到，就妨礙氣脉，毛病就來了。所以選四時合意的地方真不容易，其實要自己曉得調整才行。修法呢？要「平等而住甚深三昧」，諸法平等，談何容易！如果能這樣修，這一生必定可以成功。

「但何處為修習處，以何為修習人，及所修何法三者，為成就圓滿之軌法，故建立金剛之理體也」。人的條件、地方的條件及所修的法，就是法、侶、地三種。先要得法，才能說你本身條件夠不夠，地點合不合適，所以漸修當中，要建立金剛之理、金剛之體、不動的道場。

「現於是等次第廣為演說，於首方面，何處為修習處。先指示四時處之次第者」。下面經文先講修習的地方。

初處寂靜而喜愉，合諸四時之瑜伽；夏季雪山山嶺等，竹木籐條草舍等，清涼處舍內修習。秋季林中山岩堡，溫涼均勻屋及處，隨合衣食與行動。冬

則林內岩洞等，土屋低所溫地處，隨合衣食與臥具。春季山林海洲等，隨順溫涼均勻屋，衣食行動極勦合。

密宗也教你們看風水，春夏秋冬早晚變化都不同，有些地方初住進去很喜歡，很寂靜，很舒服；但是要坐一下，住一下，慢慢看，是不是真舒服。如果住久了非常煩，有魔障，那就不行了。有些地方開始並不覺得舒服，住越久越舒服，一定能得成就。密法告訴你，看地方非常簡單，豐林茂草，百花開放，花木特別茂盛而又清幽的，一定是好地方；在那個地方，也不要你擺羅盤、看風水。這也就像看人一樣，一群人中，突然看出一個特殊的人過來，把你眼光吸住了，這個人一定是人才。

「**合諸四時之瑜伽**」，夏天要找涼快的地方，像雪山山頂等地方，現在可以用冷氣調整了，科學發明對修行人幫忙很大，從前沒有冷氣，夏天只好到雪山去修。夏天為什麼用竹木、籐條？這一些都是涼快的東西，現在有冷氣了，方便多了。所以現在修行人更有福氣了，但要曉得調整，不要老是固執，有冷氣也不肯用；或者一有冷氣就成天吹，吹得很冷，不冷不叫作冷氣，那當然中了冷氣的毒了。冷氣機是為了調整氣溫，涼爽一點而已。

「秋季林中山岩堡，溫涼均匀屋及處，隨合衣食與行動。冬則林內岩洞等，土屋低所溫地處，隨合衣食與臥具。春季山林海洲等，隨順溫涼均匀屋，衣食行動極勤合」。溫涼均匀才使你好用功，太冷太熱都不能用功，**「隨合衣食與行動」**，所以天天罵你們不懂得調整，修行人自己的身體有一點不舒服，就要懂得醫藥。開始學修行有那麼容易嗎？你這個身體隨時都在痛苦中，自己又不懂得調養，生了病還不理，想靠打坐做工夫硬挺，你的工夫能挺得過去嗎？很多笨蛋就那麼幹，自作聰明。在你沒有成道以前，沒有跳出三界外，尚在五行中，你那個肉體能抵得住物理的變化嗎？要硬挺，真笨！有時候看到人那麼笨，心裏想活該！他要把笨當聰明，不是活該嗎？

所以，此處告訴你，衣和飲食都要注意，自己也要曉得運動，經行的地方都要有。冬天要暖和的地方，樹林內、岩洞比較暖和；現在不然，科學發明已有暖氣了，所以要把自己保養得好好的。我經常講，修道人是世界上最享受的人，最自私的人，最講究的人，而且最愛乾淨。為什麼愛清潔呢？因為不能讓細菌進來而致病。所以你還沒有修成功，不要自作聰明，一定要春夏秋冬四季殷勤照顧自己，要合適，才能修行。

「如上乃大上師勝喜金剛所作之甚深四季瑜伽修法中所示也」。這是大上師勝喜金剛傳給後世修行人要注意的事。這一類的思想方法，在秦始皇以前，周朝的時候，中、印文化已經交流了，也是中國五行思想，與印度地水火風四大的觀念交流。

「夏季乃火時，內外四大皆燥，故住所及行動應依清涼者。秋季乃風時，內外四大皆成熟，故應依清淨分明之處所及受用」。夏天屬火，秋季風多，二季應該如何，有些密法還沒有講。

「冬者乃水時，內外四大皆寒，故住處及行動皆應依溫暖者。春者乃地時，內外四大皆向上生長，故應注意於寒溫均勻之處所及行動。如是為住內外緣起二輪故也」。冬天屬水，四大皆寒，要保持溫暖；春季在五行中屬木，他用地水火風四大來配合。這個地，並不是講土地之地，就是說，地也等於是木，因為地是生長萬物的，木則是生生不已的，是同樣的原則。

何時應該打坐，或應該做何種運動，都要注意。「如是為住內外緣起二輪故也」。要內緣起，就是內在的修心，外在的色身也要照顧，要使色身圓滿，因緣殊勝。

「如時輪云：外境如何，內亦如是」。《時輪金剛》這個法本，直接承認這個原理，就是環境會影響心理，所以沒有修成功的普通人，要特別注意修行處所的選擇。

「復次，指示何處為吉祥處所之差別者」。下面指出哪裏是吉祥處所。

修行的處所

是故內外一緣起，依悅如意寂靜處，山巔心清而寬廣，醒沉處所生起應。雪山心清生起明，修觀之處礙難少，林中、心住、心性生，修止之處最安樂。山巖厭離無常甚，清明力大止觀運，河水岸畔心向短，決出厭離能新生，屍林力大速成就，無論生圓勝吉祥。

外在的環境要與你內心修行的條件相配合，這是因緣湊合，要你覺得高興愉悅，一切如意；要在買東西也方便，而且絕對清淨的「**寂靜處**」山頂上修。前面境界好，眼界寬廣，尤其在西藏雪山頂上一站，看這個世界一片白銀，像琉璃世界，胸襟自然寬廣。「**醒沉處所生起應**」，大昏沉的人，要跑到山頂上去修，以減少昏沉，保持清醒。

禪宗祖師有一個故事，明朝末年密雲悟大師，得法弟子叫破山明，法名叫海明禪師，四川人。他參禪很多年沒有開悟，而且打坐有一個大毛病，一坐下來就昏沉，話頭雖在心裏沒有掉，可是就是昏沉。後來他聽說密雲悟禪師在寧波天童寺陞座，於是他就離開四川，走了好幾個月的路趕來參學。他是修頭陀行的，也不住廟子，戴著斗笠，背著蒲團，隨地打坐。到了湖北破頭山，打坐修持還是昏沉。他想：十幾歲出家，這輩子這樣修持，又昏沉怎麼辦？最後他跑到破頭山的懸崖邊上打坐，下面是萬丈深淵，心裏想這樣就不會昏沉了吧！若再昏沉，就要掉下去了。結果，照樣昏沉，昏沉久了就跌下去了。這一跌，跌斷了腿，所以，破山明禪師是個跛子。

後來到了浙江，見密雲悟禪師後開悟了。不久清軍入關，密雲悟禪師圓寂前，把衣鉢交給他，要他維持下去。於是他趕緊逃回四川，秦良玉是他的皈依弟子，破山明禪師在亂世當中，跟著這女弟子打游擊戰。後來張獻忠殺到重慶，殺人如麻，破山明請人帶信給張獻忠，要他停止殺人。張獻忠說：「那可以啊！叫禪師吃肉！」一見了面，張獻忠就吩咐人端了一碗肉上來，他拿起來就吃了。張獻忠也守信用，就此停止不殺人了。也只有破山明才有這個勇氣，這一段正史上沒有記載，但事實上都是真的。

「雪山心清生起明，修觀之處礙難少，林中、心住、心性生，修止之處最安樂」。在高山上修，容易進入光明定，這是因為環境的關係。所以中國道家說：「神仙好樓居」，喜歡住在樓上。當然，古代的樓不是現在的樓，現代的樓，神仙才不住呢！四面封起來，空氣不流通。要修觀想法門，到高山頂上，清明的地方，沒有障礙，才可以修。在森林裏，心容易住下來，心境清淨的境界容易得，要想修止得定，森林中、山林中最好。所以我常常說，禪堂光線不能太亮，太亮時修止不易得定；若要修止，光線要暗一點。

但是，他講的只是原則，不要上當啊！山林裏濕度大，坐久了容易得風濕，要曉得調整，所以，道家注重用「銀汞、硫礦、石灰」，這些都是吸濕的。像我在峨嵋山閉關時，就買青杠木燒的木炭，放在屋內吸濕氣，半年後用炭生火，炭中燒出來許多水。生石灰與炭都是吸水分的，這是我傳給你們的密法，是上過當才知道，多少辛苦得來的，講代價都是很貴的；就像吃藥，也是吃了很多才知道的。如果在樹林裏頭修，太陽下山後，就趕緊把窗子關上，早晨四五點鐘太陽出來才可以打開。因為樹木在陽光照射時，才會吸碳吐氧；沒有陽光時，樹木和我們人一樣，是吸氧氣，排二氧化碳氣的。所以，越是樹木茂盛的地方，夜裏空氣越壞。

我平常傳你們法，隨便講，你們不稀奇；如果要你們磕了頭，拿了紅包，然後再告訴你們一點點，你就當寶貝了。人就是那麼傻，我在法布施，你們得到了要曉得珍重，要知道恭敬自己。

林中為什麼身心容易定呢？「**林中、心住**」，像我學佛與你們不同，我也在山林裏頭住過，我自己就研究過，山林裏頭濕度大，心反而容易定，因為陰氣盛，念頭不大容易起；不過並不高明，因為還是受外境的影響。這是我傳給你們的祕訣，你們一輩子也求不到。為什麼你們一輩子也追求不到呢？因為，你們也不會去住山，也不會肯下這樣的工夫。你們學佛要求的是什麼呢？最好打坐三個鐘頭，就有了神通光明，然後覺得上對得起三世諸佛，下對得起後代子孫，哪裏肯吃一點苦頭！哪裏肯犧牲世法上的功名富貴和享受！要知道，種什麼因，得什麼果，很簡單，我專搞這種事，當然懂這一面的事；你們專搞那種事，當然懂那一面的事。「**林中、心住、心性生，修止之處極安樂**」，雖然他是那麼讚歎，也不盡然，也許是因為西藏地區的關係，我把其中的利弊告訴你們，不可以全信，不可以不信。

「**山巖厭離無常甚，清明力大止觀運**」，住山洞也不是任何山洞都可以亂住的，各處地理條件不同，不可亂搞。在中國而言，山西緯度較高，那個山洞都是冬暖夏涼，那就可以。這個法本，是印度北部與西藏，那當然可以；冷氣暖氣都不要，自然調整。在東南區域住山洞的話，那你是想死，住上三個月，一身都發黃疸病，濕氣太重太重了，不要上當。這又是我的祕訣，多少辛酸過來的，不是簡單的。當然，在山上住，越看人世間越沒有味道，所以可以止觀雙修。

「**河水岸畔心向短，決出厭離能新生**」，水邊林下，假使在湖南洞庭湖邊，那濕氣很大，要注意！五湖邊上濕氣都大。但是，在湖邊河邊打坐，我試驗過很多次，尤其年輕時在西湖邊上打坐，月亮出來，水邊上一坐，清潭月影一照，那個心境自然空了。可是，要防止濕氣侵入，必須注意保暖；尤其你們出家人，光著頭，一定要戴觀音兜。在河水邊修定，心裏容易清淨，就是水邊林下容易有出塵之想，對於人世間自然會生起厭離。

「**屍林力大速成就，無論生圓勝吉祥**」，最好修行的地方是亂葬崗，棺材破了，白骨出來了，在那種地方修成功最快。尤其修白骨觀，經典上記載，成就的四果羅漢，幾乎都是從屍陀林中修出來的。同時戒律中也可看到，有些比丘住在屍陀林裏，照樣的起貪嗔癡慢、淫欲、發財之念，看到白骨也風流，看久了都一樣。但是，初修者在屍陀林中最好。所以，顯教、密教再三讚歎屍陀林，屍陀林找不到，至少是在冷廟孤僧之處，淒淒涼涼的地方，那才是修道的好地方。如果怕淒涼，有悲感，你就不行了，要能安於淒涼，才會有成就，真的。所以，你們大家學佛是學著玩的，我陪你們玩玩，你們也哄我玩玩，如此而已。哪裏有人真的學佛？把你丟到屍陀林試試看，不要說是屍陀林，今天晚上把你送到陽明山公墓打坐，你有本事在那裏打坐的話，我就服了你。如果在這種地方辦不到，過不去，你就免談了，還說什麼了生死、不恐怖。你坐在房間裏，電燈一開，沙發一坐，多舒服！說在墓地上修道，就發抖，你還說想修行嗎？門都沒有。

所以他說，只有在屍陀林修的，無論生起次第、圓滿次第，很容易成就，顯教、密教都再三讚歎。如果有人說要學神通的，第一步先學會在死人棺材上睡覺，才能告訴你修神通的方法；去不掉生死恐怖之心，你能修得成功，那才怪呢。

「此等住處，初學或中學或圓滿具足之瑜伽學者，按如所說」，「中學」是學到一半。應該注意的事項，前面都說過了。

「知依地步而行，則殊勝之見定能增長成就」，要知道外界的環境可以影響心理，依地而有不同，一步有一步的工夫，要修心境空靈，必須在高處；欲使心境凝定，要在低的地方；光線、處所、氣溫，都要曉得調整，我們凡人只好靠外界影響自己。如能按照這個修習步驟努力，定慧才能增長，才會悟道。

「蓋是等住處之功德，能為修道之伴助故」，上面講的是住處的功德，儘管說物質環境不是道體，但是，初步修行還非依他不可。

「又人各隨其功力，依所知之處者」。下面講的是配合你的工夫，配合你修道成就的程度。

第三講

這裏大圓滿是講地點的問題，實際上與道家的觀念有相同之處。

不合適的修行處所

城市、空房、一樹等。人、及非人、部多、行，初學散亂而障礙，堅者能助讚為勝。廟宇梵塔魔王處，心亂妄念嗔等生。溝穴諸等女妖處，沉掉太甚貪欲生。一樹等所女空行，巖、及山頭、魔鬼、處，謂心擾亂緣礙多。穢神、惡龍、地神、處，湖邊、草地、樹、藥、林，適意花木莊嚴者，初喜後即礙難多。

初學修行，在城市中是不容易的。那些很久沒有人住的空房，或古老的房子，或是庭院中只有一棵樹的房子，都不好。因為住在這種地方的，有人、非人，及「**部多**」——就是變化鬼。在這種地方修行，初學的人，容易散亂，障礙重重不能進步。除非出家的頭陀，或有道之士，有定力的或道力堅固的人，才能夠得殊勝成就。

「**廟宇梵塔魔王處**，**心亂妄念嗔等生**」。有些神廟，乃至有些佛教的寺廟，古老的梵塔等等，也不一定適於修道，因為有些是魔王所住的。魔王當然會化成出家或者有道的人，不會直接現魔形讓你看見。如果在這種地方修行，也容易散亂，而且越住煩惱越大，脾氣越大，不行的。

「**溝穴諸等女妖處**，**沉掉太甚貪欲生**」。有些房子前面，有特別的陰溝，有空洞的穴道，這些地方容易有女性妖怪居留，修行也不容易得定，不是昏沉就是掉舉，而且淫欲之貪念容易生起。換句話說，濕氣太重的地方，修行也不行。

「**一樹等所女空行**，**巖**、**及山頭**、**魔鬼**、**處**，**謂心擾亂緣礙多**」。所謂空行，就是能飛空自在，變化無邊的，其中有好的，也有壞的。有些曠野、高山上，山澗上，多樹木的叢林，好的地方是女性成就的空行母所住；但有時候是邪道所居的，比如說是夜叉。中國翻譯的夜叉，不是鬼，也不是神，而是非人；是與人類不同的生命力量，神通本事皆比人類來得大。男夜叉都很難看，叫作夜叉，女夜叉又叫羅剎女，很漂亮的。羅叉也是夜叉的別名，稍稍變一點音。山巖及山頭並不一定好，是魔鬼所住的地方。這些地方，你開始住進去滿好，好像可以修道，慢慢的心擾亂，障礙的因緣特別多，永遠不能成道。

有一個和尚，在大陸出家，住了幾十年茅蓬，在香港大嶼山也住了二三十年，楊管北先生沒有過世以前，還特別請我去住他的茅蓬，為他打七。現在事情已隔了十幾年，昨天收到他一封信，我也懶得回信，如果是一個笨人，住了幾十年茅蓬又有何用？我告訴他：你住的茅蓬，地方不好，修持也不對。你們以為修行很簡單，大家就隨便講修行，注意哦！心行沒有變，那是白修行的喔！隨便講修行，是不容易成功的。所以，找地方也要注意，「**巖、及山頭、魔鬼**」等等地方，心容易擾亂，礙緣非常多。比如，那個茅蓬和尚，幾十年也沒有把道理弄通，又有何用？戒行好，行持好，理不通透又有何用？

「**穢神、惡龍、地神、處**」，這種地方，看來像是修持的好地方，高山頂上，獨木一林，風景好、清淨；可是，心擾亂障礙的因緣特別多，而且這種地方不算是好的正神所住的，而是穢神、惡龍，乃至於地神的所居處所。

神的種類很多，包括地神，也是一道，都屬於天道和阿修羅道當中所變的。

「湖邊、草地、樹、藥、林，適意花木莊嚴者，初喜後即礙難多」。像水邊林下，豐林茂草，很好的樹，乃至出產藥材的地方，你躺在地上一看，地面上那個草長得特別有一股氣象。這種地方，你開始一看，歡喜得很，住久了也不好。這種地方，要自己去體會，下面是註解。

「上為世間天魔凶鬼者所住，彼等處道力堅固之瑜伽者，方可以之而住」。當然，你有道，有定力，地獄中都可以打坐，魔鬼之中都可以修行。這裏是講初學的人要注意的，若是你有功力了，那又另當別論。但是有功力的人，雖說擾亂影響不了他，但受擾亂也是很麻煩的。在一個壞人的環境中，雖然你不會變，不動心、不動搖，但是，壞人總歸是壞人。壞地方總是有麻煩的，除非你有願力，想度這些壞的天魔、鬼怪。你如果有這個願力、定力，那就可以。

「以外初修學者，若作常住處所，則不可也，故應當捨棄於是等處」。開始修學的人，不可以住上面講的這些地方；就像普通房子一樣，不對的硬是不對，你硬要去住，你就去住吧！多病、多煩惱、多出事情，你願意去幹，這叫「業」。當然，我也常幹這個事，我幾十年住的房子，從來沒有好風水，我不在乎，我懶得去找，魔也好，鬼也好，我這個人也沒有道，他是鬼，死了我也是鬼，與他一樣。但是，你們不要亂搞哦！這個東西不是好玩的，普通的房子也是這樣，初學的人，絕不能住這些有問題的地方。

「若夫常住之處，如嚴天藥龍及喜向善法之非人所住之地，乃妙善也」。「嚴天」是指莊嚴的天人，他們所住的地方，乃至於善心的藥叉，及天龍所住的，還有些是鬼神住的地方，是好地方，鬼也有好鬼，魔也有好魔。「喜向善法之非人」，非人不是人類，可是有些非人也喜歡修道，那就可以與他們同住一起。

我年輕時，在峨嵋山上住，有個和尚朋友告訴我，他在峨嵋山的最高峰冰雪巖專修的一段軼事。山上一年到頭都是冰雪，這個地方很好，四面有水，山高水深，流水很大，是由雪山上融化下來的水。山上有如一個小島一樣，傳缽老和尚在此蓋一個茅蓬。傳缽老和尚與虛雲老和尚齊名，都是禪宗的泰斗，他因為被一個人追殺，就跳下捨身崖走了。老和尚走了以後，山頂上有一個狐仙，就住進去了，為老和尚看房子護法。這位法師進去住，先向牠禱告，也得到許可。他怎麼得許可呢？法師告訴狐仙：我把香擺上，如果不行，你就搬動一下，我明天來看！結果，都沒有搬動。住進去以後，他在樓下拜佛，狐仙就在樓上也拜佛，後來他搬到上面拜佛，狐仙就跑到樓下拜佛，反正避開他，也不擾亂他。這件事是證明非人之類有些也是修道的，可以同住，當然有緣最好，等於得到護法。

「因能成順緣，並能護不生違緣故。又觀察住處者」。這個地方能成為順緣，使你修道不會有障礙。下面再說如何觀察住處。

總言住屋初適意，漸熟不喜悉地微，初畏不喜漸熟喜，力大速成無障難，較此他平無損益。

總而言之，你住的地方，開始非常歡喜，稍稍住久一點，環境熟悉，越來越不喜歡，說明這個地方對你並不利，地利很微弱。有些地方，開始住進去，空空洞洞的，使人有些害怕，不喜歡；越住久越喜歡，非常留戀。這種地方，與你有緣，力量大，使你很快的能成就，沒有障礙，沒有災難。除了這兩種以外，有些住進去，也沒有好或不好，可以住。等於一般住家一樣，大家住久了，也無所謂好，也無所謂不好，這些都是平平，談不上好壞，只不過是個房子，可以住人就是，對於「地」的利沒有什麼幫助，無損亦無利。

「此乃最為緊要，若觀察半月，即決定知之」。蓋廟也是同樣的道理，當年大陸上的大叢林、大廟子，那些出祖師的地方，一看氣象就不同，這是適宜於修道的地方。

是故依處內心變，加行增減有二種，故說應勤觀處所。

一切處所，外境都會影響你內在心裏的變化，地點也是加行道之一，地方對了，你道力增加；地方不對，使你道力減退。

「又祕密道次第云，處所之性相，如是生出有加行增長與不增長二種」。所以說，修道的處所先要仔細觀察，知道有益或無益。這只是講看不見的一面，看得見的還有道伴的問題，沒有道伴也不行，不好的道伴障礙就多，所以必須慎選。

「今略示四壇處次第者」，下面講四種密法壇場。

四種壇場

復總四壇處分四：息處於意頓然住，增處意適有光耀，懷處奪意得貪愛，誅處心擾生怖畏。分門無量而離邊，此乃三昧靜勝處，餘諸文繁不廣宣。

任何一個密法都有四種：息、增、懷、誅，就是息災法、增益法、懷服法、降伏法。任何一個密法，都包括這四法，這和喜怒哀樂的道理一樣。像中國畫的白衣觀音，就是息災法，增益法是黃的，懷服法是紅的，降伏法多半是黑的。所以如果要修廟子，除了禪堂以外，還要有密場、關房，甚至於息、增、懷、誅四種修持，都要有壇場，密宗的壇場就是道場。

修息災法的道場，要選的處所是「**於意頓然住**」，就是你一進入那個環境，意識自然清淨了，這種地方，非常適合於修息災法。「**增處意適有光耀**」，是增益法的壇場，那個環境特別的光明清淨，使人心意舒適。「**懷處奪意得貪愛**」，就是適宜修懷服法的地方，一進去你的意念就被他奪去了，被他吸引住，而且會非常貪戀這個地方。等於青年談戀愛一樣，烏龜看綠豆，看對了眼，非常喜歡，眼光都離不開了。旁觀者一看就知道，這兩個傢伙要談戀愛了，魂都被勾去了一樣。修懷服法的地方，不是教你們談戀愛的，這是比喻給你們聽。「**誅處心擾生怖畏**」，修降伏法的地方，那個環境一進去，你自然心生恐懼。在座年輕的人，讀萬卷書，行「半」里路也不到，哪裏能看到這種地方！大陸有些地方，真是一進去，那個情境氣勢，那個風景山川，意念就被奪走了。有些地方硬是恐怖，一站到那個地方，全身毛孔都悚立起來了。

像我家鄉有一個地方叫道士巖，碧綠萬頃的一座山，我們小時候，一早起來就看那座山，很好玩，因為朝山燒香的人很多。和尚們早晨誦完經，把頭伸出來，先看山腳下的人群長龍，數數朝山的香客有多少，才好準備午飯。山腳下的人由山路一盤一盤的走到山頂，他們的飯正好也準備好了。那裏頭有一條天成的石龍，從鼻子源源不絕地流出水來，那水天然的冰涼，非常甜美，再多的人也喝不完。可是，那些燒香的香客，誰也不敢對它不恭敬；如果，你吐一口痰在水裏，馬上水停止不流了。和尚趕緊燒香拜拜，敲打法器，它才總算一滴一滴的慢慢流出來，就是那麼怪，這個道理科學研究的也不知道。那個龍的地方，我們一進去毛孔就立起來，會起恐懼，就是陰森，令人肅然。像這一些地方，修降伏法最好。

妄念多的人修道，在這個地方打坐最好，你自己不敢亂想，亂想就看到那個龍，像活的一樣，眼睛像在瞪著你，當然住久了，像那些和尚們，也無所謂了。

「**分門無量而離邊，此乃三昧靜勝處，餘諸文繁不廣宣**」。總而言之，這是一個簡單的說法，大概跟你們講一講，詳細沒有講，不要認為聽了這個，就是學過了大圓滿，不要瞎扯，我也要留一手，不可隨便教你們。真的，不是跟你們開玩笑，我還在考察你們。詳細說的話，多得很，佛法沒有那麼容易，如果你們只稍稍聽一點就會了，那我幾十年不是就白搞了嗎？所以，要分門別類的講，有無量無邊。這是對學道的人說明，初步要想修定得三昧清淨，什麼是最好的地方，什麼是不好的地方。其它還多得很，「**文繁不廣宣**」，以下是註解。

「處境所顯之諸處所，亦含有四壇法故」，任何一個環境，在修息、增、懷、誅時，各有不同的方位，而且還要配合四時春夏秋冬，乃至配合一天的上午、下午，上半日、下半日……那是很嚴重的！

「息壇處者，**心**自然住下，頓然生起無念等持境」，一個適合修息災法的地方，你一進去，不要放下也自然放下了，自然可以達到無念境界。

由此可以告訴你，物質環境對人的心理影響多麼大！所以，到了這個地方，頓然達到無念的境界；而且，能夠平等保持這個無念的定境。像你們修持久了，偶然有時候，有一秒鐘達到了無念，然後，三年再也碰不到一秒鐘這樣的境界，這有什麼用？那就是不能等持，要能「等持境」才是工夫，否則就是瞎貓撞到死耗子。

「增壇處者，地方光耀大，故心喜而為所動」，修增益法的地方，光明照耀非常明亮，自然產生歡喜，這種地方修增益法，修觀想法，非常好，也使你身體慢慢健康。像這類的地方，有些是地下有某種礦物的關係。

「懷壇處者，意能生起貪欲」，修懷服法的地方，使你能生起貪欲的意念。貪欲包括很多種，有男女貪欲、飲食貪欲等等，使你自然起一種爭取之心。

「誅壇處者，畏而防慮也」，修降伏法的的地方，一進去那個環境，自己都恐怖，起心動念都小心翼翼，真是戒慎恐懼，不敢放肆。

「又其形為圓者、四方、半圓、三角。其色白色、黃色、紅色、綠黑。又彼息法等之息法，若區分之則有十六，又再分之則無量數」。修法的時候，在什麼道場，要什麼形態，要什麼顏色，都有分別的。比如「息增懷誅」

這四個法門，每一個法門的地形、方圓、大小等等；用什麼顏色，要詳細分別，一個法門，又變出十六個。實際上，同中國的《易經》八卦的變化一樣，二八十六……八八六十四卦，一直推演下去；再詳細的分，就有無量無數的分法。

「如上所宣者，則可已也」。他說普通一般人修法，大概懂一點就可以了，不用詳細說。

「此乃是示所依息壇處增長三昧之法也」。現在修禪定最重要，上面所講息念法當中，可以幫助你息念清淨，得定，所以「息」法是增長三昧的法門。

「又於彼處所，其建築工作次第者」，曲徑通幽處，禪房花木深；關房、禪房，都是要有一套設計的。如果隨便找一個房子，想打坐閉關，那是瞎想、作夢，那不一定是適合的地方。

光線與修行

於彼息處禪定室，寂靜持意建造合，半方通光最吉祥。

修禪房有一定的原則，格式可以變更，但光線最重要。建造一個清淨的禪室，容易息念得清淨，先找最寂靜的環境修建，格局建造要非常合適，「**持意**」，才能與一念專精的境界相合。如果講風水，嚴格地講起來很困難，不管陽宅、陰宅，不可能同時有利於全家大小，或全族的人口；雖然風水的道理是不可否認的，但是最重要的還在於修德。俗話說：「福地福人居」，有它的至理，你道德不行，再好的風水寶地都沒有用。古語說，一德、二命、三風水、四積陰功、五讀書。如果你有兩個錢，就能找到好風水，就可以飛黃騰達，那還有天理嗎？所以修德最重要，德行不好想修道，也是不可能的，尤其那些只講大話的人，修死了也沒有用。

光線最好不要太亮，太亮容易散亂，也不能太暗，太暗容易昏沉；「**半方通光**」，陰陽各半，也要陰陽相合，就是最適宜的了。

「此禪定室，於半方通光明朗，三昧境中生起而礙難短少」。這樣的禪定室，容易得定，容易生起三昧的功德，障礙困難也減少了，病痛也減少了等等。

「又特於各異之晝夜加行，指示其處者」，下面又特別指示，白天修行，與夜裏是不同的，要注意不同的事項和原則，如果能把握這些原則，可以加速修行的成就。

夜間瑜伽黑圜室，高處圜室內中相，北方置枕涅槃寢。白晝處顯瑜伽者，雪山流水林等地，屋視極明天界廣，心清分明寒溫勻。

瑜伽叫作相應，修道打坐也是瑜珈，念佛也是瑜珈，心性相應合一，身心相應得定，都是瑜珈。所以瑜「伽」士是指修道的人，瑜珈是代表普通一般修持的方法。夜裏修道，純黑暗的地方最好，而且要圜形房間，裏面空空的，只有一個蒲團，行香繞圈子，不會碰到牆壁。夏天在裏面打坐，可以不穿衣服，省得麻煩。如果是閉黑關，則白天夜裏都看不見，伸手不見五指，大概幾天以後，就可能像莊子所講的「虛室生白」了，兩個眼睛如電燈一樣，看得見。當然要修得好才行，這是有特別方法的，不要亂搞，亂搞會出問題的。閉黑關七天以後，一定要開關；這樣修七天下去，大概牆壁就如同玻璃一樣，不會有障礙了。如果準備涅槃的修行人，睡覺的時候，枕頭放在北方。

白天修道在明亮的地方，越亮越好，在高山頂上，視野開闊，或者在雪山流水奔騰之處，這是觀世音菩薩的海潮音。如在海浪滔天的孤島上，心境容易清明，但是必須隨時注意調整衣服，寒溫要恰到好處。有時候跑到山頂，萬丈懸崖的地方，那裏打坐不能盤腿，那就用獅子坐，像狗一樣趴著；你如果不那麼趴著，算不定人就栽下去了，不要說命沒有了，連骨頭也沒有了。

「夜間圜室作法，或有喜如日輪者，然行住極不方便故。今作法者則於中央以二層圜室圍繞，其門由東南西而入，中央之每方，作一肘一箭長，門造於西，圜室之內層圍繞者，門示向南，外層門向東，其四方對直各開四窗，於他時間，亦可顯明」。我們人有方位的習慣，夜間在圓室裏修行，很黑，裏頭沒有一點光。有時候一出定，或者睡醒後會亂闖，闖到牆壁，所以，後世有些人改了，在中央兩層中圍繞，就是說從門進來的時候，看到是方的，門由東南西進入，四面有窗，可以配合日照、風向而調整。這東西沒有看過，畫也畫不好。

「且如需繞行等，亦極為有用者也」。要自己轉圓圈行香，跑到外圍的圓圈轉起來，也很有意思。

「若內心端正而坐時，則關閉之，遂面向北方而修法」。真正入定的時候，四面窗子全部關上，要無風。那個時候，可以面向北，進入涅槃境界那個狀況。你們平時修行，雖然沒有真正入定，但是這個原則也必須把握，至於什麼時候要關窗戶，就靠你們自己去體會了。修行打坐，常常怕風，如果不小心，反而很容易感冒，這方面諸位都有經驗了。

「白晝住處，圜室之上蓋平台半屋向南方，視線極明而修法，即易顯殊勝三昧也」。白天屋子半面向南方，視線要光明，在高樓頂上可以修，但都市不行。眼睛張開的話，那是修觀空而定。觀空時，眼珠子有平視，有左右視、有凝視，方法很多，不是那麼簡單，不要以為聽聽經，就是學了佛法。所以有人說，他跟某人（我）學過，我說千萬不要這樣講，出去反而給我丟臉，真正的修法我也沒有教過。老實講，現在講講原理可以，真正的修法，一步有一步的工夫，一步有一步的徵兆，一步有一步的對治法門。像觀空而定，眼睛就很難，比如說象王視的方法，尤其是在高山頂上，一坐一定，人馬上就化空了，與虛空坦然合一。「於彼妙止共處作法者」。

修止觀的地方

止時靜室牆圍繞，心性自然生處祥，觀時視線勳分明，常常意樂與時合。

這是共同修行的大原則，每人根器不同，年齡不同，業力不同，修法、教授法完全不同，所以不要隨便去當老師哦！一字之差，五百年野狐身。孟子說：「人之患，好為人師」，千萬注意。現在講大家共同的方法，要修定的地方，最好是靜室，有圍牆的地方，跟外境隔絕。佛教所謂的閉關，閉關兩個字是中國《易經》上的話，不是佛家創造的。復卦中說，「先王以至日閉關」，我們上古的帝王，在面臨嚴重的問題，或者碰到國家大典的時候，齋戒沐浴閉關；所謂「至日」，解釋為冬至、夏至二日。清朝也有皇帝在養心殿靜坐之事，皇后、妃子、宮女，一概都不能進來。不過，皇帝齋戒沐浴打坐，不是盤腿，而是端容正坐，慎重的考慮問題。所以有正心殿、養心殿等，各朝代名稱不同。道家不叫閉關，叫入圜辦道專修。平常你常聽我講，學佛要專修，什麼叫專修？專修就是這樣，不要說人，連鬼都看不見，那才叫專修。你以為萬事不管，整天打坐就叫專修嗎？笑話，如果這樣修得成，我就不姓南了。

所以，修定的地方，要環境內外隔絕，心性自然生起吉祥而得定，這是由外打進內的修止、修觀的地方，要開朗，不能封閉，是要「**觀時視線勳分明**」的地方，像曠野高山頂上。所以眼睛瞪得像達摩祖師的畫像那麼大，你以為畫得不對嗎？告訴你們，有道理的，而且，修定到了某一步工夫，他眼睛自然張開了，閉不起來，非張大不可，大並不是在看東西。

道家的畫像，「隻眼照乾坤」，有個神仙，對著一個葫蘆口，一隻眼睛那樣子看，這也是一個工夫修法，到某一步工夫時須要這樣，只用一隻眼。所以，兩隻眼要訓練，像打槍瞄準一樣，要會閉一隻眼。有人只能閉一隻眼，如果右眼不能閉的，是右邊的氣脉不對；左眼不能閉的，是左邊的氣脉不對。所以，觀的時候，要「**視線勦分明**」，而且那個環境使你開心、遠大，因為又光明，風景又好的環境之故。「**常常意樂與時合**」，這時意境上會生起快樂之感，但是隨時隨地要配合。

「彼靜室外邊之四方，於任何一部，有寬坦平地所來之旁，以樹等牆籬，僅及腰圍繞，妙止自然而生也」。這是在大陸農村自然環境的修法，是以樹枝林木做圍牆的房舍，中國古人舒泰的環境，都是竹籬茅舍。為什麼用竹籬呢？因為住宅庭院，以種松、柏、竹為最好，其他雜樹多的房子，住久了並不一定吉利。竹籬，夏天清涼，但是蛇多，所以古代喜歡養白鵝，因為蛇怕鵝的糞，故而蛇不來。老虎住茅草的地方，不住樹林地方，樹林中有鳥，鳥糞便會使老虎脫皮，痛苦得很。所以一物剋一物，這些都要懂，這些書都要看。孫思邈的《千金要方》，關於修道人環境的布置，種什麼藥草，都告訴我們，配合得剛剛好，那才是修道的好地方。

「又彼方之高處，作小台可視遠處而坐，是自然生起觀境也」。在高處造一個陽台，遠遠望出去，晴空萬里，在那裏打坐，這是修觀。道家有採日精月華方法，也是修觀，吸日月之精華效果大得很。「又示生起止觀之地方者」，下面說修觀的地方。

樹等低遮妙止處，雪山高處觀慧處，如是分別極懃知。

大致上說，低窪的地方，樹林深密的地方，修止較容易，雪山高處適於修觀。但是要配合自己個人情況，如果是平常思想不夠，智慧不夠的，不要老是修止修定，而是要去修觀的；腦子靈敏，學問好的人，趕快找地方修定。豈但要了解地方，還要了解自己，那是最難的。還要細察自己，哪兩天興趣特別高，智慧特別好，寫文章的人，文思來了，趕快修定。哪兩天情緒特別低，人也悶悶的，不舒服，趕快修觀。「動時修止，靜修觀」，要曉得調配，這才叫專修。

「住於何方處所，若樹林及岩山背等，意能內住之諸方所者，是為妙止修而相應處」。有一種地方，能影響你生理與心理向內收的，這是修定的地方。

「若地方高，而自性清明廣大，應知此為觀慧之處所也。今當以如是語使知住處之取捨，攝其義者」。在高的地方，自心又清明，則是修觀慧之處，大原則如此，詳細還多。歸納起來，就是下面所講的。

總之地方靜室者，何處決出離心短，三昧增長加行處，依合真實菩提處。何處覆善、煩惱長，惑亂、憒鬧、今生轉，惡業、魔處、善知捨。此皆自然蓮師云，欲求解脫等應知。

總而言之，學道的人，修行的處所很重要，哪一些地方能夠使你生起出離心，迫切的想跳出紅塵的決心，就是好地方。在座很多學佛的，你說哪個人夠得上條件呢？學佛有一個條件，首先發出離心，你們哪一個發了出離心啊？不過是想給自己增加一點壽命，增加一點福報，甚至於高明一點說，無所求，只想求一點智慧。你說自己求不求呢？貪不貪呢？智慧比福報還要大，智慧不是錢買來的，是多生累劫修得的，而你想求智慧，完全是進賬的心理，哪裏還叫出離心！所以修行必須要找一個環境，使你真切能夠發起出離之心。出家要修頭陀行，就是為了求出離心，夜裏要到墳地上用功。像古代那些荒塚，棺材破了，死人骨頭都露出來的，那種地方，才能夠生起出離心。我們現在學佛的人，哪裏有出離心呀？佛也要成，道也要修，鈔票也要，名也要，一樣都捨不了。吹牛吹得大，理論講得高，但是想學佛成功，那是不可能的。所以，好的地方靜室，有些會影響你發出離心，有些是使你三昧能夠增長，很快得四加行——煖、頂、忍、世第一法。「**依合真實菩提處**」，所以，最適合修行之處，才能夠真悟道。

「**何處覆善、煩惱長，惑亂、憒鬧、今生轉，惡業、魔處、善知捨**」。有些地方能夠「**覆善**」，覆蓋了善念，反而使你越修越障礙善業。我看有很多廟子是不能住的，越住心裏會越髒，慢慢住久了，煩惱會增加起來，這叫作「**覆善**」。還有些地方住了會「**惑亂**」，迷惑散亂更重，智慧更不開。「**憒鬧**」，環境太鬧的地方也不行，有些清淨的廟子，變成了憒鬧的地方。有些廟子住著三個和尚，結果三個和尚沒水喝，一天到晚鬧意見，那就是憒鬧的地方，不能住的。今生不但不能成功，還會加重惡業。有些地方你住久了，

「**善知捨**」，你那智慧，善的方面都會丟掉的，越來越差了。因為思想走入了錯路，一個觀念錯了，他不知道，越來越鑽進錯路去。

「**此皆自然蓮師云，欲求解脫等應知**」。這是蓮花生大師所傳的，釋迦牟尼佛涅槃第八年後，再來投生，不從娘胎來，從蓮花苞中化生，永遠肉身存在，他就是密教教主蓮華生大師。大師親口傳的，說你們要想學佛，學解脫道，應該都要知道，修道的環境是如此之重要。

「於彼何方及住處，若善法增長，特別生起信心及決定超出者，指示彼即相似真實菩提處故」。這是告訴我們，一個修道的人，能夠得到一個好地方，也要有福報，也要有善緣，所以，有些地方，可以使你得到相似的道業成就。

「於何處爭鬥及染污增上，令生之誑惑及憒鬧轉盛」。有些不對的地方，比如有些廟子，那當然是菩提道場，修道的地方；但是，只是相似，不是真的道場。住久了以後，反而人與人之間，鬥爭很厲害，染污更厲害，貪名貪利養等，很多花樣，並且還生起自己欺騙自己的行為，在那裏枉住一輩子。

「應知捨離此惡業魔之住處也」。這種地方必須及早捨離，所以，選地方時，須曉得這一些都是魔障。

「大上師蓮華生所作要門之見道堡鬘指示心要云」，這些選地的要點，在一本密教的經典，就是密教教主蓮華生大師所作的《見道堡鬘》中，對於修道見道與風水地段的關係，有一個指示法要說，「修法於住處亦最緊要，若欲成就上上善及至上三昧者，較此殊勝者不可得也」。任何的修法，住處都非常要緊，要想很快的成就，處所不細加選擇是不可能的。

「故凡於何處，若爭鬥及不善增長，即障礙解脫道，應努力捨棄，譬如如上所云也」。住的地方不對，是非多、煩惱多，人我鬥爭厲害，乃至不善業慢慢增長，這種地方障礙解脫修行，應該勇敢的拋棄。

「尾偈云」，末尾一個偈子說：

「自性極寂方所處，淨水苦行德資養，此生惑亂憒鬧離，願修甚深法三昧」。地方要合於自性清淨寂滅的境界，猶如淨水一樣，幫我們洗滌內心的污垢，使我們修苦行，馬上成就功德。因為好的地方可以幫助我們，使福德增加，智慧增加，幫助我們「即生成就」，這一生離開惑亂憒鬧，修甚深的法門容易成就。

「住處現各苦惱處，輪迴城圍齊捨棄，解脫淨聖菩提處，涅槃行相獲安樂」。所以，住處很重要，因修道的住處不對，會引起各種的苦惱，本來修道是為了要跳出輪迴，超越世間，才能得解脫得菩提，獲安樂，所以，不對的地方，趕快捨棄。

「今似我眾無利益，惡時繞及世界顯，捨離此生惑憒鬧，願開祕密四寶門」。這四寶就是法、財、侶、地，也就是四皈依，皈依上師、皈依佛、皈依法、皈依僧。

「第一金剛理示修等持之地方終」，「金剛理」，是千古顛撲不破不可變易的至理，這是第一段，告訴我們修持的地方，以及環境的關係。

「第二金剛理示修等持之人。今當指示以何者為修習之人，說具閉關法器之世人者」。第二是說修持本人及道伴，什麼人夠得上修道學佛，嚴格的說，是哪一種人，才夠資格閉關專修，是這種法器。

誰是法器

第二修習之人者，具信、決出、勤、厭離，厭棄生死、求解脫，置今生心、求菩提。遠鬧、散、亂、煩惱、少。淨顯、誠信、心量廣，具堅恭敬彼諸眾，

殊勝解脫令其成。

所有這些條件都具備的，才夠得上是個法器，上師選擇傳法的徒弟，要選這樣的人，專修要找一個道伴，也是找這樣的人。第一是「**具信**」，有正信不是迷信，教理通達，修法懂，具正信之善根。「**決出**」，有決心出離的，有跳出紅塵，跳出三界，即生成就這種決心的人。「**勤、厭離**」，隨時隨地勤於厭離這個世界，厭離這個三界。如果你說有時候，自己灰心得很，很想走開，那不叫厭離心，那是你不如意；當你如意了以後，你才不想走開呢！如果做生意，環境、名利場中，一切如意，你還會想走開嗎？厭離心還要等哪一天，還等什麼時候才有嗎？你說「我只要明天就行」，還要等明天，這叫厭離心嗎？

所以，在我自己想，人真有厭離心難！這是學佛的第一個條件。你說我很討厭他們，討厭不是厭離，那是你內心非常惡的業，是嗔心、癡心的一種。厭離心是真看通了，看通了這個人生，有離開超出之感，那不一定是出家，不一定是入山。可是，真正的厭離心生起，這個裏頭包括了很多戒律，包括了菩薩戒很多條件。

真正專修，不管在家出家，隨時隨地有出離心，想跳出三界外，有厭離心，厭離世間法，但不是嗔恨心，嗔恨心和厭離心是不同的。要跳出輪迴，先要明白這個生死，非常懇切的追求，厭棄這個生死，這是厭離心。你說，我最怕死了，那是怕死，不是厭離生死。既然怕死，為什麼不把生死問題搞個明白？究竟父母未生我以前怎麼來的？死了以後到何處去呢？要窮追根底，這叫作厭離心。怕死是凡夫心，而厭棄生死則是絕對的求解脫之心。

「**置今生心**、**求菩提**」，就是要下決心，說這一生非成就不可，不是說這一生不成功來生再來。所以這一生要即生成就，所謂大威德大勇猛，這就叫作大勇大猛，非大澈大悟大成就不可！

「**遠鬧**、**散**、**亂**、**煩惱**、**少**」。遠離憒鬧的環境，找極寂寞、清淨的地方，離開一切散亂，離開一切煩惱，這樣才可以夠得上是法器，也才可以作道伴。

「**淨顯**、**誠信**、**心量廣**」，「**淨顯**」是福德資糧，心地乾淨，內外一致。「**誠信**」，絕對的至誠信仰三寶，信仰四皈依，有人說「我絕對的信仰上師」，對不起，我不是上師，我也沒有碰到有人真信仰過我的，真迷信一個人很難哦！我們佛像供在那兒，哪一個人肯迷信那（佛）就是自己的老師？覺得他隨時在這裏管著自己，做到沒有？沒有這個誠信而能夠成佛，那是不可能的，所以誠信要到這個程度才行。不過，誠信的人往往變成「我是他非」，認為自己對，別人錯，因為看到別人不跟你那麼拜，就討厭。這是不對的，要「**心量廣**」大，包容萬象，這是條件。

「**具堅恭敬彼諸眾，殊勝解脫令其成**」。而且要有最堅固的恭敬心，對法對佛對三寶，乃至最堅固的恭敬，恭敬一切眾生，恭敬一切大眾。這樣的人，才能夠得到最難得的殊勝解脫。

「若有具信勤決出離者，如法之田土相似，蓋無土則無法，若具厭棄生死者，是乃入法之門也」。出家人能夠具備這樣，就叫作福田僧了，才能給眾生種福田。

「應須追逼於解脫之道，具求寂滅樂者，如菩提之種子相似」。對於修道想求解脫之心，是迫切的。要追求寂滅清淨，享受那個寂寞的快樂，這才具備了修菩提道的種子。

「此生心置之捨離貪著者，則決成拔出輪迴之方便，欲求究竟菩提者，如三種緣之水與糞料相似」。要決心此生成就，這個人才夠得上求菩提。換句話說，人要具備這三種條件，有田地有種子有肥料，才能夠生長；學佛的人也要有三種緣，厭棄生死，有懇切的出離心，有即生成就的追求。

「由染污憒鬧而寂靜者，即可發生違緣自退之祕訣」。如果你在世俗法中，隨時隨地，心地能夠修寂滅清淨的法門，那樣就可以發現退出人世間的方法，自己會有智慧。

「具誠信淨顯者，於善業之收穫，頓成增長之因緣」。一個人真對於佛法僧三寶，發生真正敬信，而且正心之念內外呈現的話，善的道業，自然一天一天的增長，自然會有收穫，自己也會知道。自己善心的增加，無論是在做事或修道，因緣都曉得了，善心越來越增長。至於說，搞幾天又有煩惱來，病痛來，就是你的惡業在增長，自己還不懂！還不知道懺悔。

「具堅固心與恭敬者，能使解脫之果速成熟者也，故應知此為殊勝器」。具堅固心而不退轉，乃至依止上師而不退轉，像木訥祖師，那個上師那麼趕他，那麼打他，那麼整他，他硬不跑。有這樣根器的人，修道才能有成就。這一種人才夠得上是學佛的一個法器，上師選擇弟子，是要選擇這樣的法器。

「如遍行云：信、三昧誓、極精懃，悲心、隨喜、無厭退，身及妻子眷屬等，皆不貪愛信樂供，彼等乃信誓印故，具真實義施與之」。願力堅固，永不退轉，勇猛精進，還要能慈悲喜捨。修菩薩道最艱難，連自身、兒子、老婆，什麼都可以布施出去的。

有一位朋友很滑稽的，他說對我怎麼好，怎麼好，有一天把我整得火大了，我說：你真對我那麼恭敬嗎？你把兒子供養給我吧！他說：那做不到！我說：所以你吹大牛。當然，這是說笑話。又有一個人說：老師！我身口意供養你。我說：你不要隨便亂講，你講了，你的身體就屬於我了。我明天把你賣了，你就要讓我賣，因為你身體供養我了，主權屬於我的。所以不要口頭講出佛法的話，有口無心，犯了一個戒，欺騙自己，欺騙別人，佛法都變成口頭禪了。

「彼等乃信誓印故，具真實義施與之」。真的恭敬，真的布施，真的供養，誰能做得到？

「又附所應捨棄之器者，彼本續云：指示非器邪人者，喜世間法及名聞，我慢、不敬、心短退，放蕩、貪物、無有信」。這個經典附帶說明反面的狀況，就是應該捨棄不是根器的人，叫作非器。那些愛喜世間法，貪求名聞利養恭敬的，都不是法器，喜好名利，喜好人家捧，喜好人家恭維，喜好人家對他的態度好，我慢貢高，不恭敬，很短視，心短就是現實，容易退失。另外放蕩、心放逸、貪物、貪求物質享受，沒有信心的人，都要捨棄。

「自度行持欲強求，聖教普宣不相合」。這一類的人，他看自己非常偉大，上師要觀察，這一類人教化不了，不要強求。所以，佛經的聖典上講，這一類根器不相合的，只能順他的根器走，給他種一點善根，他生來世再來吧！

「增損自他念壞心，此即不示極祕密」。這一類法器的人，不可以隨便傳法給他，實際上，隨便傳法給這類的人，上師犯戒。不過，上師慈悲，自己背過，自己要受罪的，因為，對像不是法器。而且，他學了以後，去玩嘴巴去了，也害別人去了，尤其是密法的修持，絕不可傳授。這是講法器與非法器的差別。

「又具器者，指示所行之法如何」。下次講如何是法器，聽了以後，自己要趕快修持，使自己能構成法器才行。

第四講

我們已講到這本書的十九頁，關於修持人的條件，也就是什麼樣的根器，才可以修持這個法門，哪一種根器，才可以修持大圓滿禪定的修法。修這種法門的人，首先要戒律清淨。戒有哪幾種呢？出家的有沙彌（沙彌尼）戒、比丘（比丘尼）戒，還有大乘的菩薩戒。這三種以外，還有密宗的十四根本大戒。這四種戒合起來，最重要的是菩提心戒。今天本來是講這個，由於因緣特別，把二十一頁「**聲聞、菩薩、與持明，三種律儀不違犯**」的這一節，暫時擱下，先講第五十七頁的修無念法。

對無念錯解

我們本來講到大圓滿禪定的修法，就是我們以前曾提出過的，不管哪一宗哪一派，學佛法有三個步驟：見地、修證（工夫）、行願。現在本法門，專講如何得定，本法門得定的修法，就是大圓滿得定的方法。這個法門，雖然也包括見地、修證與行願，但是，只修色身、報身，就是把父母所生的現在這個業報之身，轉成諸佛菩薩的色身成就。證得法身之後，再有化身神通起用。

前面我們曾講到修持法門的選地，修持人的條件，修持人的法器。修行法器下面就講到修氣脉，轉這個色身，達到大乘定的境界。大乘定境界的四個條件：空、樂、明、無念，缺一而不可。諸位都做工夫，修止觀，或者修道家，或者修密宗，或者任何一個方法，假使能夠坐十天半個月，枯木禪坐法是沒有用的。像那樣修，不要說一輩子不能成功，十輩子也不能成功，必須要空、樂雙運。空是意識境界，而報身肉體要轉成快樂。你們坐了半天在那裏硬熬腿，那怎能叫樂？那叫苦啊，空嘛空不了，在那裏打妄想；樂也樂不起來，在那裏熬身體。不然就是這裏痠麻，那裏脹，都在受罪，所以要空、樂才行。身體真得定就發樂，不想下座；這種空、樂、光明，比世間任何之樂，比男女媾合之樂，還要樂個十倍、百倍、千倍。

大家現在打坐修止觀，不管你是天臺宗、禪宗、密宗，什麼宗都不管，眼睛一閉黑洞洞的，那有什麼用？沒有在一片光明中，那是陰境界。定必須空、樂、明、無念，沒有妄想。大家坐在那裏，有許多人工夫做得真好，一天到晚在那裏除妄想，除也除不掉，妄想又來了。本法門先告訴你修空、樂、大定，然後進入光明定，進入無念定。

今天因為特殊的因緣，先講修無念法，就是有為法。注意這一句話，真的無念是沒得方法的，有方法已經不叫無念了。既然無念，那還有佛法可修嗎？但所謂無念，也不是斷見。如果說，無念就是無法可修，什麼都不知道，那在見地上是斷見，是唯物思想，外道見、邪見。如果做工夫做得什麼都不知道，那不是無念，那是枯禪；如果身心境界上迷迷糊糊起不了念頭，那也不是無念，那是昏沉。所以說，雖然講既然無念，就無法可修，但是不要誤解我這一句話。如果認為既然無念，無法可修，我現在就是無念，那是狂見！你根本沒有到無念，到了就有象徵。假使真達到無念，色身馬上轉變了，祛病延年，返老還童，不成問題。你的色身不能轉變，可見沒有達到無念；換句話說，色身真轉變了，一定是無念。所以，以密法的修持，氣脉沒有通，你說自己已經證得無念，那是犯了大妄語戒。犯大妄語是下地獄的，不可以自欺欺人。

其次，大家都遵奉《六祖壇經》，六祖以「無念」為宗，一般人都錯解什麼是「無念」。他自己有解釋：「無」者無妄想，「念」者念真如。所謂真如就是正念還在，這就是《六祖壇經》上，六祖自己解釋無念的定義。現在一般人一看《六祖壇經》的「無念為宗」，坐起來什麼都不管，變成大昏沉了；這樣大昏沉的修持幾十年，下一生的果報變豬，豬牛就在大昏沉中，不要以為是修行！所以宗喀巴大師立戒，如果以迷迷糊糊「無念為宗」的話，他生來世的果報是入畜生道。你翻開《菩提道次第廣論》看，宗喀巴這個話，我每次看到都給他打雙圈，他太對了！因為當時有一批漢僧，到西藏去傳禪宗，就把六祖無念解釋錯了。所以西藏的喇嘛都看不起，說漢地沒有佛法，就是這樣來的。但是，真正的禪宗大師沒有跑過西藏，跑去的是被禪宗趕出去的，沒有地方走，就跑邊境，自己號稱「禪宗」去誤人。結果，碰到宗喀巴大師，當時痛棒把他們打出來，說把這樣叫作佛法，那何必修持！那不是菩提正見。所以，這個要搞清楚。

為什麼我要說上面這些話呢？現在再回來，剛才講空、樂、明的步驟還沒有講，倒過來先講無念的修法。但是，要特別注意，這是大圓滿禪定的無念修法，不要認為禪宗的無念也是這樣的修法，那就大錯了。禪宗的無念，當下頓悟，無門可入，是無法之法，如《楞伽經》上所講的，無門為法門。

也許可以說，比大圓滿法門還要高一籌。

修無念三步驟

可是，話又說回來，雖然如此，對一般的修持人來講，我認為，還是走大圓滿的無念法門比較穩當。這一點要特別強調。現在，話都交待清楚了，念原文吧。

第三指示無念法。前行如前而正行，射持修法三次第。射者心中心性明。阿或光團一寸許，猛聲唸哈二十一，達頂遠離歸於空，漸高漸散復不見。鬆懈其境平等住，剎那於彼斷念流，即住於離言思境，力亦不見心離境。

第三步是如何修持得無念法。前面第一步是空，第二步是樂。怎麼樣做工夫證得空？如何修持得樂，得禪定之樂？現在先講第三步。

「**前行**」是前面應該準備，當然，專修時要財法侶地，地有了，法也懂了，護關的道伴也有了；同時，空的境界證到過，禪定中也已發樂。專修無念的這個「**前行**」，就包括了這些。所以，「**前行如前**」，都是前面講過的。現在講如何做到無念境界的「**正行**」，正修行。那麼，大圓滿禪定休息的方法，關於無念修法，他分三個步驟，射法、持法、修法。這個次第，是從有為法而到達無為。

什麼叫射法呢？當然，我們現在是跳過來講的，前面有個條件，就是已經到達色身氣脉修好了，身體已經發樂，可以得定，坐幾天都不想下座了。不下座並不是說，只是腿坐得住，而是一身發樂，有快感。尤其是心口以下到肚臍以上的部位，西方醫理叫青春腺所在，那時每一個毛孔都在快樂。女孩子十幾歲第一次來了月經，就算破身；男孩子第一次乳房發脹，性知識一開，就算破身，不是結婚才叫作破身。破身失去了童真，中國人過去破身，以女性十四歲，男性十六歲為標準。可是印度人不然，印度女性十二三歲就有月經，就可以結婚了，現在人更早。

昨天教育部送資料給我看，現在五年級的小學生，性知識就開了。時代到了這樣，在座和我一樣的老頭子，要注意哦！我們的思想，已經落伍幾十年了。這是目前台灣的情景，外國更嚴重。這也就是佛說的，末法時代要來了，性知識開得那麼早，問題多了。但是當性知識一開，就破身了，這條青春腺就閉了。不曉得你們有沒有經驗，我深刻的記得，當我在青春的時候，早晨睡醒，躺在床上起不來，因為，這一條腺在裏頭發出令人舒服快樂的感受。後來我到處問人，有沒有這種經驗。少數人說有。後來找醫生問，才知道這一條腺叫青春腺，男女都一樣，沒有破身以前會發樂的。

真得定以後，豈但四肢，全身八萬四千的毛孔都在發樂，青春腺恢復了，人有快感不想動，那時世間的一切樂不能引誘。我們中國的文學講：「南面王不足以誘」，連皇帝都不想當，功名富貴都不想要，男女之間的事也沒有了。換句話說，這是有條件的，是自己本身有自樂，也就是孟子所說「有諸己之謂信」，樂在其中矣。孟子這句話的確有他的道理，所以，我始終懷疑（相信），孟夫子已經到了這個境界，不然他講不出來。

到了這一種境界，心中已經有光明了，這時才講「**射**」法，像射擊一樣，射出去。什麼叫射法呢？心中的心性已經明瞭。換句話說，是禪宗所講的「明心見性」中的「明心」境界，不一定見性。這時初步破參已經到達，意念觀想心中一個「阿」字；梵文、藏文、中文之「阿」字都可以。但是，這是有意去觀想，不要黑色的光明。就在剛才講青春腺這一條上（道家叫中宮），觀想有一團光，大概把他觀想一寸的圓光，這是假的。如果是真得了定的人，迴光返照，自然這裏有光明，大而無外，小而無內，這就是明點、光明。現在，我想你們諸位大概還沒有得定，有一個方法可以學的，大家全體注意哦！就是你們要修無念法。

大家先坐好，心境清淨，呼吸調勻，然後把心念一提，氣息充滿，走天臺宗路線，或走密宗路線都可以，然後觀想所有的妄念，一直上來，從頭頂出去。怎麼樣出去呢？吸一口氣，大聲吼「呸」！萬籟寂靜，此時就沒有妄念了。當然，妄想再來的時候，提一口氣，「呸」！眼睛一瞪，就沒有妄想了。這是密宗特殊的方法，猛聲唸「哈」也可以。再不然是彌勒菩薩的法門，口咧開笑「哈哈哈……」把氣哈光，所有的業氣妄想一概出去，剎那之間妄念切斷了。切斷了就叫作止，要保持妄念不動的境界，這就是以有為法達到無為法的修法。所以講「**猛聲唸哈二十一**」遍也可以。

再觀想頂光從頭頂上出來，「**達頂遠離歸於空**」，歸到虛空，越向上越好，四大、肉體皆空了，「**漸高漸散復不見**」，漸高漸散最後了不可得。由於身心因「呸」、「哈」，稍稍還有用意的念，所以要妄想隨虛空而散，萬緣放下，無念而得定。「**鬆懈其境平等住**」，此時自然而住，能夠保持一秒鐘算一秒鐘，一分鐘就一分鐘，一個鐘頭更好，可是，不是昏沉。「**剎那於**

彼斷念流」，用這個方法去修，剎那之間你的妄念像一股流水一樣，「呸」！就切斷了。我們的妄念停不了，思想停不了，「呸」！就空掉了。

當年，跑西藏學密宗，因為想知道這裏頭有否東西，所以各種法門皆學，需要多少供養就拿多少，要磕頭就磕頭。各種苦頭吃了以後，學這個法時，我也跟著修，我肚子裏笑，「呸」我當然會。「呸」了半天，同學問我：如何？是否比禪宗好？我說：呸！騙人的。他說你怎麼懂呢？我說從小就知道這個法子，因為小時候穿長袍子，走夜路怕鬼，老輩子告訴我，前面要是看到鬼打牆，你把長袍子一甩，「呸」！走過去，前面什麼都空了，有鬼也跑掉了。

所以，西藏喇嘛們問我：你覺得比禪宗好嗎？我心裏想，這些法子，我們漢人鄉巴佬都知道。話是那麼講，這的確是有道理的，古代作戰，交鋒上陣拚命的時候，看到人家刀砍下來，根本忘掉了呼吸，一手擋過去「呸」！刀鋒到你手上，就把它搞斷了。難道肉體真扛得住嗎？這是唯心所造的力量，加上這一身宿業。你看打拳的時候，有時必須要開口吐氣，「呸」的這一聲，不是拳的力量，這是精神的力量，就是這個道理。所以，這是一個非常妙的方法，可以頓時切斷妄想之流，也可以說是非常平凡的一個方法，這要你好好去做才行。當然，這是個法門，不是究竟。剛才講過，究竟無念，何必靠這些法呢？但是，因為你做不到無念，只好以有為法而修到無為境界。

妄念之流頓斷，「**即住於離言思境**」，也無思想，言語妄念一概不起，平等而住，定在這個境界。這個時候，「**力亦不見心離境**」，力也不見，心也不見，業也不見，一切境界都沒有，皆空，心離一切境界，到達真正的無念。

「於彼中脈內空上部，由如前所觀想之心中」。有些同學知道，三脈就是左脈、中脈、右脈；四輪是臍輪、心輪、喉輪、大樂輪。由於心中觀想，中脈上部空了。

「希有之五光團，到達頭頂，即漸高漸高而去，最後則不可見」。從本來初步得定的人，內在就有光明，你們在座有幾位，現在都在光明中。從正月打七到現在，從他們的報告得知，他們都在光明中。你們注意，在稀有的五光團到達頂部，不要只守光明，這個光到達以後，「即漸高漸高而去」，就把它放空掉，最後連空也不可見，身也不可得，身體的感覺空了。

「厲聲唸哈二十一遍」，像有位同學現在的境界，不需要唸「哈」，妄念本空的，不需要唸了，你如果猛叫的話，不是嚇死人嘛！家裏人看到，一定把你送到精神病院，以為你發瘋了。所以，修行要有專修的道場，要內行人護關，外行人一聽，馬上有人來問：那人恐怕神經了，為什麼他一天到晚坐在那裏。

「身心鬆懈，剎那即出生不可言思之光明」。身心鬆懈後，這個光明就不同了，與虛空合一，身心合一，在一片大光明境中。說是有相，好像有光明；說無相，本來無體，也自然到了。

「其功力亦覺受，如空不可思維者」。這個時候，你的修持工夫到了這裏，自然感受到，這是覺受真空的境界，是不可思議，不可思維的境界。

持法　採法　空無所住

「第二方便於自性者」，這是告訴你修無念的方便法門。學無念，證空性，是如如，如空性，不是緣起性空、本空的空性。《大般若經》有十八空。再講一次，第二個方便法門，是修如如性的空性。拿現在話來解釋，幾乎近於真空自性的空性。但是，並不是澈底真正緣起性空，自性本空的空性。懂了沒有？用言語文字表達不出來的東西，硬要用言語文字表達出來，好苦啊！當然，你們聽不懂的，你聽懂了，還有我唱的戲嗎！慢慢去參吧。

持者背向日月邊。眼注清空頓然住。不覺氣動皆緩行。無念離戲由內現。出生性如天空性。

「哈」、「呸」是像射箭一樣，把妄念射出去；現在講「持」法，是保持那個工夫境界，當然最好在山上修。中國道家有採日月之精華，我也告訴你們，我反正把魔道、妖道、外道，什麼都摸遍了。所以，哪一個人學什麼道，我眼睛一看，不要你講話，我心裏早有數了。然後，故意與你們應酬，看你們臉色，哪個對，哪個沒有對。比如，你今天對，明天沒有對都知道，還用你們講嗎！不上這個座，馬馬虎虎與你們世法應酬；上了這個座，我眼睛一瞪，誰都不買帳，不對就是不對。所以「寧可將身下地獄，不把佛法作人情」，法王法如是。

所以，現在把外道法講給你們聽，做一個比較。你說道家採日月之精華這樁事，到底有沒有？有的。怎麼叫作採呢？現在我替他們解釋：人的生命有三樣重要的東西：日光、空氣、水。採日月精華，是吸收太陽之能，和月亮的太陰之能。不過，科學不講太陰之能，所以，暫時不談。採太陽之能，在中國大陸，要跑到泰山頂上；在台灣要跑到阿里山看日出那個地方。什麼時間可以採？也很困難，每個月陰曆初一、初二、初三，有時候氣候不好有雲霧，就沒有辦法。要等著計算時間，太陽剛要跳出海平面，丑時寅時那一段時間，在那裏打坐，身體忘掉，面對東方，做道家的呼吸。要七天空腹，至少三天不吃飯，腸胃先空，只喝水。眼神先要定好，太陽一跳出海平面，忘了天地，忘了身心，把太陽的精神，連氣、連神光吸進來溶化；口水咽下去一百零八下。都做完時，剛剛一個時辰（兩個鐘頭）。到卯時就不坐了，過了這個時間就不行。

採月亮精華在陰曆每月十四、十五、十六三天，十六已經太老了，十四太嫩。也要辟穀不吃，在半夜子時，月正當中的時候，頭頂對著月亮正中，日月的能量從頭上降下來，效果大，身體精神百倍，在山頂站起來，像飛起來一樣。我們以佛法看起來，這是心物一元的道理。借用這個物理自然的力量，借用心力的力量，的確可以造成這樣的境界，這是道家的修法。婆羅門教，有婆羅門教的修法；而密宗的修法與這個相反，背向太陽，背向月亮打坐，又是一種方法，更高明，使光線不直射，修空念定，好極了。打坐時，就不用閉眼了，眼睛平視，學菩薩像，面帶笑容，人一笑，煩惱就空了。

你們打坐完全像討債的面孔，好像我欠你們多還你們少一樣，一個個肌肉垂下，充滿了憤怒、仇恨。菩薩是慈悲喜捨，眼睛平視，也不是象王視。有一種象王視的修法，象的鼻子高，兩隻眼睛分別往左右兩邊看，我們人要訓練過就會，像我現在兩邊都可以看見。我經常坐在那裏，你們做什麼，我早看到了，因為視野寬。但現在是用平視，不用象王視，眼睛不准動，不是看，只是眼睛外形瞪著。如果看東西這樣看，那你要小心，眼睛會修壞的。眼睛學達摩祖師，張開眼不是看，只是張著而已。眼睛像窗子，窗子打開，不要加上意識，同樣的看，自然跟虛空配合，心性空了。

這個時候，妄念頓斷，眼睛定住，如果加上彌勒菩薩的修法，一笑，妄念自然斷了；因為眼睛閉起來，妄念就多。那麼你說：老師你經常教我們閉眼睛的啊！我告訴過你們，打坐要閉眼，是因為這個時代，大家眼睛用得太厲害；現在是說你工夫真到了，氣脉在頭部動了，你眼睛想閉都閉不住，自然會張開，光明來了，眼通就發了。你以為眼通的人是閉著眼睛看嗎？我看過好幾個人，有人告訴我：某人有眼通，我與他見面時問他：開眼看得見嗎？他說看不見了。去你的！有眼通的人，根本不要裝模作樣，同普通人一樣就看到了。這個山河大地，對有眼通的人沒有障礙，要看三千大千世界，就是佛說的，如觀掌中菴摩羅果，如同橄欖那樣大小的果子，據說那個果子的汁液可以融化黃金。有眼通的人，就是一邊與你講話，一邊天地鬼神都看得很清楚，他只是不講而已。

現在教我們「**眼注清空頓然住**」，這個時候，「**不覺氣動皆緩行**」，你覺得自己氣脉呼吸由粗而細，慢慢的流下，自然達到無念境界，「**無念離戲由內現**」，空、有、非空非有、即空即有，這四種都是戲論、是笑話，要離戲，內心自然無妄念。這個時候「**出生性如天空性**」，本性如太虛一樣的空性，自然出來，身體都忘了。這是一個方法。

我現在教你們這麼容易，在密宗的規矩，這樣教一次，鈔票應該供養一大堆。我一輩子如果這樣講佛法，現在不曉得發多大的財了。可是，我有個毛病，我不講究這些，但是你們反而把佛法容易得，當做等閒看了。所以，我又犯了一個大錯誤，一個大戒！因為你們不尊重法。千萬注意哦！你們諸位不曉得自己在造罪啊。那是不得了的法，不要認為這是有為法，雖是有為法，你們碰到我，我什麼都告訴你們，得來太容易了。我自己求每一個法時，都是千辛萬苦；不過求來知道以後，這些我看來還是一些渣子。但是，你們要尊重，你們自己沒有大澈大悟以前，渣子都是寶貝，都是對治法門。下面是解釋。

「天極清明時，背日光，眼不動注於天空中央，氣緩徐後即所住之剎那，顯現空之光明也，其功力亦清醒」。「注」字下面沒有「視」，並不是叫你看哦！我這個話講了無數遍，如果你們搞錯了，瞪起眼睛來看天空，眼睛瞎了不要來怨我。眼「視」要拿掉的，這個時候氣慢慢的，就在這個剎那之間，體會呈現空性的光明境性，不要另求光明，自然光也是光明之一。這個時候，內心是非常清醒的，不是昏沉，甚至於清醒到不要睡眠了。

「無廣狹無方處而出現，所謂外面如何，內亦如之，因為一緣起之要故也」。此時，這個境界，無量無邊，也無所謂長短方圓，也沒有南西東北這些方向，佛經上說，外界如何空，內心也如何空。同樣的，這個也是緣起性空，自性本空。因為你空不了，用法子把你引出來，本空嘛。所以，這個法子就是緣起，因緣所起法就是性空。

「於此時即顯現三層天空之密意」，三層空：外空、內空、密空；身內、身外、身密的境界都空，空的境界就是密。明明告訴你空，你還是空不了，這就是大祕密。真正的密法沒有祕密，明白的顯現就是密。告訴你自性是空的，你見不到空，這不是大祕密嗎？現在你到了這個境界，內、外、密都空。

「依於空明外之天空，現無念內天空時，證悟赤裸清明祕密天空」。這個時候，可以證悟到赤裸裸的清明的祕密藏，眾生自然的大祕密、大空的境界。但是這個空性是本來有的，現在依這個方法，眼睛瞪著，如《恒河大手印》所說，「心注於眼，眼注於空」。我當年磕遍了頭，拿了多少錢求大法，結果求得了這個法門。當年這些大喇嘛修法，向來極莊嚴，嚇死人的。活佛一坐，半天不說話，同禪宗一樣，後來傳了「心注於眼，眼注於空」，就下座進去了。我心裏想，我花了那麼多精神和錢財供養，得了這兩句話！那我本來都知道，還用你說？等我最後都學完了，臨走時我問師父，還有什麼密法？師父說沒有了。我告訴師父說：你傳的無上大法、大手印的密法，「心注於眼，眼注於空」不夠！還要再加一句：「心注於眼，眼注於空，空無所住」，不然，這種法門流弊太大。師父說：好哇！

其實我有許多密法，許多所修的方法，他們到死也學不到的。因為，有許多方法，他們藏地那裏失傳了，所以我經常與師父交換，把「禪」啊「道」啊告訴他。

「然是乃以方便加持而修，始獲見故也，此為大善巧蓮華戒（人名）之方便，殊勝深奧者也」。要曉得上面這種加持，由這種方法，才見到自性空。這種方法是大善法，是蓮華戒大師傳的方便法門，殊勝而深奧的祕密法。這是第二種修無念法的空性法門。

「第三方便赤露自性者」，明顯表現出來的第三個方法，在下一段。

如何修空

修者眼注空不散，心明無散亂境中，地石山岩諸情器，觀想皆歸於一空。自身亦無粗現執，心空住於無二別，內外中三無散法，於空境中之身心，念思作意自溶化，心無聚散住本位。彼時法爾難思心，不別如空密意現，此即三世佛心要。

修這個法的人，眼注於空，心裏一片明白光明，不一定是有相之光，在沒有散亂的境界中，地、石、山、岩，乃至於世間上「**諸情器**」，一切有情及物質世界一切東西，都要用意念觀想一切歸於空的境界。現在不是叫你們眼睛看書，你們現在是在聽，要把這個意念吸收進去。這個方法，在顯教的經典，佛說的禪經常常提到。換句話說，在眼睛注空時，是眼睛張開來打坐，大家有個什麼障礙呢？是向南方好，或北方好？方位的觀念空不掉，你修空嘛，哪一方都好。閉著眼睛打坐，大家也做不好，因為第一閉著眼睛，身體空不掉，第二下意識，時間觀念空不了，心想大概已經半個鐘頭了吧！被困在時間上。有時坐的位子空不了，不知是榻榻米好，或是禪櫈好。

所以，一切要注意，叫你們把地、石、山、岩，諸有情的世間的東西，所有時間、空間一概忘掉，去掉！初步丟不掉，用意念的觀想，皆觀空，回到一片空的境界。如果你們心裏真的堅強，什麼叫作腳發麻？空掉！你曉得發麻是怎麼來的嗎？感覺來的，感覺怎麼來的？意念來的。你說沒有念頭，那你怎麼曉得發麻？常常有些同學說：有時坐著什麼都沒有了，空空洞洞的。你有個空空洞洞的，怎麼叫沒有？空空洞洞也是境，所以，要觀想皆歸於空。

「**現執**」就是唯識學現行的執著。現行的執著感覺有身體坐在這裏，有四大現行的執著，所以是粗的，這個要空掉。什麼是細的？對地水火風，種子的執著，你的下意識都不知道，那個就是細的。可是，有時候，你身體覺得沒有感覺，空了，粗的現行的執著離開了一點，但不是已經空了，是偶然暫時的瞎貓撞到死老鼠。即使真空了，還是空了現行的執著粗空；你種子識上的業力，四大細空還空不掉。何況大家修持，不但細執著去不掉，連什麼是粗執著，都弄不清，更不要談空掉了。許多人都很自信的，千萬不要自吹自信，要自己仔細返照反省。

自身亦無粗現行的執著，「**心空住於無二別**」，心空境界，「**住於無二別**」，就是無二，無分別。什麼叫無二？就是一，無分別就是無二，無所謂空與不空，自然去掉，就叫作無二無分別。「**內外中三無散法**」，內空、外空、中空，三種都空，但是沒有任何妄念，不散亂。

「**於空境中之身心，念思作意自溶化**」，你修持做工夫的身體與心理，達到這個空的境界時，你的妄念，你的思惟，你作意的思想，自然起不來了，自己溶化掉了。至於你們現在打坐，偶然碰到妄念清淨了一下，以為是空，那不是的，而且那還是它來撞你的，所以不是真的空。證到真的空性，是自己「**念思作意自溶化**」。

「**心無聚散住本位**」，這個時候，自心的境界，無聚亦無散。你們打坐是什麼境界？你們豈止是散亂，而且還「聚」呢。開始一上座，慢慢身體感覺到向內聚，五陰聚，對不對？所以，空不了；不聚呢？就大散亂。所以，你們只認識散亂一面，沒有注意「聚」的一面。一般人修持，不管你是哪一宗的修法，密宗、禪宗、止觀、天臺、淨土，障礙多半是聚。一上座，一清淨，心念慢慢聚，四大障礙，五陰障礙都來聚了。所以，真正達到空是「**心無聚散**」，住於「法爾自然」自性本空的本位，是到了這種境界。

「**彼時法爾難思心，不別如空密意現，此即三世佛心要**」。到了這個境界，修持用功，自然是在「法爾」自然的狀態，此時不可思議的心境界出現了，是沒有分別的，如虛空一樣。所謂密宗真正的「密」，就在這個上面，難道還真有個什麼東西叫作「密」嗎？沒有的，了不可得，這個就是真密。告訴你了不可得，你也證不到，所以叫作大祕密。到了這個時候，分別不生，如虛空一樣，無邊無際，這個密意呈現在前。

現在要注意，《法華經》上說：「大通智勝佛，十劫坐道場，佛法不現前，不能成佛道」，所以要佛法呈現。中國禪宗的言下頓悟「哦！這個」，這個時候「砰」一下，這個是佛法現前境界。不是說，聽了一個機鋒，看了一朵花掉下來，意境上有所感，「哎呀！這個就是禪」。去你的！那是地獄種子，那是眼識茫茫。所以許多塑起來的佛像，現前所呈現的是一片空，就是現給你看，表示空這個道理。

這是過去、現在、未來，三世諸佛修持方法的心要，也是修神通的心要，修神通的基礎。這方面顯教是不傳的，都說是失傳，而密教中仍保持著。但據我幾十年看來，一般學密教的，沒有一個真正修到的；當然我更不是，我是吹牛，是講書的，千萬不要把我當修道人。可是你們要修持，注意哦！這也是修道，是想修到六通具足的基礎。

「自心注於天空，成遍空時，外顯法，如地石山岩等一切器世有情，皆通達而自平沉」。根據前面所說，在高山頂上，背向日月來修，當你那個境界慢慢修成遍空的時候，器世間、有情世間，一概都沒有了，證到空了。這個時候，才是極樂世界現前；也是東方藥師佛，琉璃世界現前。

「其後，思與此空中合時，自身亦如空自散」。當你初步證到那個空，像琉璃世界、極樂世界一樣呈現，還不是的，因為你的色身還存在。要再進一步，身上氣脉起了變化，連這個色身也散掉。真修到這一步的話，死後是沒有舍利子的，在涅槃時，兩手一捨，三昧真火就化空走了。如果為了紀念性質，或稍留一點指甲、頭髮，古代小說上叫作三昧真火，就是這個東西。

「一切皆成無雲清空，無內外中」。一切皆成萬里晴空無雲一樣，這個時候，亦無內，亦無外，亦無中。一般所說的止觀，到這裏已成為小法了，不談了。

「空洞廣垠之境中，心無聚散而住」。在空洞無邊無際的境界裏，此心無聚亦不散亂，而定住在這個境界。比定更進一步叫住，如住房子一樣，住在這裏不動了。「定」好像小孩子玩陀螺，如釘子釘在上面轉，那個叫定；「住」呢？如陀螺停住不動，那個叫「住」。嚴格講定與住，有這樣的差別，住是非常深穩的定。

「如無邊天空之密意自然現出，是名為清淨法盡之密意」。這個時候，你不但感覺此心像無量無邊的虛空一樣，乃至於此身的四大，也同無量無邊的虛空一樣。因此，到了這個時候，你修成到這裏，一念一動，他方世界立刻出現。懂了吧！身心兩邊都是無量無邊的功德，這是無邊之密意。懂不懂？理論上懂了沒有？這個叫作「清淨法盡之密意」，所謂「清淨法盡」是畢竟清淨。

「如遍行云：瑜伽者住空鳥道」。修道成就的人，到這個時候，如鳥飛在虛空中一樣，永遠在空中，在空中能成就一切法。佛經上有一種鳥叫巢空鳥，這種鳥交配也在空中，生蛋也在空中，抱幼鳥也在虛空中。這種鳥當然很少，稀有其行，所以，形容菩薩一切行，有時候如巢空鳥一樣，這就是「真空生妙有」之用。

「又如集經亦云：此為何義？觀察彼空。又云：以此方便其觀修之功力者」。又如《集經》上講，這是什麼道理？如何能瞭解這個空的境界？是要你去觀察，再修持，才能到達這個空的境界。經上又說：這第六意識轉了以後，用妙觀察智，觀想所成功的。

如是觀修力有四：所現廣垠無粗想，晝夜不離無念境，五毒自消心柔細，生諸法如空覺受。

當然，在沒有觀想成就，沒有達到真空的境界以前，還是靠修持觀想的力量，你們要注意這個「力」字。今天晚上再三提到「力」，對不對？上星期五為你們講《宗鏡錄》時，說到普通講大乘菩薩是六度，實際上要注意十度（十波羅密），第九種就是「力」波羅蜜。大家唸佛不得力，唸咒子不得力，打坐不得力，為什麼不得力？功德不夠，心力沒有培養成功。心是一股「力」，業也是一種力，所以叫作業力。但是，我們一般眾生，都被業力、業報色身所支配，如果自己轉了，返回到自己的心力，就是諸佛菩薩的智慧功德神通妙用。所以十度中有「力波羅密多」，出家的同學要特別留意教理才是。

觀修的「力」有四種，「**所現廣垠無粗想**」，這是工夫境界的呈現，無量無邊又廣泛，粗念妄想自然斷了。「**晝夜不離無念境**」，夜裏睡覺都在光明無念的境界。你們當中，有一兩位撞到無念境界，身體雖然在睡而仍清醒「無念」，對不對？有一兩次經驗的。但你們並不是修來的，是矇來的。如果修到了，隨時隨地，不管晝夜，身體躺下來都能睡，還打呼呢！可是也不是醒，這是無念，晝夜不離無念境界。這個時候，「**五毒自消心柔細**」，貪嗔癡慢疑五毒的根本，自然就空掉化掉了，不要你去消，是自然空。「**生諸法如空覺受**」，這個時候，自然到了身心兩方面皆空的感受，這才可以講，大乘菩薩入五濁惡世救度眾生。

「修習射、持、修三種法，中脈脈管及自性本體之力，其所顯之顯現，一切皆知為透明空洞廣垠為一者」。這都是講由海底起，一直到頭頂，如果中脈打通了的人，開眼閉眼都在定中住，在一片青藍色的境界。什麼是青藍？秋天的時候，雨過天晴的天空。

有許多人學密、學道的，跑來跟我說，他的督脈、任脈通了。我只有啼笑皆非了，你既然通了，那就不必問人了。事實上，哪裏是真通啊，都是自欺欺人；真通的人，閉眼開眼隨時在定中，隨時在一片蔚藍的天空中，就是像我們所印的準提菩薩像一樣。

任督二脉通，有時都還是假的，是有那種感覺，但不是真的通，因為身脉關口，通一步有一步的現象境界；最後是中脉通了，就像在天空觀看滿天星斗一樣，清清楚楚，這還是初步。最大的是，佛說：「我看三千世界，如觀掌中菴摩羅果」。這句話一點都不假，那不是吹牛的，但不是講理論，而是要實證的。這個話是吩咐你們，不要認為自己一點小小的境界就自滿，自以為了不起，那就完了。

「則可無有粗想，晝夜住於無念，似無煩惱可生」。這個時候，如道家張紫陽（伯端）開悟時講「煩惱無由更上心」，想故意找個煩惱來上心，都煩惱不起來。我常說到那個境界，一點味道都沒有，一個人沒有煩惱多無味呀！有煩惱才有味道。想吃就是煩惱，如果碰到好吃的：哦！好吃！這多有味道。不過，沒有煩惱時，那才是涅槃寂靜之樂，是大樂。

「無論何緣，皆無疑慮，心自柔細調正」，所以修持到這個境界，是無煩惱可生，你求煩惱而不可得，不管遇到的是順緣或逆緣，心中仍十分開闊，沒有疑慮。心自柔正，而證得無生法忍，一切法本空的境界。這不是講學理，而是實證來的。講佛學講得再好，有什麼用呢？如果生老病死都抵不住，怎麼叫有修證？如果佛學的理都不通，你談什麼修證？所以這個法本是修證法本，都是例子，也是事實。你們佛學都沒有搞好，不要認為老師講的，要做工夫，講佛學有什麼用呢？我的意思是光講佛學不做工夫沒有用。如果把我這句話錯解，就下地獄去了。再講一遍，注意哦！如果佛學的理都沒有通，談什麼修證呢！一般同學跟了我好多年，一問他佛學之理，都不成其系統，這兩天經常罵你們，白跟了那麼多年。

「而證得一切法如空不生之真諦，遂可無修證之想」。證得了如空不生之真諦，你可以吹牛了，已經到達無功用道了，也叫作無功用行，也叫作無修無證，這是不需要用功之功。

「其功德者」，這三種做工夫修行的方法，分別都說了，那麼這所生的功德是什麼呢？下一節有說明。

如是由修三無念，眼及神通三昧成，定、慧、止觀、能雙融。暫及究竟滿二利。

這是由修三無念，眼通發了，一切神通發了，一切三昧都成就了；自利利他，自覺覺他，到達究竟圓滿的佛境界。

「修習第三方便成就三昧，即得眼及神通與昔無之等持，雙融方便與智慧，止觀雙運道等，暫時及究竟道與功德皆能成就也」。修持這個法門，也可以發眼通及一切神通。從前沒有經驗過的，現在境界經驗到了；圓通方便與智慧，定慧雙運，止觀雙運道等等都到了；暫時的以及究竟涅槃道的功德，一切也都成就了。

「以上正行如是修習之次第，已指示竟」。上面所講的是正式修習之次第，關於修無念境界，以及所傳的大圓滿三個法門：射、持、修，已經講完了。

本書的法門所講的，是幫助你如何修禪定，空、樂、明、無念。後面是講怎麼樣達到修持的功力，共有四種，包括如何求得助道的真正方法，如何才是悟道明心見性的境界，怎麼樣才是證果的法門，以後是講這些。

今天講戒律必須要清淨，戒定慧資糧具足，才夠資格專修法，最後是勸說當勤精進專修，也是佛所吩咐的。現在倒回去看原書第三十三頁。

人身難得快修吧

現今時惡人横野，靜處精勤成自利，如翼未豐不能翔，不具神通難利他。虔修自利心利他，散亂慣鬧魔誘惑，自心無惑勤修法，死時不可動悲哀。

現在這個時代，末法時壞人多，你們沒有利他的本事，也做不到發心行菩薩道，所以非要先修自利不可。找清淨地方好好修，成功了然後利他；等於鳥一樣，沒有翅膀飛不起來。你沒有工夫，沒有見地，怎麼去救人啊！這個時代和過去不同了，不具神通很難利他哦！你沒有智慧神通成就，你想去教化別人，你連做夢都辦不到。

所以我經常說，這個時代你兩腿一盤，在白宮前面坐上三個月不起來，大家就來拜你了，你有道沒有道，他不知道；你有腿沒有腿，他就知道。如果你來個神通更好，坐在那個門口，上不沾天，下不著地，在空中變化給人看看，更妙。佛也說時代不同了，沒有辦法，佛法本來嚴戒神通的，不過，現在有許多人，說他自己有神通，那是鬼話。兩腿能夠在虛空，離地三分走路嗎？不要你多走，走十步就行了，這是起碼的神通；如果沒有就不要吹，什麼都垮了。所以，說有一個人有眼通，知道過去未來，多半靠不住。有一個同學也說：老師有神通，這次又說對了。我說：老狐狸，老經驗，哪有不對的。有什麼神通？屁的通，不要亂迷信，我沒有神通。但是，佛教你們注意啊！這個時代，好好自利啊！

「**虔修自利心利他**」，修行先要求得自利，更要發大乘利他之願力，不自利，就不能利他，如鳥一樣，沒得翅膀，自己都不能飛，怎麼載人！又如你游泳都不會，有人掉入海中，你跳下去救，不過多死一個而已。

「**散亂憒鬧魔誘惑**」，你們在散亂中修，憒鬧中修的，難免被外境界誘惑。這個末法時代，處處都是魔障。有人說：要先做生意，生活夠了，才來專修。這些也是魔障。什麼叫作生活夠了？哪個有夠的？我在這裏窮了幾十年，我到現在還沒有房子住，也沒有飯吃，你以為我真的有飯吃嗎？要修行什麼都不管。我不坐在這個位子上，是不會罵你們的；坐在這裏，自然目中無人，亂批評一頓，因為肚子裏壓了幾十年，發洩發洩！

「**自心無惑懃修法**」，散亂憒鬧已經被魔誘惑了，所以，自心不要疑惑，道理要搞清楚，要努力。假使沒有修成功，發願他生來世再來，才是真正的修行佛法。

「**死時不可動悲哀**」。不過，看你們將來能不能修得好，如果修得好，傳你們一個法，死後不投胎，馬上找一個身子再來，免得再住娘胎麻煩，不必再欠十個月的旅館賬了。我到現在也還不完這個旅館賬，心裏很難受。你們要是修不好，我才懶得教你們呢！

是故現在觀此心，試觀現死何攜去，何往何變不得定。於此晝夜散亂擾，暇、圓、無義而浪費。唯一靜處觀真義。現今妙需終望處，死後何行我定否，是故即今應精懃。

努力修持啊！你現在觀察這個心，死的時候，什麼帶得走啊？所以，我們大家自己講修持，其實，隨時隨地，都會無常變去，晝夜都在散亂煩惱中。密宗告訴我們，人生暇、圓之身難得，但是，人生的空閒清閒時間更難得。尤其工商業社會，大家為生活忙得要死，現在有清閒，眼不瞎，耳不聾，可以修的人，反而做無意義的事情，浪費自己的生命。佛說此生難得，暇圓之身難得，趕快找地方專修啊！只有放下，專修，「**唯一靜處觀真義**」。「**現今妙需終望處，死後何行我定否，是故即今應精懃**」。現在這樣美妙的法本得到了，所需要的法財侶地都有了，所具備的因緣充足了，如果還不向涅槃清淨之樂這個大目標去做，卻把世間靠不住的功名富貴錢財看得很重，等到你一口氣不來，死的時候什麼都帶不走。就像有一次上課講的，有個人要死時，他的兩個修道的太太，叫他做一首詩，他說：「不知他年死了時，你是何人我是誰」。死後不見得會再碰面了，碰面也不認識，何況，還難得人中再來，不知死後何去何從。

是故，現在人身難得，佛法難聞，既得了人身，趕快精懃修持吧。

第五講

現在講第二十頁，關於修行人的條件，以及依師的重要。

修法與上師

至上上師極令喜，以聞、思、修調自心，特於真實耳傳訣，勤而續修若晝夜，剎那亦不隨凡俗，世夫勵行真實義。

這個文字都很容易懂，普通顯教是三皈依，密宗的修法是四皈依，把皈依上師當作第一。密宗是把上師當作活佛想的，因為修持所說的佛法僧三寶，是由上師的傳授而來，假定沒有上師的傳授就不知道佛法，所以上師是指導者，最重要。密宗的供佛拜法，上師是面對佛，弟子們又面對上師，背著佛；因為依上師的領導而知佛法僧，普通修持上也是這樣。所以密宗的依師，專門有事師儀軌，對於上師的規矩，非常嚴格，甚至於說，對上師的講話，上師的行為，處處要作佛想，沒有一點是不對的，就有這樣嚴重。

其他依師的理論，《大智度論》上也有，要使上師能夠心喜，才可以教，所謂師徒的道業要相合。上師喜歡教，自己不喜歡學時，緣不合，也沒有辦法；自己想學想修，上師不願意教時，緣不合，也沒有辦法。所以說要使「**上師極令喜**」，以上師的教導，從聞、思、修而自修心。聞是聽到了佛法，思是道理要研究清楚了再修，這是呆定的道理。以這樣來調整自心，尤其對於上師修持成就的經驗，面傳耳授的口訣，就是上師親自教的，不是在經典法本上可以看得到的。

修道的人，必須要上師的親傳，所謂耳傳面授，要精勤來修，晝夜不懈。我們一般做不到，但在這裏出家的同學們，要修持的就要注意。「**剎那亦不隨凡俗**」，一剎那之間的行為與心思，也不能與凡夫一樣，不能隨著俗人一樣，不能原諒自己，連一剎那都不跟凡夫心走。「**世夫勵行真實義**」，這是世間大丈夫的行為，要努力去行，這是瑜伽士走的第一條戒——依師。

下面講依師的道理太多了，這個平常我都不太願意講，因為至少今天你們還叫我老師，講起來像替自己在解釋。所以你們自己找佛經去看吧。照佛經的道理，我們現在一般人，跟老師學法的，根本就不合法。假定我有一點佛法，這是假定，假定我有修持的話，幾十年跟大家在玩，是我的布施，是將就大家在做，並不是將就佛法，這都是不合「法」的。尤其要說夠得上學佛法器的，真是沒有，非常少，很難。因此這一段你們自己去研究。很多地方也都是因為大家程度的關係，都要保留一點，不是不想講完，講完很麻煩。

現在看它的解釋：

「蓋由上師使入解脫門故，為求悉地，故使上師心喜，與聞思修合。行本續真義」。這都是修法的前行，是前面的準備工作。所以叫我們對於上師的信念，不是普通講的信任，而是像信佛那麼信，由上師才能夠使我們得到解脫法門。悉地是翻譯名辭，為求成就進入佛的境界。所以我們為想達到修成佛的境界，所以要使上師心喜，喜歡傳法，喜歡教我們，才從聞而思，由思而修，而得慧成就。這樣的修行，是這本法本的真正意義。

「勵力精懃，不可散亂」，這是勉勵我們學佛學法的人，尤其是出家的同學們注意，因為我對於出家同學們的要求和希望，大一點，也管理得比較嚴一點，因為在家真正學佛的很少，真正修道的更難得，所以出家的同學們應該給在家的同學作個榜樣。盡我們所有的力量，一天到晚要精勤修道，不能使自己在散漫中。尤其是出家的同學們注意，今天是「布薩」說戒的時間，當然在家人不准聽。這一次從三千威儀方面開始講，由外形而到內在，要嚴謹起來。為什麼說戒時不准有在家人聽呢？我也沒有資格說戒，不過因為沒有大和尚在這兒，我以法來代表，暫時代理一下。

「具德盡四大本續云：欲求悉地具信者，悉地由上師喜生」。所以修上師相應法是密法裏頭很重要的，要想得到三昧的快速成就，必須修上師相應法。所以修密法裏頭，有上師相應法，觀想本尊。有些理論說，本尊的成就當然大，但是距離我們遠，假使有成就的上師，修上師相應法，感應比較快，自己成就也比較快，也可以解釋成電感的作用。欲求悉地成就具信的，都要由上師喜而生，心喜，心的感應來。

「是故凡諸所有者，供上師即真實懃，復次展鋪解脫之基者」。所以修上師相應法，就是為自己得到解脫成就而鋪路。

下面一段暫時保留，理由何在？先把大字唸了：

戒律與威儀

聲聞、菩薩、與持明，三種律儀不違犯，防禁自心成利他，所現應變解脱道。

出家的戒律，有沙彌、沙彌尼戒，比丘、比丘尼戒等，都屬於聲聞的戒律；大乘菩薩戒，是佛道的大戒，不分出家與在家都一樣。也就是說，我們修行的人，第一先能做到守戒。假如出家，當然行儀上注重修比丘、比丘尼戒，但是中國的佛教，不管出家或在家，重點在菩薩戒——心行方面。「持明戒」是特殊的，一般不容易受這個戒，「持明戒」也就是密宗的大戒。要想修行成就，戒行非常重要。

這三種律儀，律就是戒律，儀就是威儀。所以我們這裏幾位出家的同學，現在開始起，要嚴格的執行三千威儀，當然很難做到，做到多少算多少。一個學佛修道的人，具備三千威儀，這還是外形，八萬細行是內在心理。有許多學佛的說這個不行，那個不好；你覺得不行、不好，你自己去創造一個佛教吧。佛教之所以稱其為佛教，是幾千年來，大祖師們教育的「教」，不是宗教的教，有它的理由，有它的經驗，經驗不到不要妄作聰明。

譬如像我個人的經驗，也經常告訴同學們，我從二十幾歲起，吃了七年的素。那時我還在工作做事，而且後來還過午不食。開始時做不到，那時晚飯起碼吃三碗，後來由兩碗減成一碗半、一碗、半碗、兩口，最後吃七顆花生米，之後減成三顆，最後，到了不想吃了。心裏不想吃還不行，嘴巴嘸嘸口水，讚歎一番也好，我就深知習氣之難。並不一定是營養不良，或肚子餓，而是那個味道，看到吃的就要嘸嘸口水，這些我都經驗過。

在山上閉關三年，陰曆九月半以後，到次年春天二月間，大雪封山，根本沒辦法往山上送食物。山上的飯，冬天一到，沒有吃過熟的，都是半生的飯；一碗萬年菜、蘿蔔乾、菜乾，都是鹹的，辣椒、鹽巴，加了很多油。炒出來永遠是這樣一碗菜，放在桌上。不過吃起來也香，因為沒得東西吃了。萬年就是這一盤，菜還沒吃完又加上了，所以叫作萬年菜，不過嘴巴還是想吃。沒有事喝喝茶，山頂上的清茶加上雪水化了，煮一壺半開的水沖茶喝，所以搞得胃寒。在山上的廁所有兩層樓高，古人有詩云：「坑深糞落遲」，結果回頭自己一看，大便都是白的。你們講營養，什麼營養啊！沒得營養了，吃的白飯，拉出來的也是白的。所以我就感歎，春天到了，和尚們挑糞去種菜，那裏的菜怎麼能長大啊！這種肥料根本不肥。像這樣環境我也過了三年，我講這些道理，都是自己親身經驗過的。

律儀有它絕對的道理，我們一般人很容易原諒自己，很容易對自己的心行一切等等，作許多的解釋，很不願意接受一種呆板固定的規矩，不管一個多麼老實的人也不肯。不管是法非法，一個人假定肯守一種規矩，在我個人的經驗，雖然有許多事情不合法，既然大家如此，我也很守規矩的跟著來，慢慢自己就得利益了。不是他那個方法對，或不對，而是因為自己肯守規矩，內心得利，這個經驗大家是沒有的。我們有一半是在家的學佛，哪裏搞過這個事！都是「名士」，尤其像我們在座的年輕名士特別多，「名士風流大不拘」，結果在輪迴裏頭也不拘了，任何一道都可以去了。所以要想跳出輪迴，非拘束不可。假使建立叢林的規則，沒有個人的自由，眼睛左右都不准亂轉，這是佛的戒律，不是我教你這麼做的。所以三千威儀，一切戒行，只要半天的時光，能真在那個威儀戒行上，馬上可以入定。

我的經驗告訴你，在自己實行那個理論的時候，深深感覺到人的可憐，人都是自己妄作聰明，人只要不妄作聰明，立刻得利益。我的個性是個非常狂妄的人，但是對於我準備走的那一條路，我是絕對的崇敬，說這個路子應該歪著走，我就歪著走。既然來了就照規定，然後在其中才能夠體會它的好壞。普通人不是這樣英雄的，雖然一邊也跟著歪著走，一邊肚子裏在反對，非丈夫也。既然歪著走，就歪著來，全歪，那你就正了，尤其是學密法，更要這樣。

現在要教這個法門以前，首先要懂得戒，三種律儀不得違犯，主要的道理在這一句話：「**防禁自心成利他**」，防止自己起心動念，非禮勿視，非禮勿聽，也是同樣道理。「**防**」守是積極的，是要防止，不使它犯；「**禁**」是消極的，已經犯了再去禁止。自己起心動念如此，這是自利；自利也就是為了利他，要想濟世救人，必須要從自己做起。光想要度眾生利他，少吹牛，你有什麼資格利他？先要求自利吧！

所以律儀的要求是「**防禁自心**」，假定這四個字做得到，什麼律儀不律儀，不要談了。律儀的作用在防禁自心，因為自己的自利功德圓滿，才能做利他的事，成就利他的願望。「**所現應變解脫道**」，等到成就了以後，你所呈現的，所謂神通成就、道力成就，無所不通，應現無方，一切應變，如觀音菩薩三十二應化身一樣，這是真正的解脫之道。

現在講四種戒的矛盾，和它的重要，下面一直到三十頁，我們暫時把它跳過去，因為現在大家還不夠條件。我們這個法門學完了，再看情形，是不是需要討論再說，這個裏頭問題非常非常大，一旦搞錯了，更不得了。

現在看三十一頁，這一卷整個還是懇切、殷勤的講修行人的條件，前一卷講的是有關地方的條件。

你是法器嗎

初學自利為首修，靜地守心離散鬧，對治調染去惡緣，見修不違虔修法，五毒自性所生者，剎那正念而能獲，不散而依於對治，能知三業不放逸，知羞有慚調自心。

這個還是講初修的人，當然以大圓滿的修法，初學不注重利他，應該注重自修自利，專修去，只怕不成佛，不怕沒有眾生度。有的人，自己也修不成功，跟人家多談一下又血壓高、頭昏了，然後叫作菩薩道，少吹了！你菩個什麼薩呢？先要把自己修好了再來。所以初學以自利為首要，萬事不管，在清淨的地方隨時守心，防禁自己心起心動念，也就是禪宗所謂的觀心、守心，離開一切散亂、憒鬧。

首先修行要「**對治調染去惡緣**」，我們在世間滾久了，尤其年紀大了，世間的經驗越多，染汙越厲害，調染就很難。我們所有的修行的方法，念佛也好，拜佛也好，做氣功也好，聽呼吸也好，白骨觀也好，種種等等，都是對治的法門，都是藥方。吃藥是為了治病，就是調染，都是為了調治染汙，都是清潔劑，把我們的身心染汙洗乾淨，恢復它的白淨，去掉一切的惡緣，為善去惡。

見道、修道不違背虔誠、誠懇，「**見修不違虔修法**」，就是儒家所謂的「誠敬」。對佛法恭敬，對自己隨時不能鬆懈，這是我經常在打七的時候講的，我想起每次打七就氣，香板一拍，有人就轉過身來聽熱鬧，好像聽瞎子說書一樣，我也不是說書的。我常常講，當年我學佛的時候，是在軍校，事情也忙，因為後門溜出來，就是文殊院這個大廟子，我早晚就溜到文殊院，在泥巴地上拜佛，有時候拜兩三百拜。你們在家人這一批同學們做不到的，哎呀，不是給人家笑嗎；再不然給人家笑迷信了。我不管，大丈夫要這麼做就這麼做，一心誠懇的拜。現在這裏還有地毯呢！可是我從來沒有看到有人在這裏拜佛，包括幾位出家同學，因為我每天來這裏看，有人拜佛沒有。我這個眼晴雪亮，拜過了有印子的，但沒有印子，說明沒有人拜，恐怕要佛下來拜你才行。總有一天，佛要下來拜你，求你。所以，見道、修道不違，都要虔誠修法，一念虔誠恭敬，什麼法門都到達了。真正的正信很難，的確有這樣的事，我一生當中的經驗很多，堅信、誠信、虔誠就到達。

與生命俱來的五毒——貪嗔癡慢疑，其實也是自性變起來的。「**五毒自性所生者**」，五毒是無明面，屬於陰面，不是光明的陽面。我們大家說心散亂，坐不下去，定不下去；你當然定不下去，因為你心中無正念。如果有正念，或者是你一念信佛，觀佛，或者是一念「能斷金剛般若波羅蜜」，就切斷了。所以《華嚴經》告訴我們，「初發心時，即得阿耨多羅三藐三菩提（無上正等正覺）」。五毒自性真的不能斷嗎？真的要三大阿僧祇劫去修嗎？因為我們不能正念，「**剎那正念而能獲**」，剎那之間正念，立刻獲證菩提，就進入那個境界了，有什麼難？

所以我們修習佛道的人，隨時要虔敬，「**不散而依於對治**」，妄念來，一提正念，就歸到正念位上了，也就是孟子所講「有諸己之謂信」，馬上回轉來，這個時候不散亂。定就是不散亂、不昏沉，對治一切法門。所以我們真正修行的人，在身、口、意三業的起心動念，決不放逸，不放逸就是決不原諒自己，決不馬虎，而且絕不躲避。原諒了自己，這也是魔障。在我的經驗上，假定正念一提，測驗一下自己，精神就來了。真的，要講戒律，平常不敢講，因為你們不會信，放逸的罪過是墮畜生道，那個畜生多放逸啊！你看那個豬、老虎、獅子，只要吃飽了，趴在那裏就不動了。

要注意啊！這是今天講到佛法，提到佛法真正的莊嚴性，給諸位稍稍瞭解一下，因為很多年來我不大講這些。老實講，很多年來，我是在「騙」，也就是誘導諸位向佛法路上走，所以你們怎麼樣都可以將就。我一直說：真講佛法還不是這樣，那會一進來就把你嚇掉一條命。非要嚴肅到這個程度才叫作壇場、道場，才能夠把心行嚴謹起來。所以人要知道，身口意三業不放逸，就是要精勤。放逸是有一點馬虎，原諒自己；精勤是積極再去努力，所以我們修持，自己要知道羞恥。儒家講「知恥近乎勇」，要拿出勇氣來，有慚愧心，要調和自心。大丈夫學佛，苟日新，又日新，日日新，今天沒有進步，自己打自己兩個耳光，「該死！為什麼沒有進步！」就要這樣精勤，這樣管束自己，才夠得上法器，夠得上一個學佛法的人。這一段是講法器的條件。

再看下面的解釋：

「初入解脫道等，修真實義為首故，間接或自心欲思利他，而無有力」。不要說學佛，我們大家都想幫助人，但是事實上，幫人自己沒有能力，所以先求自修，求得能力，把智慧、功行，變成力量，才可以利他。

「蓋自心為煩惱性故，去惡緣及依寂靜地，對治煩惱，見道與行道不違誤而行持，當煩惱所生，于彼即以正念執持」。為什麼我們不能利他？因為自心不能清淨，所以不能起作用。這段和我剛才講的道理一樣，都說過了。

「一二剎那而不令住于自心故，于身口意三，以正知、正念、不放逸三者不忘，乃殊勝緊要也」。隨時隨地注意自己身、口、意三業，尤其出家的同學們要注意。

「入行論云：諸欲防心者，正知及正念，雖捨命猶守」。《入行論》這本經典上講，一切修行的人，要想防止自己心性不起惡業，不被欲望污染，寧可把生命拋棄，也不離開道業的清淨進修，不離「正知及正念」。這個精神，這幾句話，就是佛，就是我的老師，我們還拜什麼佛呢？

「我即禮此語」，修行人就應該頂禮，崇拜，依止，學習。也就是說「正知及正念，雖捨命猶守」，自己沒有正知，失去了正念的境界，自己要起懺悔。

「特于凡夫之心，隨緣而轉故」，我們一般平凡的人，沒有成就的人，外境界一來影響你，就跟著轉陀螺一樣轉走了，如果不隨境轉，已經是有相當的功力了，已經是一半的聖人。我們沒有辦法不隨環境轉，常聽到同參的道友說：「哎呀！我的環境沒有辦法」。該打屁股！是道業重要還是環境重要？換句話說，你對環境沒有辦法，你已經在隨境轉，嘴裏講不隨境轉，還談什麼修道？用不著修了。所以凡夫之心，隨緣而轉，這是自然的，換句話說，你仍是一個道地凡夫，不談了。

「今教誡于緣顯及自顯之法者」，現在要教誡大家，「緣顯」是因修法的因緣而呈現；「自顯」是自己如何明心見性這個方法。所以我們這個樓上，幾位在這裏修道，環境當然還是不夠理想，不是個道場；但是說起來，在這個都市芸芸眾生中，此樓我覺得已經是聖地，如果還有境不能轉的話，那趕快按電梯下去走吧。在這個都市中，能夠找這麼一個小地方，並不多。所以像我，前兩年要閉關時，看了多少地方啊！陽明山、桃園啦，還有新竹有人送地，我跑了三次，真是自打耳光，哪裏都可以閉關啊，我就在樓上把門一關就好了嘛，心轉了就是境轉了，哪個地方不是道場？隨便哪裏，蒲團一擺就是了。

像我當年在四川看到那個瘋師爺，他幾十年就在廁所那裏，不是我們現在的廁所，是「坑深糞落遲」那種廁所，臭得不得了，他睡也在那裏，打坐也在那裏，那不是道場嗎？我們大家福報太好了，自己不要把福報享完了。你想，我們是中國人，中國的災難多大啊！而我們這一條命幸而存在，今天在臺灣這個富強康樂，衣食無缺的地方，種種物質的享受，半個天人一樣的境界，還有修道的環境和時間，如果還說事情沒有完，環境不好，這叫作自甘墮落。這是以修道的立場來講，只好補充這一句，好給大家轉個彎。下面還是講修道的條件：

八風吹不動

毀譽破立稱與譏，等同夢幻而無實，谷響之名修隨忍，斷我執心之根本，凡諸所作不違法，防禁自心不惱他，剎那不隨於染汙，晝夜行善極精懃。

「**毀譽破立稱與譏**」，這就是蘇東坡所講的八風吹不動，就是稱、譏、毀、譽、利、衰、苦、樂八個字。「稱」是名稱、地位。這些名稱，像老師、處長、縣長、委員、議員、大師啊！人都喜歡有個好的名稱。「譏」是笑，「毀」是毀謗你，無緣無故的講你這樣不對，那樣不對。「譽」是恭維你，「利」是利益，有錢賺，環境好。「衰」是年紀老了，眼花了，頭髮白了，走不動了，衰極了，或者生意賠了本，被倒了賬，或者錢不夠用，都是衰。還有「苦」與「樂」，這八個叫作八風。修道的人先要把八風看破，這八風的內容，發揮起來很多。這八個字，輕輕向你一吹就把你吹跑了，這還不全是外境；有些風還是起於內心的風，只要罵你一聲討厭！你就受不了。罵你討厭，還不是毀，而是譏，毀就更厲害了。所以先要自己修養到八風吹不動，多難啊！這裏有許多青年，事情如意一點點，當然修道起勁；有一點不如意，道也不修了。所以我經常在罵，你修道好像為我修一樣！我說我不陪你們玩了，我吃飽了沒有事，專陪你們玩嗎？青年同學們要注意哦！自己這個都建立不了怎麼行。

「**等同夢幻而無實**」，要八風吹不動，這些如夢幻，剎那都過去了。而且諸位真實要修，八風每天都碰到，如果當下能夠正念、正知，看這些外境如夢如幻，已經差不多了。如果有這樣的人，我馬上皈依他，我就恭維他是菩薩了。在這裏修道都是順緣，不能有一點逆緣，所以八風吹不動不可能的，要做到看「稱」、「譏」這些，等同夢幻而不實在才行。

「**谷響之名修隨忍**」，一切恭維、名聲、地位，要看成空谷回音，這些都是虛假的，不要被浮名浮利的世間法欺騙了。這個裏頭就是修行，就是忍，忍就是切斷了，是六度裏的忍辱。人生沒有幾件事情得意，每天不如意的事情太多了，能夠覺得並不是不如意，就是忍辱波羅蜜了。這個「辱」並不是罵你或侮辱，一切不如意就是辱。小乘的四加行——煖、頂、忍、世第一法，忍就是切斷，所以《金剛經》有七種翻譯，玄奘法師翻譯為《能斷金剛般若波羅密經》，一切的恭維，一切等等都要切斷。

「**斷我執心之根本，凡諸所作不違法**」，我執的根本要切斷，我們一切起心動念、所作所為，不要違背佛法。

「**防禁自心不惱他，剎那不隨於染汙，晝夜行善極精懃**」。防禁自心第一是使自己不起煩惱，第二是言行態度等，不使人家起煩惱，於剎那之間不入世間法的染汙。這都是構成法器的基本條件，所以說我們自己估量自己，是不是已經構成可以修持佛法的法器了。

「毀譽與疑慮來時，應知內外一切皆如夢幻」，這就是教我們處事的時候，外界一切順境、逆境、恭維、毀謗、稱讚等等來的時候，應該知道，我們大家學佛，理論講得那麼好，外境如夢如幻做不到，內在更不要談。什麼叫內在？今天感冒，身體不好，頭痛了，血壓高了，膝蓋痛了，這就是內在。你能不能做到看此身、此病如夢如幻呢？哎呀！我的腿呀！我的媽呀！這個才重要。這個心，一切唯心，這個業力自己都轉不了啊！應該要知道，學佛要做到「內外一切皆如夢幻」。

「思無境如谷響，內心之忿怒及不適等認知其自體」，外界一切的毀譽稱譏到來，狂妄一點的人，對於人世間的是非，根本就不理。心裏頭不愉快、煩惱、發脾氣的時候，應該認得當下這一念是假的，不要受他的騙，這一念的自性本空。「其形像及顏色，觀察一無所有」，現在科學可以觀察出來，我們人要發脾氣，情緒不穩，臉色馬上變黑，變紫，形像也變了。現在科學已到達這個程度，將來很快可以研究到人的一動念，就把影像照出來，當然沒有那麼準確，至少可以照出來忿恨心那個光。所以有眼通的人就知道，人該死亡時，頂上的氣就不對，有黑氣來；倒楣時也有黑氣，至少臉色就變了。所以人發脾氣，臉都發青，形像、顏色都變了，這是心念的力量。所以要深深的「觀察一無所有」，都是自己被這個現象所騙。

「如入行論云：本自不生境，何喜亦何憂，何得亦何失，一切如天空，同我悉應知」。這幾句話在中國禪宗多得很，大家都很熟悉，都覺得好，不過做不到。因為你做不到，所以你不是修行人；修行人做不到也要做啊！你不做，就不是修行人，很簡單。尤其是出家的同學們要注意，既然出家了，就標榜是修行人，所以普通人做不到，情有可原，因為他根本是凡夫；既然穿上這件衣服，就表示我不願意做凡夫，那麼就沒有一件事，沒有一個地方可以原諒自己。所以我經常不大贊成人出家，既然出家就拿出這個精神來，這就是戒的道理。

「總之晝夜常時凡有何作，唯調伏自心，於他不惱害」。大乘道不妨礙他人，不煩惱他人，也不使人家起煩惱。

「煩惱自消，善業自然增長，如是方可成為修學佛教者」。煩惱本體是空的，煩惱已消，善業自然增長，這樣才是真正在學佛，才夠得上算是個學佛的人。不是天天拜拜、念經，那些形式主義，看到就煩，要內在是真心的道場。

「如龍樹云：汝請調自心。佛云心法本」。你要自己管理自己的心念，心是法的根本。

「又如別解脫戒經云：罪則不作，善功圓滿，自心悉調，是為佛教」。別解脫戒是出家人的戒，為什麼要受戒？戒律的精神，是我自心不犯任何過錯，不造作罪行，也就是「諸惡莫作」。「善功圓滿」就是「眾善奉行」；自己心裏的煩惱妄念，完全能夠調伏下來，就是「自淨其意」。這就是諸佛的教育法，這樣才是真正的佛弟子。

「現當明如上之因由，為最難於初修習利他者，故誡示其不失自利法」。我們瞭解這個道理，修大乘道，在沒有修成功以前，沒有本事，所以先求自利。

下面第三十三頁這一節，我們曾抽出來講過。

修行　自利　神通

現今時惡人橫野，靜處精勤成自利，如翼未豐不能翔，不具神通難利他。
虔修自利心利他，散亂憒鬧魔誘惑，自心無惑勤修法，死時不可動悲哀。

在散亂中，憒鬧中，自覺從來沒有看到過魔，因為我們自己就是魔，魔當然不怕魔，魔也不敢來找你，所以你沒有看到過魔。假使自己不是魔，隨時可以看到魔，心散亂，起心動念都是心魔。散亂、憒鬧這些都是魔境界，都是魔在誘惑你。環境一點不如意，脾氣就來了，表示自己有個性，卻不曉得自己是魔的個性，就是個魔障；自己不痛切反省，還認為自己對。

「**自心無惑勤修法，死時不可動悲哀**」。假使這一生沒有修成功，死時不要恐懼，不要悲哀，正念而死，立刻得人身再來，繼續修；就怕你死的時候，自己慌亂、恐怖、悲哀、散亂了。能正念而死，天上人間任意居住，因為人不能正念而死，所以佛傳你一個法子，叫你念佛，你沒有自信，只好信他。如果有自信，正念而死，死就死了，再來！所以下面有解釋：

「今時雖佛降臨亦不能化度，如同我雖略有利他心，奈化度之時未至」。這時候就是釋迦牟尼佛、蓮華生大師親自來都沒有辦法，因為時節因緣沒有到，沒有辦法，你自己先求自修自度吧。

「若不具神通幻變，以力不能造就」。神通怎麼來的？修定來的，注意哦！一切神通皆由定生，不得定，哪裏能具足神通？沒有定力，所以不能起神通之力，所以不能利眾生。

「故可置利他之形相及不聽之教言等」。我們初步修習的人，不著菩薩相，不行菩薩道，先求自利，暫時把佛的言教擱在一邊，不是不聽，先要自修自利。

「於寂靜處所，妙善修持，制心一處，而為求辯」。制心一處就是定，你說我不能定，因你不能制心一處嘛！問用什麼辦法好？笨話！有勇氣的人還要用辦法制心一處嗎？辦法多得很，念佛也是一處，修白骨觀也是一處，觀出入息也是一處。你說這個你也不能，那個也不能，那你去輪迴，去滾吧！這有什麼辦法呢？勇氣一拿出來，制心一處就做到了，一剎那間「制心一處」你就體會到了，無事不辦，一切皆從定來。

「今生散亂魔之誘惑，昔被其惑，即已可矣」。我們這個生命就因為散亂，自己魔了自己，所以在輪迴中，在生死海中滾。我們多生以來被自己騙了，被這個魔騙了，這一生已經瞭解得差不多了。

「現在心中思去彼唯一山林中，死時悲傷決不能動。精懃於自利事，利他，唯以心思維可也」。死時絕不要動心，不要動悲哀，守正念而死。不得已，死了就死了，提著正念，立刻投胎再來。利他之大乘心願力，不能放棄，但是先求自利。

「寂天菩薩亦云：眾生信解有多種，如來亦不能令滿，如我惡劣何堪言，如是相同也」。一切眾生修行佛道，信行與解行有多種法門，就算佛親自在世，也不能使每一個人滿足的。這位菩薩當時住世幾十年受苦了，是教化的苦。他說像我嘛！談不上功力，所以不能教化你們。他說同樣的道理，世界上眾生教化不了，有時候沒有辦法，因為各自的業力太重了。

「修行成就自利事，但為難得堅持故，教誡需要再再努力者」，我們效法這個精神，願力是利他，修行先求自利。這一生不成，不要怕，一念專精就可以再來，再來比這一生智慧就大了，力量也大了。因為這一生染汙太多，年齡大了的人，各種業力纏著，煩！再來可以童真入道，那就快了！

是故現在觀此心，試觀現死何攜去，何往何變不得定。於此晝夜散亂擾暇、圓、無義而浪費。唯一靜處觀真義。現今妙需終望處，死後何行我定否，是故即今應精懃。

所以我們只要知道一切唯心，隨時隨地觀察此心，守這個正念。這個四大是帶不走的，這個正念就是我，我也就是一念，這個不會動，不會變化，守住一念不動就是定。什麼一念？比如大家聽這個課的時候，清清明明，聽得懂，這就是一念，沒有另外有個念，你如果去另找一念就錯了。所以這個聲音來就聽到了，就明白了；張開眼睛就看到了，就明白了，這不就是一念嗎？何往何變？這就是定，正念而定。

不要浪費生命

「**於此晝夜散亂擾，暇、圓、無義而浪費**」。我們人生活了幾十年，自己反省看，白天夜裏，包括在家、出家都是一樣，都在散亂，虛耗了自己的精神。兩個人在一起就談天，號稱談天，慢慢就抬槓了，抬了槓就起煩惱，然後你看我的鼻子不對，我看你的眉毛歪了，一天到晚都在散亂中，擾亂了自己。可惜啊！自己這一生有空閒，能夠來聽這個課，修道，但又把難得的暇滿之身，去做許多無意義的事情，浪費了一生，浪費了自己圓滿報身的這個光陰。

「**唯一靜處觀真義，現今妙需終望處，死後何行我定否，是故即今應精勤**」。修行沒有第二條路，只有一條路，隨時正念，觀察這個道理。這是最奧妙的，需要走的路，現在向這一條路上走，將來臨命終時，總有所得，總有希望。所以要隨時念死，就是十念中的「念死」，尤其年輕同學們，不要覺得自己年輕。像我隨時準備明天就死掉，誰對死都沒有把握，不要打長久主意。所以這幾天同學問我：老師，那邊的房子怎麼整理？我說我才沒想那麼多，上午過了，下午能不能活著還不知道呢！想那麼遠，浪費精神！事情下午來了再說。天下事天下人做，事情來了，有精神高興就計劃一下，還有今天、明天的打算，那不算修行人。

世界上一般人，都是這樣打算盤的，但是我在暗中笑你們不會打算盤；我最會打算盤。世界上就是這麼一回事，自己把精神生命浪費了，這個多嚴重啊！像我當年常帶著孩子，家裏沒有米吃，太太問我，明天沒有米了。我說今天啊，夜裏還有二十多個鐘頭，管這些幹嘛，到時候再說嘛！沒有吃的，吃西北風；再沒有吃的，餓死了，就是這麼一回事，幹嘛浪費時間！

有許多青年時代的朋友，現在老了，不修白骨觀，差不多已經變成白骨了，變成骷髏的樣子，還在那裏打主意今天、明天、大後天，看起來還是前途無量，後途無窮的樣子。其實前途有限，後患無窮了。注意哦！不是我罵你，難道是我吃飽了沒事幹嗎？當然，現在還可以罵，明天說不定罵不出來了。

「若返觀於內，如我即今便死時，則往快樂處去，如是之預備有否」。我們修行，隨時都準備死，假使你現在就死，能不迷糊，而且把握再來的本事，有沒有呢？先不要說別的，這一步沒有學到，你修什麼行啊？或者說，我不到這個世界上來，到極樂世界留學去，跟阿彌陀佛學，有沒有這個本事？所以我提倡《藥師琉璃光如來本願功德經》，叫你們往生東方藥師如來世界。東方藥師如來的世界，離不開中國，離不開這個地球哦！佛說它與西方極樂世界一樣的功德，你們何以不研究藥師如來十二大願？也就是中國文化聖賢之道的大願。所以大家先檢查自己，有沒有這個預備？尤其中年以上的朋友們，隨時準備死亡，所以現在修行不能馬虎了，還說等三個月，沒得時間了。

「試思此晝夜惟有散亂擾動，遂浪費此暇圓也，故今惟需究竟依望處，即於此時此處」。不要浪費暇滿之身，要當下就修，哪裏找個好環境、好道場？來不及了，生命無常來找你的時候，你說等一秒鐘，慢一點死吧，讓我念一秒鐘佛吧！不等你。比如我那個老朋友楊管北，我勸了多少次，我說閉關吧，不要管了。他說明年，明年，明年一定。講了三個明年就跑掉了，來不及了，哪還等你明年！所以要放下現在就放下。有許多老朋友都是這樣，孩子大了，自己退休了好多年，我說你不要再管孫子這一代了。「不管！不管！」到時候管得厲害。所以修行要勇，大勇，即於此時此處，要下決心。

「心中精懃於法。如入行論云：我之行如是，人身亦不得，若不得人身，唯惡無有善」。人身丟掉了就丟掉了，修行最難得還是人身，生天不能修行，太快樂，太有福報了，不能修行；下地獄太受罪了，沒得修行；畜生太笨了，人身最好。

「如是所云也，夫妄相難忍，故教誡即於今時便須精懃者」。虛妄之相就是妄相，確實教誡大家，要修這個法，先要構成法器，這些都是條件。

輪迴妄相如危途，由此解法心記之，今亂、終究亂、漂流，是故生勤記於心。

我們在散亂中，漂流在輪迴惡海中，是故要切記警誡自己。

「上下輪迴之苦，思而畏懼，如有危險道途及大懸岩相似」。上下就是善惡兩道，要隨時生恐懼，這個你們不懂，好像是形容辭，這不是形容辭，而是真實的。我們死時同投生時就是這樣。到你最後一口氣斷了，硬是掉下去，深沉黑暗，墮落下去就是這樣，可怕得很，那個境界來，什麼都把你嚇昏、迷糊了，沒有定力一下就輪迴掉下去，由萬丈懸崖掉下無底洞，要投生再轉人身，好像從無底洞坑，上升至萬丈懸崖，一點一點看到光明。如果有過一點昏迷經驗的人，或者有時候身體不好，忽然坐起來有下沉的感覺，有黑暗的境界來，就要當心了，當然這是小的。或者有時候睡眠，夢中忽然覺得往下掉，好像高空坐飛機沉下來一樣，那就曉得這兩天可能會感冒，得小病，不好的境界要來了，就要注意了。事先注意可以挽救，這時候「多吃致疾」。那麼唯一最好的辦法，就是不吃多喝水，餓一餓就過去了。

如果從頭上起，好像向太空裏頭去了，是虛脫，不過業果可以上升，但是也要注意，這樣過去，境界如果是黑暗的，屬於病相；境界光明的，是離散之相。

「今者若不解脫，到終了日，亦無解脫之時」。剛才有同學問，有時候從頭頂上脫開了，很強的力量，好像到太空裏頭去了，那個時候你能認識到，可以馬上回轉。慢慢訓練慣了，解脫肉身的時候，好走一點。可是這種不算成就，體質弱四大不調，也會有這個境界。所以「故應精勤也」，要努力精勤哦！

「寂天菩薩云：雖平（平常）小危岩，若謹慎而住，千旬長遠者，其墮何待言，如是之謂也，因難度三有海故，誡示今應精懃者」。平常的時候，我們人在物質世界活著，挑一個崖跳下去，要上來還不容易。所以人生，也等於中國文化講「如臨深淵，如履薄冰」。所以要隨時小心，要像走長途一樣的小心，不小心，地獄輪迴之途是遙遠的啊！永遠滾下去了，越來越墮落的哦！你看我們一個東西，要丟下去很容易，往上拋很難哦！所以諸佛菩薩，諸位祖師，再三的警誡我們要精進、勤勞向道，趕快的修行。

難得的人身

煩惱我執難渡海，今以暇圓船而渡，若常能以福德力，亦現解脱菩提道，是時心懃修利樂。

煩惱最難清淨，妄念去不掉，我執最難空掉，這個就是苦海的根本。煩惱海深，我執的海更大，你覺得我「無我」，談何容易啊！「**今以暇圓船而渡**」，若常能以福德的力量，多做善事，多修行，善事就是修行的一種，以福德的力量，「**亦現解脱菩提道**」。換句話說，你為什麼不能得定，不能成道呢？你福德不夠啊，沒有善心福德，除了起心動念做了許多壞事，自私自利以外，做了什麼善事修了福德呢？哪一點是真正的利他呢？大智慧就是大福德，大智慧就是菩提，這個才是真正的大福德。所以《金剛經》給你們講福德空，福德做到了，真證到了空，那麼自己修到了以後，再「**是時心勤修利樂**」。

「煩惱如海之底相似故，今之暇圓如船相似，當令渡解」。有空閒的時間——暇，圓滿的身體還沒有毀壞，這是一隻船，渡這個苦海，四大這個身體是假的，但是他還是一隻船呢！沒有這一隻船還渡不了苦海。所以四大身體雖是假的，但中國後來的道家就有句話，要借假修真。

「入行論云：此舟復難求，愚者時勿眠」。我們人身很難得，死了以後是不是再變一個人身，不敢保證，「愚者時勿眠」，所以自己沒有智慧，也不要再昏迷了。

「然今者難得之暇圓已得，知生死涅槃有過失及功德，需要修法，思念之心，中等生起，此乃佛之悲心入我心故」。修道這個心要懇切，所以我平常講，你們談什麼修道？聽著好玩而已。真正的修道人，把修道變成生活的第一位，現在所做的事情、生活是第二、第三位。我們一般人是把生活的習慣，世間不必要的一些習氣，擺在第一位，空餘下來叫作修道，去打個坐，那是給你疲勞過後的休息，算什麼修道？把修道擺成第四位、第五位，把自我擺成第一位，莫名其妙的忙碌擺成第二位，太太、兒女擺成第三位，睡覺、休息第四位，然後第五位，多餘一點時間盤盤腿，好像對得起佛法一樣。那叫修行嗎？那才怪呢！如果是這樣成功的話，那我就倒楣了，輸給你們了。我一輩子以這個為第一位，也不過如此而已。所以要精勤呀，「思念之心，中等生起」，這是佛的悲心入我之心。

「如黑暗中之電相同」，你能懇切的發起這心，那個佛的慈悲向你灌頂，內心慢慢光明，智慧開發了，「福德之心願難生，然今此心能生時，當起始執持精懃注意也」，要特別注意。「入行論云：暇圓極難得，士人已得成，若於此無利，後真實何得」。我們已經得到了暇圓之身，要珍惜自己現在已有的生命，趕緊修行，再等來生，我們有沒有來生，也是不知道的。

「如夜黑雲中，電閃忽現天，如以佛力故，嘗于世人心，生福德智慧，觀察善微弱，又若違緣易生，誡精懃於法者」，這是告誡我們。

命亦無常剎那變，散亂妙惑善推諉，惱亂相續習堅固，染汙聚等剎那生，福德善等勳難生，除業風力應精勳。

我們的生命剎那變化又短暫，但是我們習慣於散亂，習慣於妙惑，八十八結使那些迷惑，自己還很會解釋：「哎呀，我天天念，念的就是學佛啊！就是這些事情硬沒辦法，擺不脫啊！不是我不肯啊！」講得非常有理由，自己迷惑，還拿出許多的理由，給自己辯護，並且還不用功呢！因為善於推諉，「哎呀，本來昨天很好，都是他來找我，把我搞壞了」。反正錯的都是他人，都有理由的，這叫作人生。在家、出家都一樣，我發現多得很，我經常肚子裏有本賬，每次看到，我都想把它記下來，準備哪一天碰到算一算。結果呢，我那些賬簿，隔一天我又丟掉了，心裏頭懶得管，說不定我明天就死了，我還懶得罵呢！如果我一個一個記下來，每個人推諉的行為，推諉的話，那才多呢！那有得罵了。

「**惱亂相續習堅固，染汙聚等剎那生，福德善等勳難生，除業風力應精勳**」。煩惱、散亂堅固得很，愛妄想、愛散亂、愛起煩惱，對這個都非常有定力啊。做好事、修行，難得瞎貓撞到死老鼠，撞到一回已經覺得自己功德無量了。「**除業風力應精勤**」，這個就是業，就是業風、業氣，你們要努力解脫啊。

「凡夫時，時間剎那無常，散亂時間之顯現，惑亂正法，愚稚士夫，為善推諉，輪迴眾生，長久相習於虛妄幻相，三界眾生如降煩惱雨，如來作業，嘗作諸福德，煩惱之海難越其波，有時不向於法也」。文字翻譯得不大好，道理我們都講過了。所以說凡夫愚癡幼稚，很會原諒自己，諸惡莫作而偏作，眾善奉行不能行，我們都在這個境界裏過生活。

「故應懃懇精進於法，特為說聚經云：嗟諸行無常，生而還復滅，與生而還滅，無如速寂樂，如是心應知，輪迴無有真實，故誡示應精懃於法者。」

下面這幾段只有兩張，今天講不完，希望大家回去，三十八、三十九兩頁自己看一看。我們前面是講選擇修持的地方，這兩次是講修持人的條件。換句話說，隨時要鞭策自己，自己要怎麼樣，才能構成一個真正修持佛法的材料，是修持佛法的法器。下次講如何修行的方法。

第六講

我們今天大圓滿講到第二部分，正式讀到修法的部分，但是有一點須要先了解的，這個大圓滿的法門，是屬於藏密，也就是原始紅教所傳承的。可是我發現，很多人對佛法修持的法門，聽得越多，反而越混亂。儘管很多年聽教理，如果考起試來，嚴格地說，都考不出一個系統來。自己所吸收的，無法貫通，更不會構成一個系統，這是我們大家一個非常大的缺陷。零零碎碎亂七八糟講，大家都會，但是理論和修法配合起來，有系統的將顯教、密教或者各種修法，貫通起來，都不會。所以大家修持不得力，重點在這個地方，可是大家自己並沒有警覺到。

就以今年來講，正月間打七的時候，說了白骨觀，後來又傳準提法，現在又來個大圓滿。結果，越弄越大越亂，越變成不是大圓滿。原因是大家沒有貫通，連基本的精神都沒有抓住，因此我們所有修持的人，好像是越來越退步，進步的很少看見，青年同學們也越來越散漫。這是個非常嚴重的問題。

現在講到大圓滿，我相信大家聽了以後一定有個問題，究竟我該修白骨觀、準提法、藥師法、還是大圓滿呢？自己都搞不清楚。那麼搞不清楚的原因在哪裏？在理論上沒有好好地去融會貫通，在工夫方法上也搞不清楚。

譬如大家都聽過白骨觀，也很有興趣，都在修，卻死死的抱著腳趾頭啃。這個《禪祕要法》的法本，大家也聽我講過看過，修白骨觀目的何在，也講過，大家自己不去融會貫通，所以聽了等於白聽不得力。《禪祕要法》那個法本，一共有三十多個程序，這是求證人空、我空、受陰空，證空性，證四加行果位的最好的法門。可是中間的程序也不是呆板的，都告訴你們了。而且我一再告訴大家，要懂得「易觀」，非常重要，要隨時調換，在某一種情形下，用某一種觀法，自己要曉得活用才行。結果大家抱著腳趾頭也啃不進去，那麼你抱著腦袋吧，也觀不起來，很可憐的在那裏白骨觀……白骨觀……，結果是白骨在那裏觀我們，我們自己也快要變成白骨了。真正變成白骨的時候，就來不及了，所以大家儘管在聽，老實講沒有用過心。

現在講大圓滿，因為發現了這些問題，我怕大家越聽得多，流弊越大，自己越上不了路，很可憐的。這反而是等於禪宗那個祖師講的，「我眼本明，因師故瞎」，我的眼睛本來亮的，被老師給我弄瞎了。我倒不想把人家眼睛給搞瞎了，所以再三聲明。

而且大家先要注意，我們這裏是從禪著手，以禪為中心。以禪宗來講，這些修法都是多餘的，但是有一個道理大家先要知道，「佛說一切法，為度一切心，我無一切心，何用一切法」。這個道理大家先要了解清楚，就是說你有沒有一切心，有一切心，還是要一切法來對治。如果我無一切心，何用一切法，連佛法都是多餘的。當然也有人狂一點說，「我本來不需要一切法嘛」！可是你還有一切心啊！一切煩惱妄心都沒有清淨，那就需要修法了。換句話說，大圓滿這個法門，我們看來，也不過是號稱大圓滿；而真正的大圓滿，只是這四句話「佛說一切法，為度一切心，我無一切心，何用一切法」，這才是真正大圓滿。這個重點抓住了以後，我們可以修這個大圓滿了。現在是接著講修持的方法。

厭離心　大悲心

「第三金剛理示所修等持次第，今當指示其所修法。暫總示者」。

金剛代表大般若的成就，不動金剛這個至高的至理，是告訴我們修持的等持次第。等持也可以說是定慧的等持，也是身心的等持。現在要告訴我們這個修法，「暫總示」表示暫時總括概論來講。

第三受持法有三：前行、正行、後、次第。

「初中後次第三種，每種廣別」。初、中、後，次第有三種，每一種廣為說明。

初者指示前行法，無常厭離外前行，能遣此生貪着底，差別前行發悲心，令行大乘道諸法，是故初修二前行。

要想達到大圓滿的成就，必須修一種前行。第一個前行是在修這個法門之前，先要真正發起厭離心，想出離跳出這個無常的世界，無常的生命。像我們大家都號稱學佛，可是對這個世界還留戀得很呢！樣樣可愛，沒有哪樣不可愛的，只不過受到一點打擊的時候，偶然覺得灰心一下而已。灰心並不是厭離，真要一切丟下專修做不到，這就是因為厭離心根本沒有發起來。換句話說，我們現在大家學佛修法，不是為厭離心而學，我們是為貪著心而學。世間一切都要，不過呢，更想擁有世間一切以外的成佛而已。這是貪心，和厭離心根本相違背，這是我們自己要檢查，要反省的。如果要修這個法，不發厭離心可不可以？嚴格的講絕對不可以。但是方便的說，對一般世俗的人，或者初學的人一定說可以。六祖也說「佛法在世間，不離世間覺。離世覓菩提，恰如求兔角」。那是教育上所謂的循循善誘，是誘導的方法而已，不是真實的，先誘騙你入門再說。

嚴格地講，學道學佛想要有成就，沒有厭離心絕對不會有成就，不可能的。我們依照常理來說，一個人這邊也想抓住，那邊也想抓住，哪有那麼大的本事！也沒有那麼大的福報！不可能的。你看這些當皇帝的秦始皇、漢武帝等等，到老了，那真是英雄到老皆畏死。這個時候不是厭離心，是怕死，怕無常來。你們很多人都是因為年紀大啦，沒有辦法做事了，才轉到學佛修道的路上來找安慰，那不叫厭離心！沒有人發起厭離心，厭離心硬是想要跳出這個世界。

出家的人是不是都有厭離心？不見得！真的有厭離心的只是少數，難啊！大部分人出家是一種感情化的，不是理性的對宗教的信仰，而是對出家的生活有興趣等等之類。厭離是對自己這個身體都厭離，都覺得是不淨的，這個是欲界的事，發起了這樣的心，才能夠談修道。所以厭離心非常重要。我們在座的朋友們，包括在家、出家，究竟有沒有這個心，個人自己去痛切的反省吧。我們應該相信佛的話，相信前輩聖人的話，他和我們沒有利害關係，用不著打妄語。他叮嚀我們修行第一個前行，先要領悟無常，厭離心真正發起以後，才能夠「**遣此生貪着底**」，才把這一生貪戀世間，貪戀一切的這個貪戀的根本，排遣開來。

不要認為每天跑到這裏來打坐一次，就是發起厭離心修道，沒有這個事，這是找休息、享受的地方。在家裏打坐也是一樣的心理，這不是厭離心。所以嚴格講，學佛法我們根本沒有資格，因為厭離心都沒有發起。

第二條差別前行是發悲心，厭離心生起以後，我們普通說這個人啊！他是真看空了，什麼事都無所謂了，那他只是小乘的發心。真能再轉變自己的修養，會起大悲心；因為看空了，所以對世界，對其他的人，對一切的眾生，會發起大悲心。

大悲心怎麼發？近來有許多人問我，說他硬發不起悲心耶。比如以前我那位朋友楊管北先生，他在世的時候，跟我講過很多次，他說：「很奇怪，我不能說不信佛，我就是發不起大悲心」。他說他很想發悲心，但悲心就是發不起來。為什麼呢？因為厭離心沒有發起來，悲心哪裏發得起來！不是說看到殺鴨子，砍雞頭，就掉眼淚叫悲心，那是愛哭。要對這個世間一切厭離，真是看通了，看到世人在這個貪嗔癡慢疑裏，像沒頭蒼蠅一樣的在塵網裏打滾，非常值得悲憫、同情！這才能真發起了悲心，這才是大乘的種子開始。

講這個法門以前，千萬注意前行。沒有發起厭離心，也沒有發起大悲心之前，隨便修這個法就想得效果，據我的經驗絕對不可能。這兩種心你只要發起了一點，那個效果就來了；佛法的感應，修持的感應就上身了。厭離心、大悲心動都沒有動，你想在修持上有效果，那是開玩笑，沒有這樣便宜的事。比如我們要肚子腸胃清爽，那就只有少吃一點東西了。你說我又想吃得多，吃得好，又想腸胃清爽，那是不可能的事，不要瞎扯了。結果我們一般人學佛，等於是剛才的比方，吃得好、吃得多，然後腸胃又要清爽。貪心！這是不可能的。

這個法本上說「**令行大乘道諸法**」，就是普通顯教說的發心。不過現在發心兩個字，變成化緣的俗語了，拿本化緣薄，面前一擺，居士啊！請你發心。換句話說，把出錢叫作發心，那只是發心的一小點，那不是的。真發心是發起厭離心，發起大悲心，這是很重要的。「**是故初修二前行**」，先要作這兩種前行的發心，所以我們要特別注意「**前行**」這個觀念。換句話說，你要修持任何一種法門，前面這兩個條件，有如車子的兩個輪子，輪子都沒有，車子想推得動是不可能的。下面是解釋：

修行的大法

「凡修大乘之道，皆於其前，念壽無常，思輪迴苦，於彼而修悲憫，故為彼我思成佛，精修菩提心」。他說修大乘的法門，首先要隨時想到壽命的無常，算不定今天死或明天死，或下一秒鐘就死掉了，生命是靠不住的，要時常警策自己。第二，死了就解脫了嗎？沒有那麼便宜！生命自己還作不了主，不要說死後作不了主，連白天的事情都作不了主；碰到外境界一引發，連喜怒哀樂都作不了主，這就是輪迴的痛苦。我們一般學佛，都會講六道輪迴，但自己並沒有六道輪迴的感受，所以這不是在學佛。必須要對壽命無常，世事無常，眾生在輪迴中有所了解，自己也在輪迴裏受種種煩惱痛苦，才會自然發起悲憫心。所以我們學佛成佛，還不只是為自己的成就，而是為了利世利他，為彼為我。因此，想要修法成就，這個大悲心是非常重要的。趕緊修白骨觀吧！真的很容易很快會有成就。

你們修白骨觀修不成，乃至觀不起來或觀不好，那是你自己不用心。我都講完了，講得很清楚，結果問他們修得如何，聽了又好氣，又好笑，因為我所講過的話，一句都沒有聽進去，沒有聽懂。一般人都犯了一個毛病，聽人家講話，都是把自己喜歡聽的抓幾句，其他許許多多的話都充耳不聞。像吃菜一樣，每人都選自己喜歡的菜挾一口，其他的看都沒看見；聽話也是這樣，所以不得力。法本說要「故為彼我思成佛」，所以要真實發起菩提心，菩提心包括大悲心，智悲雙運的菩提心，大智度，自了度他；大悲心度他，自了同了。

「蓋知壽無常，修行不現有暇，知輪迴苦，心能不貪此生。修無方大悲，即不墮小乘」。這裏文字都很簡單，他說我們學佛的，曉得壽命是無常靠不住的，有今天算不定就沒有明天。修行要努力，不能等有空的時候才來修，要知道輪迴是苦，所以不要貪著此身，不要貪著現有的人生。修「無方」的大悲，就是沒有方所，沒有目的，而是無緣之慈，那樣就不會墮在小乘的境界了。大家口口聲聲要想修大乘，尤其中國的佛教、佛法，素來以大乘標榜。老實說，每一個學佛的人，連大乘的影子都沒有，他們那個心性，絕對是小乘，而且是小乘裏頭的小小乘；除了對自己以外，不會起悲心，也不會起利他的心。而且只談理論，事實上，利他也做不到。這方面我們自己要檢查、要反省，我們與佛法根本是背道而馳，這樣修行怎麼會有成果？

「發菩提心，有速成佛之利也」。發起悲智雙運的心，很快有即生成佛的利益，所以發心最重要。

「於此尤以大悲方便及不住二邊智慧，為大乘殊勝之法。集經云，苦無方便離智慧，即墮小乘」。二邊就是空與有，要注意啊！不住於空也不住於有。這不是光指打坐的時候，大家要特別注意，要反省啊！大悲、方便，及不住二邊的智慧，就是大乘殊勝的法門。所以《集經》上說，沒有方便與智慧，就會墮入小乘。一切眾生太可憐了！不懂方便，沒有智慧，也不去參究，光是呆板的死坐求工夫，已經墮在小乘而不自知。至於多聞，如果像小牛聽經一樣，坐在那裏聽是聽到了，沒有真到心裏頭去，聽完就溜走了，有什麼用。這個很糟糕，自己已經墮在小乘的境界了。大乘就是要發悲心，行為上也是大悲；了脫的方法是智慧，了脫的功力也是大智慧。智慧是正思惟來的，不是不思惟，也不是亂思維，是要定慧等持的正思惟。

「又寶鬘論亦云：空性大悲之真實，與修菩提共一處」。既然講空，何必又要大悲呢？大悲不是也空嗎？還有個大悲心就不是空了，對不對？在邏輯上應該是如此，這兩個是矛盾的。所以佛經告訴我們是悲智雙運，兩個平等。空性之中的大悲心，證成了空，而發大悲心，這是真實的大乘法，這就是佛心；「多情乃佛心」，空性大悲，這個才是佛的心。所以悲智雙運，大悲心與智慧雙運法，就是真正證得菩提的一體的東西。

「現觀莊嚴論亦云：智不住三有，悲不住寂滅，方便非者遠，方便遠非是」。這是《現觀莊嚴論》的話，這個地方翻譯得不大好，意思表達不夠清晰。反正所謂大智度，智悲雙運是大乘法，以正思惟的智慧，不住三有，三有就是欲界、色界、無色界。「智不住三有」，在我們打坐到最好的時候，是不是很舒服啊？舒服就是欲，住在欲界裏。對不對？所以在這個時候，是真修持佛法，一旦到達這個境界，就要曉得「智不住三有」，苟日新，又日新，日日新，馬上就捨。或者有時候進入一片光明中，好不好？當然好，一定會貪戀這個光明。你要知道這個是色界，「智不住三有」，還要跳出來才是。你若進入無念好不好？也是一樣，你們每個都有工夫，只是自己沒有去正思惟，見地不透，所以等於呆坐。現在說的這個就是大法。

譬如正在坐得最舒服的時候，有人來找，有要緊的事，只好下座，心裏罵一句「他媽的」。那一句他媽的不是在罵人，是無上大悲咒，唉！不要貪圖這個舒服吧，趕快去替人家辦事，這就是「悲不住寂滅」。佛也是不住寂滅的，大悲度眾生啊！為了利他，就要不顧自己。如果說我現在正在空得舒服，你打攪我，你有罪了，你這種想法就種了下地獄的種子，自己早下了地獄。所以「智不住三有，悲不住寂滅」，智悲雙運到底，才是大乘。

「方便非者遠，方便遠非是」。方便是各種方法，那麼佛經為什麼不翻成方法，而翻為方便呢？這個話頭我也參了很多年，後來覺得這個翻譯很有道理，這是古人的高明，如果翻成方法，就是死的、呆定的，使人更執著；方便比較不大執著，方者方法，便者便利也，對你有用又便利的方法，很快就能得到利益。譬如說我們口乾了，來不及燒開水，其他東西也沒有，但有一瓶汽水，很方便，一打開就可以喝，這就是方便。所以我們修行，懂得的方便要多，你假使認為我念佛，那個禪我不管，那個密我不管，那就是不懂方便，不是方便波羅密。「方便非者遠」，以方便為非，否定方便的人，他離道就越來越遠。「方便遠非是」，相反的，方便不是道，你如果執著了方便的法門，也離道越來越遠了。

「又篤哈云：住空性離大悲者，以此不得殊勝道，若唯修持大悲者，亦住三有不解脫，如彼二者能相合，不住三有與涅槃」。所以《篤哈》這個法本進一步講，一天到晚只曉得空念頭，住在這個空的境界，以為是空，發不起大悲心，早已經墮在小乘法門了，不會得到最高的成就。但是，如果專門修大悲心行願，自己成不成佛沒有關係，一天到晚為別人忙，認為是大悲心，那也是住在三有境界，不能解脫。大悲心夠了，福報大了，那還是在三界天人裏頭，因為你不證得空性不得解脫，只是修福報。大悲是功德，功德大了，福報就大，更不得解脫，因為沒有空智。所以必須悲智雙運，智不住三有，悲不入涅槃，二者能相合，才是中道。如果以中國文化的智、仁、勇三個字來解釋，大悲就是仁，空性就是智。但是光有智會變狡猾，光是仁就變無能，中間必須靠大勇來調配，才能進入中道。「復次指示殊勝前行者」，下面是指示前行修法。

如何修前行

其後殊勝之前行，獲圓灌即生起二，情、器、現尊自身尊，令遣凡夫之

染著。由修深道師瑜伽，無量加持現悲力，二悉地成諸礙解，故其後修二前行。

說到殊勝之前行，現在還是前奏，在修一法前，這個前奏就是灌頂，密宗先講灌頂。「**獲圓灌即生起二**」，就是要得到生起次第的兩個要領。什麼叫生起次第？我們把自己前生都拋開不談，這一生要開始修佛，是平地起高樓，必須要在平地上搭一些架子，這個叫生起次第。生起哪兩種呢？福德資糧，和智慧資糧兩種，這個是佛學的生起次第。生起次第的灌頂是一層，然後進入圓滿次第的灌頂是第二層，這兩個簡稱為生圓二灌。以密宗來看，像我們「大乘學舍」的諸位出家的同學，你們今天不過是剛剛踏進生起次第之門而已。你的福德資糧、智慧資糧究竟生起多少呢？那是很深的問題。所以講到灌頂，這就是個大問題。

第二句話「**情**、**器**、**現尊自身尊**」，你要修密法先要發心，剛才大小乘發心的道理都說了，第二步的準備是要得到灌頂。灌頂有生起、圓滿兩種灌頂，得到真正灌頂以後，「情」，就是有情世間，三千大千世界一切眾生皆是有情。情世間包括了一切眾生的感情、知覺。「器」，是指物質世間，包括了我們這個身體，以及所有的物質世界。自己的身體是阿賴耶識的現量，其實器世界、情世界都是阿賴耶識的現量，而情、器現身的本尊，就是我們自己。假如我修觀音法門成就了，那一位遠古的觀音如來的本尊，會真到自己前面現身。但是自他不二，他雖然是古佛，我是今佛，兩個體同，所以得到灌頂以後「**情、器、現尊自身尊**」，心物一元就證得了。這一句的經文是說，要修密法，前行得到真正的生圓二灌頂以後，情世間、器世間、現尊的世間，自性與本尊就合一了，這也就是自他不二。我們如果拿世間的學問來講，就是「天地與我同根，萬物與我一體」，那不是空洞的理論，是要證到的。

「**由修深道師瑜伽，無量加持現悲力，二悉地成諸礙解，故其後修二前行**」。瑜伽就是禪，禪定，相交感，也就是相合感應的意思。有些佛經用瑜伽，就是現在所講的瑜珈。「瑜珈」是講這個方法；「瑜伽師」就是有成就的大師，是中國人所講的士。「**令遣凡夫之染着**」，他說現在為了排遣凡夫的染著，由已經修成功的瑜伽師、上師給我們灌頂，就是無量的加持。所謂加持灌頂，就是將他修的福德、智慧資糧，以及他本身的功力，幫忙我們。這是真正的灌頂，真正無量的加持，是上師的大悲心。因此內外共不共二種悉地——境界壇場，都能夠得到無障礙成就，但是灌頂還只是前行。

講到灌頂，我跟大家講白骨觀的時候，有沒有講灌頂啊？有灌頂法，那個方法真靈光，你修好了硬是諸佛菩薩直接給你灌頂。可惜你們諸位沒有修，有什麼辦法呢！那真是灌頂下來，立刻就有感應，你身心立刻不同的啊！就是孟子所說的「有諸己之謂信」。那個力量，硬是到身上來了，得到真的灌頂。所以這些顯教、密法一樣，但諸位所修的白骨觀，應該改個名字，叫白骨啃，大家都在抱著白骨亂啃。

現在講到這個灌頂的重要，其實經典上講的菩薩道，共有五十個階級，十信、十住、十行、十回向、十地。第十住「灌頂住」，第九住已經叫作「法王子住」，等於是皇帝的太子，這個是講理上的，當然也是事上的。換句話說，修行到了灌頂住有沒有相呢？有相，也就是真正所謂開頂，並不是現在密宗留傳的頭上插個草啊！認為插牢了就叫開頂，那是笑話。當年我在西藏的時候，有許多人插草開頂好困難，我一插一定插上。後來我代表師父，幫大家插，每個人我都把它插上了。西藏人不洗澡，頭皮又厚很難插；我們漢人愛洗頭，頭皮薄一點好插。人的頭頂上有幾個小洞，你懂得穴道，稍稍用扎針的那個手法，大拇指一摸，那根草拿起來咚一下就插上了，稍稍流一點血沒有關係。大家說你功德無量啊！是你的加庇力；我說當然，當然，因為這個就是他的信仰。他說哎唷！這個一下把氣提了上來，每個人臉都紅紅的，血壓上沖了，頭皮軟了嘛，軟了咚的一插，很方便。法會七天下來，每人就插這麼一根草，所以成功不成功靠這一根草，在邊遠地區，這就叫方便法門。

講到真正的灌頂，先說大家修定修到頭頂發清涼，那算不算灌頂啊？宗喀巴大師在《菩提道次第廣論》再三讚歎，隨便你修哪一個法門，打坐坐到頭頂清涼，那是什麼狀況啊？我經常講，我們當軍人的時候，同他們出家人一樣，夏天把頭刮得光光的，頭皮發青，然後用溫水一洗，涼風一吹，哎唷！那個頭真涼快啊，真舒服。那一剎那之間，皇帝都不想當了，很涼快。你工夫到了，頭頂就會發一種清涼，那種清涼還不是灌頂啊，是輕安的初步。真正到了的時候，硬是與宇宙合一，那硬是諸佛菩薩的力量，一切光明灌下來，你的一身忽然清涼，無量的清涼，無量的無量的現前。那真是可以體會到孟子所講「充實之謂美，充實而有光輝之謂大」，那是講不出來的，心境有無比的恭敬，對自己的尊敬，對佛法、對道的恭敬，那才叫作肅然起敬。

灌頂有事相不是隨便的，講密法的從來也不會那麼講，我這個也不是密法，我只是當作研究密法，來跟大家講。講老實話一般學密法，這裏灌個頂那裏灌個頂，我們當年灌頂同皈依一樣，兩個腿隨便一跪，要紅包給紅包，這個法要灌個頂就灌，上午灌一下，下午也灌一下，頭上滴的都是水，結果還感冒了。那個冷瓶子的水東一滴西一滴，都流到臉上來了，我又不敢擦，很恭敬。實際上，那都是形式，所以你看白骨觀的修法，得到真的灌頂最重要，那頂是會開的。到這個時候，你如果真在灌頂的這個境界修持的話，你到臨命終時，要下地獄也下不去，自然向上走，自然有光明來了，想不生天也做不到。像《阿彌陀經》上說，西方阿彌陀佛放光接引，那是很自然的，就是這個東西。

換句話說，我們生命的本能就有這個功能，大家沒有修證到，那是怪你自己，因為你開始時沒有發起出離心、厭離心。而且老實說，一般人學佛沒有照學佛規矩學，都是自作注解，絕不肯守那個成規。我們當年學佛，這個地方應該這樣跪，那個地方應該那麼做，都是照規矩做的。現在人都是妄自聰明，佛法到了他那裏，那個字典就變了，就下自己的注解，沒有用的。注意啊！再看我們的文化孟子所說，不以規矩，不能成方圓啊！如果你成功了，那你就是規矩，可以；你沒有成功以前要守規矩，該怎麼辦就怎麼辦。隨便你修哪個法，一定得灌頂，所以真正的灌頂是這個道理。

譬如我們在座的，打坐也很多年了，為什麼坐不好？頭部、腦部的氣脈都沒有通，還談得到灌頂嗎？你頂灌都沒有用，倒轉來也沒有用。在你真到了那個時候，是自然的灌頂，念念之間就在一片光明中，所謂頂後發圓光，那是自然之理，這都是真的事，都是事相。不過，這就考驗你的智慧了，如果到了這個境界，你就住在這個境界的話，那就落入色界了，這還是最初步的，粗的色界。所以，光明又怎麼樣？諸佛菩薩來站在你前面摸頭又怎麼樣？你的頭還是你的頭，佛手還是佛手，沒有關係耶！所以「智不住三有」，就要參了。

禪宗那個文喜和尚，沒有開悟以前，三步一拜，朝五臺山，拜文殊菩薩。碰到文殊變成的老頭子，問他南方的佛法怎麼樣？他答說：龍蛇混雜，凡聖同居。老先生你住在這個五臺山，那山上的佛法怎麼樣？老頭子說：沒有什麼，前三三與後三三，他搞不懂。老先生旁邊，只有個小孩招呼他，當他告辭而去時，忽然這個孩子跳到空中，變成獅子，上面騎的那個老先生就是文殊菩薩。文喜當面錯過文殊，懊惱之極。後來大悟了，發心在大叢林裏做飯頭，幾百個人吃飯，那個大鍋比這個供桌還要大。有一次看見文殊菩薩騎獅子在飯鍋邊上跑，他拿起那個鍋鏟就打他，說「文殊是文殊，文喜是文喜」，你是你，我是我，你不要在這裏作怪。從前還三步一拜求人家，此時現身反而要打。這文殊菩薩也跳到空中哈哈大笑說：「苦瓜連根苦，甜瓜徹蒂甜，修行三大劫，反被老僧嫌」，我修行三大阿僧祇劫，結果還挨了這個和尚的打。那就是恭維文喜的話，恭維他悟道了。所以都有事相的，事相硬是真的，你到了那個時候，諸佛菩薩給你灌頂你都不要。

當年我的老師——袁先生，早晨起來叫我，懷瑾呀！我說：先生啊！你睡覺打呼耶。他說：你曉得打呼是為什麼？這一下問倒我了，講不出來，當然也不好意思講。他再問我：你曉得我怎麼樣打呼啊？我不敢答，因為真的不懂。他說：我告訴你，人睡覺會打呼，打呼歸打呼，清楚歸清楚，我夜夜給十方諸佛灌頂，十方諸佛也晝夜給我灌頂，你懂不懂？當然不懂！我哪裏懂啊。心裏想，那你不就是現在佛嗎？這話一聽，牛好大哦，這個威力還得了！不過，事實真是這樣，所以，真修持不要瞎搞。

我們現在在那裏打坐，像黑漆桶，頭腦部分都沒有通，剛剛有一點通啊，頭就先來把你給痛死，一直要痛到頭腦部分的氣脉通暢。我告訴你們，要「智不住三有，悲不入涅槃」的人才敢修啊！膽子小一點的，修到那裏那個痛苦你就受不了。講修行是痛苦的事啊，經過這樣苦，離苦才得樂啊，所以不是簡單的。好啦！這些講過的都要記得啊，以後再不要問了，問來問去，千年萬年都是這幾句，翻過來翻過去，說了又說都不懂，豈不是糟糕。現在看下面的解釋，這一段很長。

關於灌頂

「若善得灌頂後，初入修生起圓滿者，以資糧道微薄，欲求解脫要道」，為什麼我們要修灌頂，要請上師給我們灌頂？灌頂也等於洗禮。密宗講漸修，要先修生起次第，因為我們智慧、福德不夠，要把智慧、福德生起，就像下種子、發芽。生起以後，再修圓滿次第。為什麼必須要經過漸修的次第呢？因為我們福德、智慧資糧不夠，連一點資糧都沒有，更不要說圓滿不圓滿了。偷雞還要一把米，我們現在修生起次第，就是先把米準備好，再去偷雞啊！上師教我們，學佛「欲求解脫要道」，先要知道根本。

「而道之根本，即是灌頂」，我們要想求得解脫的要道，跳出三界外成佛，你本錢都沒有，能源都沒有，你要先把福德與智慧二種能源找來才行。所以「道之根本」就是灌頂，先要求灌頂。這句話非常重要，是密中之密。修密宗的人不懂，認為只要師父那個瓶子裏酒和白糖的淨水，頭上一倒就灌頂了；就像洗禮一樣，跳下水噗通一聲就洗過了。那會洗得好嗎？像這樣的灌頂，有什麼稀奇啊！我多弄幾瓶白蘭地，也是給你們灌頂。要真灌頂你才成功，到了灌頂住，就等同於佛了，就是法王子，文殊菩薩就是法王子，就是佛。

學密法灌頂是第一步，實際上最初就是最後，真正的灌頂不需要這個形相。所以講《禪祕要法》修白骨觀，不是有真灌頂嗎？但是大家白骨觀都沒有觀起來，連腳趾頭都沒有啃好，還想給你頭頂上灌頂，那是不可能的；要工夫到那一步，自然會給你灌頂嘛！甚至你不想佛給你灌頂，佛都要來，佛也很勢利啊！你有道他就來了。等於我們也很勢利呀！因為佛有道，所以我們才來學佛嘛！灌頂是道之根本啊！灌頂如果只重形式，以為學了密宗，上師已經給我灌過頂了，我就可以當老師了，那是天曉得。現在外面社會上有許多人，在台灣一下子就當起上師來了；奇怪，不知是哪位菩薩給他灌了頂，聽都沒有聽說過。

「若得之，即得名為密乘共道一座換修生起圓滿者」。假使真得到灌頂，利益修法做工夫，那就懂得諸佛菩薩的祕密心要，灌頂是密乘的共道，那是任何一派的密宗，修任何一個密法的，共同必須要得到的。其實你得到了這個灌頂的共道，只要一上座，已經成佛了，生起次第、圓滿次第立刻圓成，完成了就是頓修成就，就是這個道理。這個解說文字翻譯得不好，我這樣一解釋，你就懂了。

「今以大圓滿之建立，觀本尊，上師瑜伽及氣脈明點微細瑜伽等，攝集一切微小圓滿次第所緣等而示道之前行」。現在他說，我們修的這個大圓滿禪定的法門，基礎建立在觀想本尊，或觀想蓮華生大師，或觀想釋迦牟尼佛也可以。現在觀想覺得很方便，變動沒有那麼難，因為你觀想本尊，現前上師修成功的功力瑜伽，加上你自己本身的氣、脉、光明、明點。這也就是道家所謂的丹，是精氣神的集合，非常微細，熏習禪定的功力、瑜伽等，集中了一切精細的，與圓滿次第所緣，表達了道之前行。

「又稍分演說彼等之建立，此分為二，令成熟灌頂，及令解脫生起圓滿」。達到的人告訴我們，修道的前行祕密的條件，分為兩種，一種是「成熟灌頂」，是快要成就了。其實你說修禪宗有沒有這一套？一樣有，不過禪宗不注重。你們要注意看哦！我不講古人，就講現代人虛雲老和尚，他自己報告四十多歲開悟的公案。他在禪堂倒茶的時候，打破了一個茶杯，他眼睛張開一看，牆壁山河大地都看通了，等於藥師佛的琉璃世界，這跟諸佛菩薩灌頂是一樣的，這也就是真灌頂。不過修禪的人，這還是個過程，灌頂本來是個過程，佛法只有一乘道，不管哪一宗哪一派，只是表達的方法不同而已。所以大家學佛參禪也好，修止觀也好，修密也好，沒有到達這個境界是沒有用的。諸位要努力呀！換句話講，這個境界要是沒有經驗過，是沒有用的，抵不住生死的。所以那個成熟的灌頂是這樣的。

我所提出來的成熟灌頂，就是莊子的觀念，天地與我同根，萬物與我一體，你們在座好幾位是學老莊呀，莊子也講過「虛室生白」，那硬是黑暗的房間裏看東西很清楚，豈止黑暗房間，山河牆壁一眼就望穿了，這就是灌頂，這是成就的境界。灌頂第二種，為了使初學者得解脫道，得生起、圓滿功德，而做有形的灌頂。下面他引經證明。

「如現顯明金剛本續云：由大金剛持，所說義甚廣，然總歸為二，成熟及解脫」。就是《本續》這個法本上說「大金剛持」（普賢如來的化身），大乘所說的義理非常多，歸納起來是兩點「成熟及解脫」，都是為了使你成熟善果，成佛頓悟；頓悟就是成熟，解脫就是漸修。換句話說，成熟的解脫就是頓悟，可以分這樣兩方面說。所以禪宗講的頓悟，那是從漸修來的；漸修到了就頓悟，瓜熟蒂落，成果就掉下來了。所以不漸修哪裏有頓悟啊？但是沒有頓悟何能見到漸修的圓滿！這二事是二，二是一。

「於灌頂有三：決定灌頂數，決定義理，解說其字義等」。他先引這個原理，然後分三部分講灌頂，決定次序數字的意義道理，再解說灌頂所用咒語的字義。

「初者若精勤於所淨四煩惱，能成四手印、四歡喜，及果、身等故名為四灌頂」。普通密宗灌頂有四個步驟，有四灌頂，有些講到六灌頂七灌頂。為什麼要用四灌頂呢？為了精勤去掉四種煩惱，貪、嗔、癡、慢，成就四種手印（生起手印、拙火手印、空樂無分別手印、法性大手印），四歡喜（喜、上喜、勝喜、俱生喜），灌頂是正果位。注意哦！不要聽到果位就想到四果羅漢，那是沒有智慧！要知道菩薩十地都是果耶！「果」者是成果了，這沒有講小乘之果。「身」，就是四身：法身、報身、化身、法性身。實際上法報化三身三位一體就夠了，密宗多加一個體在身上，所謂四身成就。要注意啊！這就是密宗和顯教不同的地方。顯教只要果成證道就好了，密宗是要身成就，把這個肉體即身轉了，得報身果成就，不然不算。所以有果成就、身成就，四身或三身成就。

學密教的人認為，顯教乃至包括禪宗，充其量只成就法、化二身，報身成不了。不過我當時和他們爭論，我說不然，比如我舉出幾個例子，禪宗祖師普化禪師、鄧隱峯禪師等，三身、四身都成就的很多嘛！又如宋代的普庵禪師，出家人早晚課有唸普庵咒的，那個咒語也不是別人傳給他的，而是證到八地菩薩以上，自己就會說咒。過去在大陸，像我們在峨嵋山，晚上那麼多白螞蟻飛出來，一唸普庵咒，那些蟲就死掉了。

普化禪師曾幫助臨濟，完成以後，他就吩咐弟子，我明天出南門涅槃。第二天大家抬著棺材，到了南門，看的人太多了，他說今天日子不好，明天出東門。結果第二天人就少了一半。又說這方向又不對，要朝西門去。把大家騙了三次，最後一次出北門，往棺材裏一跳，你們蓋起來吧。一抬棺材輕的，只見他站在空中，說，再見哦！這不是四身成就嗎？

還有你看鄧隱峯，問他的徒弟們，古人坐脫立亡，有沒有倒轉過來走的呀？沒有。那我就倒轉來，頭在下腳往上伸，死了。長袍子是貼著腿不動，就是拿大頂在那裏。這不是四身成就嗎？他的妹妹出家也有道，跑來了，在他身上拍一拍說：你呀！活著時作怪，死了還要作怪。他立刻就站起來說，你說我作怪，我就再死過，噗咚倒地就走了。這是禪，也是成果啊！所以說要有成果才是，你沒有證果，怎麼自稱禪師，又隨便傳啊？所以我最反對輕易談禪。

四灌頂為了斷除煩惱，為了完成那四個手印，可以說四個大境界，而得歡喜。也就是身心歡喜。大家仔細反省一下，在座有很多都學靜坐，這兩天我做個功德，找人做個大鏡子給大家，你們看看自己，讓你們自己反照一下打坐的那個死相。我再三改正你們都改不好，你們自己看吧。如果連這個坐相都坐不好，還能證果嗎？所以你看「歡喜」多難，每個人打起坐來，臉上一點喜容都沒有，板起那個面孔，一臉的業氣死相，那個凶性貪嗔癡慢都掛在臉上。真的呀！你不要認為我在挖苦你們，在罵你們，我這是大慈悲的話，因為你們自己看不見，找個鏡子照照看看吧，幫忙你改正。

所以真得身心兩方面的喜樂才行，如果這個效果都沒有，那怎麼叫作道呢？那佛法在騙人了！講那麼多喜，自己都不喜呀！你看我們學佛，越學越悲，一點喜都沒有，每個都如此，結果學得把「喜」字都唸成閩南話「死」，那就糟了。所以注意啊！四灌頂就是去煩惱，進入那個境界，得大歡喜，證果位，三身四身成就，就是為這個目的。

祕密灌頂

「次又有二，於決定義理與見宗相合」。所謂真灌頂，就是真正的密宗，所以密宗也是值得崇拜的，不是外面這些像密宗的。我在西藏還罵他們這些像密宗的，專門講究形式，形式有什麼用啊？要決定進入那個義理，要理境界與見宗相合才對，不過在見地方面，密宗的方法，還是注重那些形式。為什麼注重形式？我們在座很多高明的朋友應該知道，環境影響你的心情，那個壇場佈置得莊嚴，使你一進去，肅然起敬，已經生起大半功德了，所以形式還是很重要的。形式對愚夫愚婦更為重要，但是時代不同，形式非改不可，倒也是真的。

老實講，有些愚夫愚婦，一進到廟子裏看到菩薩他們就快得定了，老太婆們比我們好多了，他們一看菩薩，那一聲菩薩啊！就得救了，真的啊！可是我們難哪！知識越多修行越難。我們一看這個菩薩，就覺得塑得不藝術，所以老實告訴你們，形式有形式的好，但是現在脫開了內密（上上層的密）又是不同的形式了。我碰到一個大喇嘛活佛，西藏人，他只會講一句中國話，他也不當人家上師，其實這大喇嘛，我們看到他就跪下來拜，他也立刻跪下來，然後他把供桌搖起來，只說一句中國話，嗨！菩薩被你拜動了！菩薩被你拜動了！他自己在搖著那個菩薩，我們都曉得他是真成就的，真有見地，就憑他這一句話，對我們笑，喂！菩薩被你拜動啦！菩薩被你拜動啦！他就點你，菩薩就在你那裏，高明得很。後來大家一般人想辦法，把他請到四川來玩，他也出來玩玩，之後請他看京戲、四川戲，那個大鑼大鼓唱起來，他也唱啊，他也學了幾句四川話，空啊！你看是空啊有啊？他說那個聲音出來是空啊是有的，很好玩，這些是見地。哪個人見地到了？見地真到了，他就不注重形式，所以真灌頂啊！最後的義理與見宗相合，見地就是智慧。

「及能依與所依同淨趣相合」。能依是自性本體，所依是這個法，譬如我們唸經、唸咒子就是所依的法，修白骨觀也是一個法。繫心一緣的境界是「所」，不是「能」啊！能依、所依同證，趣合歸一了，能所雙亡，這才是真灌頂。

因此密宗的形相，「初以瓶灌頂，住色心如幻之身密，悟唯識見」，開始有寶瓶來灌頂，就是說唸過咒子，將瓶水倒在你頭頂上，這就等於洗禮。注意哦！這就是密法，他說寶瓶裏頭的水，滴到你的頭上灌頂，這個動作代表什麼呢？配合真的精神見地，不講形式的話，這就是叫你在那一點清涼的境界之下，立刻證入曉得「色心如幻」。色就是包括我們身體四大地水火風，我們的心臟是色身，我們的思想是心，心跟色兩個互相影響，在這個灌頂之下，認識了心理和生理都是如幻如夢，這個就是身密。我們現在這個身上有大祕密。

去年跟大家在「佛光別院」講過雲門禪師的話，「我有一寶，祕在形山」，祕密在我們形體（身體）裏面，你就是找不到。臨濟禪師也說：人人有一個無位真人，天天從面門出入。有一個寶貝，有一個真人，從我們六根進進出出，就是抓不住，這個是本來的身密。密宗也是這樣講，你這是「色心如幻之身密」啊，本來這個身體生來活著也是如幻化的，但是這裏頭有個寶。從「身密」，要悟到唯識之理，就是第八阿賴耶識功能，在〈八識規矩頌〉有個偈子：「性唯無覆五徧行，界地隨他業力生，二乘不了因迷執，由此能興論主諍。浩浩三藏不可窮，淵深七浪境為風，受熏持種根身器，去後來先作主公。」要悟到那個唯識的真正見地，說唯識不是光給你聽理哦，看唯識真正有了見地，心物是一元的，你把這個東西認清，你就真得到瓶灌頂。這是不分年齡，不分男女老幼的，自己生命要返老還童，生來死去都要有把握，這才是真灌頂。

「以祕密灌頂，示一切法離戲論極不住，悟中觀見」。後世的祕密灌頂是什麼？就是那些大喇嘛們，用一個人的天靈蓋，翻轉來裝了東西，倒一點給我們喝的。當然我沒有喝，我也不喜歡用，要唸咒子，趕快喝了，代表了祕密灌頂。那個裏頭是白糖和酒。不過第一次我嘗一嘗，第二次我也嘗了，我怕那個天靈蓋放久了不乾淨。那些白糖是漢地進去的，生意人有的很壞，把髒的白糖賣給人家，可能有細菌。不過在那個天冷高原上很少生病，倒是真的。有一個喇嘛有神通的，只有一個鉢喝茶，那個茶是我們漢人賣給他的，還有凍頂烏龍、清茶的茶梗，他把所有茶混合熬起喝；我們送一包好茶葉供養他，高興死了。他會彈琵琶，叮叮咚咚瘋來瘋去的，有些家裏的小姐太太神經了的，都送到他廟子裏。所以他一天到晚被這些瘋女人圍著，有些騎在他的脖子上，或者坐在他頭頂上、肩膀上，他不管，只彈他的琵琶，結果一個一個被他的琵琶彈好回家了。

可是他只有一個鉢，吃飯喝茶都是這個鉢，而且是千年萬年都沒有洗的，我們去了，因為曉得他喜歡漢人的這些東西，就供養他，曉得他有神通，非常恭敬他哦。他看到茶葉，高興，自己熬好茶，倒在鉢裏自己先喝兩口，有時候拿給我們喝。我們雖恭敬他，但實在不敢喝。他老人家清楚得很，他說：

喂！你的嘴是肉做的，我的嘴也是肉做的，都是一樣的，我可以喝，你也可以喝。我們只好呼嚕呼嚕喝下去，實際上，這是得到灌頂；但是因為我們有分別心，嘴上雖然沒有說，心裏頭覺得很難受。

這個是講祕密灌頂，是另有作用的，其實並不是那個酒啊糖啊，這個祕密灌頂，就是表示一切法離戲論，非空非有，這也就是智不住三有。空也不住，有也不住，不住也不住，悟得中觀正見，非空非有，即空即有，不空不有，這個是第二步祕密灌頂的道理。我們已經說了瓶灌、祕密灌，下一次講這兩個灌頂的要點。

第七講

今天講第四十三頁，就是上次講到灌頂的第二灌，祕密灌頂。這個灌頂是密法中非常重要的，實際上，前面已經大致說過了。學大乘佛法，灌頂位已經進入菩薩地，正式為法王子，便是真正夠得上所謂得到佛法了。至於灌頂的法門，其實顯密都是一樣，顯教修禪也好，止觀也好，淨土也好，修到某一個階段，都是以灌頂才算得法。所以像白骨觀的修法，大小二乘基本的修法，中間到了某一個層次修灌頂法，自然有灌頂，這就是說灌頂法的重要。

般若灌頂　能依所依

現在講到第二層次的祕密灌頂，是有它祕密深義的，形式上的祕密灌頂不要講了，它的內容的祕密，上次講到「以祕密灌頂，示一切法離戲論極不住，悟中觀見」，下面接著「以般若智灌頂，示樂空無分別，悟密咒二內見」。這個所謂祕密灌頂，真得到什麼祕密嗎？簡單的以禪宗來講，悟了道、明心見了性，才真知道佛心法的祕密，那才是真的得到祕密灌頂。

《六祖壇經》記載，六祖離開五祖時，惠明禪師在後面追，追上說：我是為法而來，六祖對他說：不思善不思惡，正在這個時候，哪個是你的本來面目？他聽了就悟了。悟了以後就問六祖，除了這樣以外，還有祕密沒有？六祖說，「密在汝邊」，祕密在你那裏，不在我這裏。生命的奧祕就在每個人身心上面，要找出來。

為什麼叫祕密呢？那原是自己本有的嘛！就是找不出來，這不是世界上最公開的大祕密嗎？找不出來就是大祕密。所以祕密法是「示一切法」，這個祕密位置是有祕密的灌頂。其次是表示，一切法都是離一切戲論。要注意一切法，不管善法、惡法、淨法、垢法、不垢不淨、不善不惡、無是無非、非空非有，都離戲論。離開空、有、非空非有、即空即有，這些偏見；也無所謂空、無所謂有，空有都不住，而悟了中觀正見。這個時候，大智慧才能夠開發。也就是說，悟到了中觀正見，真智慧自然開發；那個時候，也是真正得到了祕密灌頂。換句話說，不悟道，你就沒有打開這個祕密，智慧也不會發起，也不是真正得到灌頂。這個是見地方面。

在工夫方面，祕密灌頂，表「示樂空無分別」，身心發起大樂，快感、樂感。你覺得身心發樂就不會空，對不對？譬如現在大家打起坐來，開始馬馬虎虎，總算腿子不痛了，但也談不上樂。等到腿子麻，腰痠背痛，你說有什麼感啊？苦感。這個苦感當中當然沒有空，對不對？你們好像很謙虛，大家都不回答。實際上當然沒有，苦空無分別當然做不到。那個苦的感覺，因為你覺得苦，當然想空掉，所以有時候還容易空掉。不過，當快樂來了，你就忘記要空掉啦！所以工夫達到了「樂空無分別」，就會悟到「密咒、二內見」，剛才報告過這個二內見。

「以文字灌頂，示自性菩提心，離染汙心，悟大圓滿見」。這個時候，文字般若起來了，才真是祕密灌頂。所以受祕密灌頂的人，在文字方面，自己開了竅，古今很多禪宗、密宗的祖師，一個字都不認識，在見地、工夫到了這一步時，文字自己通了，什麼詩詞歌賦文章都通了。修行必須要得般若智慧，悟到空性，六祖悟道後不是告訴你很清楚嗎？他說「何期自性本自具足」，自性本來具足的，你之所以不聰明，是被業力蒙蔽了；這個時候業力打開了，自然發起了慧。你們現在修行求道，既不用功，又想求到這種境界，不要說今生不可能，他生來世也不可能。

這個祕密灌頂包括了這麼多意義，表示自性的菩提心，我們本有淨意之心，離開了染汙，自然不再受世間法的善惡、人我、是非等等染汙，而悟到大圓滿，本自圓滿的這個境界。

「次能依與所依同淨趣相合者，身心集一，加持能所依而令清淨」。這都屬於祕密灌頂哦！其次，「能依與所依」，就是我們講《宗鏡錄》時提到過阿賴耶識能藏、所藏、執藏。我們現在這個身體生命，是依阿賴耶識才活著，在沒有死之前，人雖然老了，阿賴耶識的力量還在，我們這個六根，肉體的四大是所依，能依是阿賴耶識的功能。在能所兩依，統統進入淨土境界時，無是非善惡，能與所相合了。此時不分能也不分所，顯教密宗叫作「能所雙亡」，既無所謂所起，亦無所謂能起。譬如我們起心動念，是所起的作用，靈明淨性，知道自己起心動念，這是自體的作用；普通沒有見道，沒有悟道，能所兩個必然分開，在見地和功用上也分開。

事實上見道、悟道的人，能所本來就是赤裸裸的清淨，「同淨趣相合」，無所謂不垢不淨，不增不減，不生不滅，而是能依、所依完全相合。注意！下面一點是工夫上的，這個時候身心是集中為一了。譬如我們大家現在能不能身心合一？做不到。老了就是老了，精神沒有，疲勞的時候要睡覺，是身體要睡覺，你的心跟著也昏迷了，非睡不可。你說我心力強一點，不要睡吧，辦不到，因為心身不能集中為一。這兩個本來為一，身是所依，心是能依，普通人這個能所兩個分開了。如果到能所雙亡那個時候，能所雙亡還不算，要能所合一、集一，所以專一，「制心一處，無事不辦」，這是真正的定。真得定了，身體沒有不轉的啊！

這個時候，「加持能所依」，在身心專一的狀況中，反轉來加持，加工保持能依及所依，而更進入真正佛境界的清淨。這些都屬於第二祕密灌頂的範圍。

氣和明點

「蓋身之本體為脉，於彼能依氣明點及自性菩提心」。身心集一，現在講身，講到氣脉問題了，在密宗的講法，我們身的本體是脉。密宗的這個講法，還是有問題的！密宗講法要記得啊，「蓋身之本體為脉」。這個四大構成我們這個色身，那麼脉的能依是什麼？脉的根根是什麼？「能依氣」，如果氣不來，這個脉就死了。脉不是血管哦！拿現在的醫學道理講為神經，其實神經裏頭的空心點，才叫作脉。他說脉是靠氣的，氣不來脉就死了，那個神經就沒有感覺了。

脉的根本不但靠氣，也靠「明點」，明點在密宗的意義，就是「精」。關於「精」的問題，有個同學在美國留學回來，得到心理學碩士，特別要我講一個性心理問題。他說現在美國文化不得了，提倡雜交亂倫，而且最反對中國這一套的說法，什麼一滴精等於十滴血；還有東方道家關於「煉精化氣」的理論。乃至於中國有關生命健康，與老年健康，長生不老有關的觀念，都非常反對。現在心理學，提倡亂倫雜交，認為老年人有相當的性關係，是非常合乎生理、心理的。這個文化怎麼得了！誰能夠破它？他說他在美國就想，只有老師講。我說好嘛！

我說外國人認為，中國人講的一滴精十滴血，人家反對的這個說法沒有錯啊！這是我們自己錯。錯把那精蟲的精，當作道家所說的精，所以有些密宗就認為精蟲就是明點。事實上精蟲並不是十滴血變化出來的，精蟲是生生不已的，譬如男性一次損失的精，數量不一定，醫學上現在還沒有定。一個女性每月排卵一個或兩個成熟的卵，到了四十九歲左右更年期，月經就停了不再排卵。外國人認為，女性那個卵，也不是十滴血變的，他們說的不錯，也是有所根據的，怎麼能怪人家呢！

所以我說，現在講東西文化交流，根本是一塌糊塗，自己都搞不清楚，當然招來侮辱，外國人當然反對啊！

再說「明點」代表精，這個精不是精蟲之精，現在科學也不能作定論。如果非常勉強的比喻，這個精，包括了腦下垂體、甲狀腺、性腺，這些所有的荷爾蒙液體。很糟糕的是，中國道家密宗所講的精，現在被那些外行的人亂解釋，已經變成精蟲、卵蛋，已經不是真正的明點了。

明點是真精，所謂真精是無形的，有光明，有生命力，所以叫作明點，是生命的根本。有些道家後世的書，想引用科學，叫它是電，叫它是能，用科學這些代名辭都很危險，因為將來過幾十年，電啊、能啊，名稱一變就變掉了，所以只能講明點。當你修持到達了剛才上面所講，身心合一，專一得定的時候，明點自然就起來了。那時候你開眼、閉眼，自己都看到體內的明點，身體內外、頭頂一片光明，看得很清楚。這個明點修成功，擴而大之，就是起神通變化的妙用，當然它不是本體，它不過是脈的能依，不是根本的能依，這一點要搞清楚。

所以人身體的根本是脈，脈能依的根本是氣，是明點；不過，這個氣，不是呼吸之氣，因為呼吸之氣也是生滅法。比這個呼吸生滅法長久的，可以解釋它是生命能，所以孟子所說「養吾浩然之氣」，他是有修持的，不是空洞理論。如果光在鼻孔呼吸的氣上，摸來摸去修持的話，那你這輩子休想成功。要注意，脉能依的氣，不是呼吸這個氣哦，是脉的能依，根本依是氣與明點。

後面還有一個「**及自性菩提心**」，就是明心見性那個見自性，也就是大慈大悲悟道那個心。以禪宗講，就是頓悟時的那一剎那，那個時候一來，氣脉就開了。換句話說，要悟道的時候，禪宗顯教不講身體，不管氣脉；實際上真悟的時候，氣脉也必定自然通了。密宗道家注重氣脉，依身起修，就是十念法的念身了。但是有人說，氣脉通了，還沒有悟道，氣脉要是真通了，一定就脉解心開，心輪的脉一打開，一定明心，明點一定起；如果還沒有起，那是心脉沒有打開。你到醫學院看看，人的心臟是八瓣，一朵蓮花一樣；並不是說悟道時心臟蓮花一樣開了，不是的，而是身上氣脉打開了，脉解而心開。所以說這個脉的能依，是氣和明點，以及自性菩提心。

「故瓶灌頂令身淨而成熟，祕密灌頂令脉淨而成熟」。所以密宗的外形用一個瓶來灌頂，灌頂用淨水，表示第一步先淨身，身先淨了，修道才能成熟。譬如我們大家身淨不淨？不淨！沒有一個人淨。所以顯教的戒律，出家比丘、比丘尼戒，第一條戒淫，戒男女性關係，就是淨身，乾淨這個身體。氣脉的第一步戒能夠守住了，此身才能淨。當然，那是外形的身淨，仍然是假淨，不是真淨；進一步修到脉淨，那就是道家所講祛病延年，返老還童，那才真叫作身淨。所以洗手啊，洗澡啊，那是真淨嗎？那是開玩笑。

所以說，一個得道的人身淨了，連皮膚、內臟統統轉化，沒有一點不轉。至於第一步身上不失精，當然精蟲也不漏了。精蟲不漏，和那個精不漏，是兩個問題。精蟲是新陳代謝，有多少數字是一定的，假使你不把它排泄出來，在裏頭是不是會成病呢？照我現在認為是可能成病，什麼病啊？不化，工夫沒有到，有形的精蟲化不掉的話，非常嚴重。如果化掉，十萬八千個脉都震開了，那不得了啊！所以修持的實際工夫有這樣嚴重。能成功的，立刻就變成仙佛之體，不成功的，仍是凡夫之身，所以淨身與不淨身的功能，差別這樣大。借用道家的話，所謂煉精化氣，是把有形的精蟲與卵臟煉化了，以使脉淨而成熟。在密宗來講，當然有祕密灌頂的方法。

「般若智灌頂，令明點淨而成熟」。至於說悟了道，那當然就是你自性智慧的灌頂，是自性光明，生命能依的根本明點清淨了。

「文字寶灌頂，令自性菩提心淨而成熟者也」。我們去學密宗的，上師就拿本經典在你頭上放一放，念個咒子，算是給你文字灌頂。不過經典還是經典，文字也鑽不進來，真正文字灌頂，要從自己裏頭出來，就是說要菩提心淨而成熟。你們注意啊！叫你們研究經典也不肯研究，對於文字也下不了工夫，下不了決心，構不成系統，想證果、成就沒有希望，所以要對自己下一點狠心哦！要把這個習氣轉過來，要努力念書、看經才是。

所以文字也是如此的重要，文字是文字寶啊！你再看從古至今，佛教成就的每位大禪師，密宗的每個大祖師、大活佛，哪個文字不好啊？乃至於六祖惠能禪師，開始一個大字不認識，最後文字都很通啊！再看看世間上許多人，一個字不認識，白手成家的，到了相當有地位時，不但自己簽名簽得蠻好，至少那兩個字還是不錯的。有些雖然不認識字，祕書唸給他聽，他會知道有個字不對，要改過來，這就是文字智慧。所以你們有許多青年，出家、在家的，有這個機會不去努力，那就叫自甘墮落，不知道文字寶灌頂有如此重要。

「又字義者，阿比慳雜（ཨ་བྷི་ཥིཉྩ།），及克噶達（ཁཾ་ཀ་ད།）者，謂灌頂為滌垢及安置於堪能性」。這些文字後的藏文，是由梵字轉音的，講灌頂是洗滌裏面的塵垢，所以需要灌頂這個形式，把內在身心清理洗刷乾淨，安置在「堪能性」，就是容易成佛的那個模子裏去。堪能就是可以，才夠得上可以擔負起這種大事。

「又加以力於此生得見極喜諦，亦云名為灌頂」。又再說加持的力量，使我們於這一生修到極喜。這我是經常講的，你們注意哦！大家現在學佛，不管你是學密宗、淨土，打起坐來都在極苦地上，不是身上難過就是煩惱，皺個眉頭，臉上神經緊繃，一身都在煩惱，哪裏有喜！極喜諦是喜、勝喜、極喜、俱生喜，好幾步耶！「發起初心極喜地」，一個凡夫修行到了極喜地，就是初地菩薩。初地歡喜地，二地離垢地，一地有一地的道理的。極喜硬是會得喜！假使以修持力量加持，如果這一生達到極喜地，這才夠得上稱灌頂，你看多難！你以為形式上所謂灌頂就行了嗎？

「如金剛尖本續云：何為壇、法、事、儀軌及瑜伽」。修持的經典上說，做工夫密宗講「壇」，壇場，也叫壇城，就是我們顯教說的道場。傳法時，布置的壇場完全不同，如修密宗，我們大家都修不起耶！不要說修不起，也捨不得。修一個法，內外衣服都要換過，連這些供品、坐墊都要重新換過。這些供養品不能那麼隨隨便便，所以我們一般人，最好是學淨土，不花一毛錢，又可以往生極樂世界，多划得來啊！修密法，嘿！那多貴啊！會心痛的，這是講壇場。

密宗為什麼要注意壇場？為什麼這麼注重「儀軌」，規矩、形式，以「及瑜伽」內在的修法？

得真如　成極喜

「密解脫生真，唯彼即此生，是能成極喜」。修法要壇場、道場合適，法對了，一切事相都對了，再得到修密法的儀軌、規矩、真法本，乃至修瑜珈的身心相應的方法，然後開始修持。對於這個祕密中心的祕密解開了，功德圓滿，才能夠「生真」，就是得真如。「即此生，是能成極喜」，一個人如果有這個福報，壇場、道場、法都得了，事相圓滿，儀軌也得了，也許此生有成就的希望，有成極喜地（初地）的希望。

「又未得灌頂之罪過者，如祕密心云：上師未令喜，不得各灌頂，聽受等諸行，無果而毀滅」。再說，不經過上師灌頂是有罪過的，什麼道理呢？他說《祕密心》的佛法裏說，如果上師對於這個弟子並不滿意，沒有生起歡喜，就不能灌頂。學法和學密宗一樣，依師第一。所謂依法不依人，即使人有過錯，也不看人的過錯，而法就是人，人就是法，依法更要尊重人。所以「上師未令喜」的情況下，不能夠隨便灌頂。我不是上師哦！我是講密宗給你們聽的，換句話說，如果有成就的上師給你真灌頂，立刻得感應，自己等於功力增了一半。所以如果「上師未令喜」，你聽這個法也沒有用，受這個法也沒有用，他說不但沒有成果，反而自取毀滅。

「如勝樂幻本續云：未見其壇城，行者欲悉地，如以拳擊空，愚者擊穀殼」。因此法本上說，你沒有真正見到那個壇城、道場，就是你沒有真正得到灌頂那個境界，你達不到那個境界，「行者欲悉地」，你想成就三昧、悉地，等於你拳打虛空一樣，永遠沒有用，白打；也等於你用拳頭打那個穀子的空殼，裏頭沒有果，就是不能證果的意思，沒有用的。

「又得灌之利益者，如勝祕密云，灌具真實施，不懃亦成就，此為灌頂之建立也」。這個灌頂啊，實際上學法是上師的法布施，布施儘管布施，等於拿錢給窮人，有些窮人得到寶還受不了。當然假使自己是一個法器，得到上師的灌頂，自己節省了一半的功力，不懃也可得成就，「此為灌頂之建立也」，這就是灌頂了。上面是解釋密宗修法的前奏，必須先要得灌頂道，灌頂道有瓶灌頂、祕密灌頂、般若灌頂、文字灌頂等等，都跟你們說明了大概的要點。

「夫行解脫道之次第者，分生起圓滿二種」。密宗的修法，想得解脫成菩提，一定要兩個程序。第一是生起次第，我們不要自己認為智慧高、功德夠；不夠的，一切凡夫，等於在平地上起高樓，先要打地基，先把這個地基清理乾淨，準備開始蓋房子，無中生有。所以我們隨時在修佛戒，在修生起次第的資糧，不要有自滿之心，要天天求「生起」，怕福報不夠，布施持戒六度萬行，無一不做。「莫以善小而不為，莫以惡小而為之」，培福報、修智慧，修生起次第。所以密宗每個法，都分生起次第和圓滿次第，先生起福德、智慧，才能進入圓滿次第，最後才大圓滿。

「如集祕密云：諸佛所說法，真實示二級，初生起次第，第二是圓滿。生起次第，是以世俗依為佛之境界，即離凡夫之分別，而清淨蘊、處、界、七聚法故」。這個文字解釋，分二級的。生起次第，是依照我們普通人的世俗行為，物理及生理現象作用，當作佛境界而來修。以密法來說，初步先要做到生起次第；不過我們一般人學佛的，隨便你學哪個宗派，只是在學習生起次第而已，並沒有達到生起次第。要怎麼樣才叫達到生起次第呢？真正把五蘊、十二處、十八界、七聚清淨了，所以經上說五蘊皆空。處是六根加六塵為十二處，再加六識，就是十八界，七聚法（七情識——喜怒哀樂愛惡欲）是把這些都清淨，才夠資格成為一個法器，算是達到了生起次第。換句話說，顯教講，能夠如此得到清淨，這個人早已悟道、成道了。

大家坐在這裏在痛苦，不要說五蘊不空，半蘊也空不了！有時候腰痠背痛的，再不然頭昏腦脹的，那是色蘊裏頭的，也是受蘊的一種感受。

要搞清楚哦！不要認為這一念清淨，就是佛法圓滿，如果這樣一耽誤，三大阿僧祇劫慢慢就墮落下去了。所以許多人得到一點意識境界的清淨，以為這個就是禪，就是佛法，跑去山林中清淨，認為這個就對了。哼！那還早呢！他要繼續在六道裏滾，讓他去滾吧。你光想念頭空了不動念，想念頭清淨，貪戀保留清淨，認為那個清淨就是，這不是欲望的欲嗎？也是欲界耶，那是個大欲望，那仍然是在欲界裏頭滾，懂了吧！不要搞錯了。平常我懶得罵你們，給你們在輪迴裏多滾幾回，有什麼辦法啊！都是見地不清，所以要搞清楚啊！

況且意識上一點清淨算什麼嘛！要五蘊、十二處、十八界、七聚法都清淨了，也只能夠說是生起次第，你這個地基總算整乾淨了，可以開始建築，可以搬材料來搭帳蓬了。

「圓滿次第，依微細或與不可思議境界相合，即內心之分別，現最寂滅之自性」。上面講蘊、處、界、七聚法統統清淨，才算是生起次第。拿黃教來講，就是見得空性，證得空的一面；拿顯教禪宗來講，明心見性見到空了，永嘉禪師所講，見到空，還沒有見到非空。所謂非空，就是真空起妙有，凡夫都是有，凡夫的有是假有，是染污的有，煩惱的有，要把煩惱貪嗔癡三毒的有，掃清淨了，歸到性空的體，才起妙有的用，這是圓滿次第。

那麼這個法是「依微細」的，非常微細，你自己幾乎分別不出來了，甚至於是「不可思議」的。現在我們凡夫的智慧，能夠達到的那個境界，真是不可以想像，那是一個真空妙有互相結合的境界。昨天蔡先生跟我講，他有一天參「不可思議」這句話的話頭，拚命參，哈！越參越不可思議。我說：「怎麼樣呢？」他說：「不可思議就是不可思議，越參越不可思，越不可議，哈哈！」我說好，你答覆得很妙。他說這個不可思議的字用得好啊！他這句話不是偶然的，是吃了苦頭，下了工夫的哦！

所以「不可思」，不是你文字智慧、思想所能到達；「不可議」，你討論用比量、比喻都沒有辦法比。你說像天空那麼空嗎？那是議；你說像太空那麼空嗎？也是議，比量比比看。妙有，那個妙有就是妙有，不可思議，你想不到的。

他說這是「內心之分別」，那麼內心到底起不起分別？普通告訴你不起分別心，不打妄想是佛境界，那是普通哦！那是說生起次第的事情。你說佛不起分別心，他怎麼會說法啊？三藏十二部，哪一篇不是分別來的呀？佛是圓滿次第，分別而不分別，妄言而不妄言。所以，如果死死抓住，說把念頭弄空，壓下去不起分別，不起妄想，以為這就是，唉！你假使墮在這一面的話，果報不可思議，那就糟了啊。

所以要特別注意，「即內心之分別，現最寂滅之自性」。但是不要看到寂滅，以為是沒有東西，就錯了，因為涅槃翻成中文是寂滅，翻譯得不大好，但是也翻得最好。「寂」，清寂到連空都不能形容，連空都空掉了；「滅」，一切的動相、善惡、染淨，都乾淨了，都滅掉了。但不是斷滅哦，這是永恆的生命，所以也翻得最好，也翻得不好，反正這個文字很難翻，這是「現最寂滅之自性」。

「然融通二義，演說悉地道者」，有、空、即空即有、非空非有，這個時候你不能拿空或者有的範圍來說，這樣才算得上是現在的大師，可以出來演說悉地、法要了。「如金剛帳本續云：極合大手印，令成金剛身，誦珍寶唸誦，成淨金剛語，極念金剛定，於寶心上成」。修持到這樣，在這個時候，他所起用的境界，處處合於密宗「大手印」的說法。據說「大手印」是達摩祖師離開中國以後傳的，也就是心印。禪宗講心印，什麼印不印的，都是形容辭啦，而且密宗有時候講「大手印」，是表示化身的哦。「令成金剛身」，立刻之間轉成金剛道的祕密之身，就是身心氣脉都轉了，合一了，這個念誦是金剛念誦咒語的法門，成就了極清淨的金剛語。所謂金剛，是形容顛撲不破，不能動搖，不可變更的，你不要想到金剛鑽，或者想到廟子裏瞪大眼睛的護法神，那都錯了。「極念金剛定」是金剛喻定，不可動搖，「於寶心上成」，在這個清淨圓明的心寶上，這個寶是形容成就。

「又云：故名壇城輪，方便樂遮止，我慢修習佛，於佛不久成，如是之謂也」。另有個相反的偈子，修佛法，就是這樣叫作壇城、道場，以方便（我慢）起修，達到大樂的境界，遮止一切惡，而成就其大樂。遮止停止了世間的樂，而成就出世間的樂，這個時候是依大我慢而起修的。凡夫的我慢不算什麼！我就是佛，這就是大我慢。也就是說，那個時候的我的確成佛了，以大我慢而修習佛，以佛的境界，不久自然可以成佛，就是這個道理。

「是故無生起者，則不能圓滿」。所以沒有先達到生起次第，哪裏可以達到圓滿次第呢？是有程序的啊！所以大家學佛，不要認為得到「空」就成就了，這樣一來，你哪裏還能得到「有」呢？

「空行戒云：與尊相離道，來邪者之道，密咒此不應。是故由本以來，雖住有金剛身語意，但以習氣蓋障，今以不明之性，為令顯明，乃修習二次第輪」。所以《空行戒》本上講，「空行」，也就是佛境界，依空而起行，譬如女性修成功，飛空自在，也稱為空行母、空行女，能夠六通具足，飛空自在；男性是空行父，就是男性佛。這個戒本裏頭講，如果與本尊相離，修邪門的法子，這個密咒密道就不行了。但是，你明白了理，就是六祖所說，「正人用邪法，邪法亦是正」了。是故他說密，這個法本，「由本以來」，從無始以來，雖然我們都曉得，一切凡夫眾生的身口意三業，就是佛的身口意三業；但是我們的身口意，始終是造業的，受輪迴果報，不是佛的身口意。為什麼呢？因為凡夫被習氣障礙了。

換句話說，只要轉習氣就成佛，本來個個都是佛，沒有差別，女人就是女佛，男人就是男佛，是有男女二佛。顯教講女人非要轉男身才能成佛，密教沒有這回事。男人女人形相不同，本性一樣，女性佛就是女性佛，所以有父佛、母佛，翻轉來就佛父、佛母，是形相差別。所以顯教小乘的教理，要斷了習氣才能得道；大乘的教理，尤其是唯識所說，習氣哪裏能夠斷！習氣能夠斷得了的話，那麼佛的性也能夠斷了，那就成了斷見。但它非斷非常，只有轉習氣，轉煩惱就是菩提，轉識就成智。

所以男人、女人之差別，女人之所以為女人，我現在經常罵女同學，你們之所以變女人，就是這個毛病，見解跟男人一樣，但是境界就小，看得就小，我說這就是變成女人的原因。因為女人看得小，女人只看那個點上，有時候比男人還聰明萬倍，那我自嘆不如；但是聯起來大面積，女人就垮了，因為她只看小點。所以男女之間，都是習氣的障礙，轉習氣就成佛，非常簡單，立刻即身成就。所以說平常個性窩窩囊囊的，悟了道窩囊馬上轉了，變成爽朗起來了。平常高傲的、爽朗的，他變成規矩起來。所以百丈禪師講，悟道後如何？「不異舊時人，只異舊時行履處」，還是那個人，起心動念、行為態度變了，作人變了，習氣轉了。現在學修密法，因為你不明自性，要使他明顯，因此叫他修習生起、圓滿二次第。

「如喜金剛本續云：以尊之身相，生起住瑜伽，於他住色者，由薰習可醒」。這個法本上說，現在凡夫的色身，也就是佛身，你不要看不起，就是看你怎麼轉。先要修生起次第的兩種功德——福德資糧、智慧資糧，住在瑜伽，「於他住色者」，於對方、乃至於其他人，現在還有色身存在的，此身即佛身。以密法的認識，本身即是佛，那今天為什麼不能成佛呢？因為身心內外都是習氣障礙，所以要修氣修脉轉了，由薰習可成。

「如上觀修之功德者，如金剛帳本續云：隨觀於何佛，雖未得菩提，又生及多生，得轉輪王位，或能為國君，決往清淨處」。所以學佛法的修法的，隨便你依哪一尊佛修，依準提佛母也好，觀音、紅觀音、白觀音也好，阿彌陀佛、藥師如來也好，隨便你，看你適應的緣份。不管修哪個佛，雖然這一生未能悟道，不能成佛，至少來生還能成轉輪聖王，統治一國，一個時代，數十年或百年，天下太平，轉輪聖王的功德和佛幾乎是一樣的。

所以佛經上說，大魔王和治世的的大帝王，都是十地以上的菩薩轉生，沒有十地以上的成就，不敢來作大魔王，也不敢來現身當轉輪聖王。所以禪宗講，溈山大師三世為國王，幾乎喪失神通，自己的道業幾乎搞掉了。

一般研究佛學都搞錯了，以為佛只是注重出世成佛，尤其你們出家同學們要注意，佛在每本經典上，都非常讚歎轉輪聖王，所以《金剛經》上說轉輪聖王等同佛的功德。換句話說，一個是入世的聖人，一個是出世的聖人。

所以你們這幾位青年學佛的同學，不要搞錯了，對於我們自己教主本師的道理，要搞清楚才是。

他說我們這樣努力修，這一生不成功的話，他生來世轉為轉輪聖王，小一點呢，也能夠當一個大國家的皇帝，那不是轉輪聖王；因為轉輪聖王一出來，天下太平，所以中國所標榜的堯、舜、禹、湯、文、武，是轉輪聖王。此外漢高祖、唐太宗，只是國君而已。當了國君也不錯，而且，「決往清淨處」再修功德，或者成佛了，或者往生他方國土成佛。

「以上總示義理者，於功課初，所修如何次第」，講到這裏為止，是總論，都是開始修法以前的準備工作，先要得到灌頂。因為講到灌頂，就解釋了密宗所謂的灌頂，包含那麼多道理，到現在還沒有講到修法。

如何修法　上師相應法

「如無論文武部之壇城，或觀一切部之本尊金剛薩埵佛父母，遂誦百字明」。他說密宗的方法很多啦，大概照西藏的密法，分成二部——文部和武部的壇城，所謂文部，比方說有些菩薩塑得莊嚴秀氣，就是文部；有些塑得獠牙像魔鬼、魔王一樣，那是武部。不管是哪一部，都有本尊，如修準提法，準提佛母就是你的本尊；或修金剛薩埵，就是普賢如來為本尊。普賢如來有男身女身，佛母佛父，這一點剛才向大家提出來，密教和顯教特別不同，密教沒有重男輕女，女身照樣可成佛，男女只是形相不同，本性是一樣。

不論文部或武部的道場，或觀想金剛薩埵佛，佛父、佛母，密宗一般開始念的不是根本咒，而是起碼的初步，念〈百字明〉，是一百個咒音，這個是藏密裏頭的。不過說到〈百字明〉，我覺得非常妙，唐朝以後西藏密宗，有〈百字明〉；中國的道家從呂純陽以後，有一個〈百字銘〉，這也是不可思議。這句話是附帶說的，暫時不去管它。

「如經續云：觀想一如來，即諸佛之境。何者？因一切佛皆由五部佛所攝，此又攝於文武二部，蓋為一本體故」。實際上我們要明白一個理，所以不通顯教不能學密，不能修密。其實，顯和密沒有那麼多差別，如《經續》這本經說，觀想一尊佛，就等於觀想十方無數無量無邊佛。什麼道理呢？一切佛都是五方佛，五部佛，換句話說，五部佛就是一尊佛。《華嚴經》上說毗盧遮那佛是法身佛，千百億化身是釋迦牟尼佛。或者，也就是顯教禪宗經常提到的，一切即一，一即一切，所以不通禪不通教理，修密宗，沒有不走邪門的；通了教理再來修，原來如此，都懂了。

「如桑布扎云：諸尊皆寂靜，或修觀忿怒，佛舞者難思，我何能解說，皆心之幻變，一具空金剛，部分為五類」。就像桑布扎這位大師所講的，一切本尊，一切佛，本來都很清淨，證了佛道的都很清淨。但是有時候教你觀想忿怒金剛，密部那個像的面孔，有些都是藍的，三個牙暴露出來，頭上生角，兇得很啊！譬如文殊菩薩化身，十三尊大威德金剛，那個像多惡多兇啊！三支眼睛九個頭，每個頭兩支角，三十四隻手臂，十六隻腿，每個手都握有死人，什麼都抓，那多兇啊！是文殊菩薩的化身。

要你觀想這些忿怒金剛，你都想不出來自己怎麼有那麼兇。還有女的忿怒母，所謂亥母，忿怒起來好像要吃人一樣，不得了。修忿怒母，因為忿怒代表身上那個拙火，那個生命力。不從那方面修，不爆發那個忿怒的境界，你那個生命力就打不開。

所以修忿怒母那個形相，或者有時候修佛父，或修佛母，那個姿勢非常美妙，跳舞的樣子。可是學佛搞這一套，要是世俗人看到，不是奇怪嗎？

這位大師講，我哪裏能給你們解說啊！但是你們只要懂一個理念就會知道了，這一切相都是心的變幻，心生萬法，所以《大乘起信論》告訴你，「心生則種種法生，心滅則種種法滅」。慈悲喜捨皆是佛，喜怒哀樂也是佛，有人說：老師你發脾氣了！我說為什麼不發脾氣啊？佛不發脾氣嗎？但是這都是空的，喜怒哀樂、慈悲喜捨都是形相，它體空。分開來講，分為五方佛、五類。

「又於念珠、觀想何本尊即溶入智慧者」，有人學密宗的，買一個念佛珠，一定要老師加持過，不然念佛珠不靈。我說我不是搞密的，你們不要拿念佛珠來叫我搞，我煩死了。過去有很多人拿來叫我念，我揉兩下就給他們了；我不是吃飽飯沒事做，專門給你念念佛珠的。

帶上念佛珠，實際上這又是一個祕密，我們的念佛珠在哪裏，你曉得嗎？你們諸位講講看，在哪裏啊？那是背脊骨上來一串，都是念佛珠，一顆一顆珠子，一步一步工夫都要念過來的。所以叫我給他念念佛珠，我自己念佛珠都搓不完，還能給你搓念珠嗎？

當然，替人家念一下念佛珠，有時是必要的，那是非萬不得已，因為此人必須要以念佛珠得度者，則以念佛珠而為說法。到這個時候，也應該給他念一下念佛珠。你們要曉得，一切本尊融化入你的真智慧裏，當你拿到念佛珠時，你的身心就要進入念佛珠，心物融化，乃至於把佛也進入這個裏頭。

「修供讚，為真實緣起而散花，佛父母化為光，即入頂珠，變為嗡阿吽（ཨཱཿ ཧཱུྃ）」。這是真空修緣起，剛才這一個念佛珠祕密已經說過了，我們平常要觀想佛父佛母，從頂上進入我們的念佛珠中，這是真灌頂來了。其實，我在講白骨觀的時候，已經告訴你們啦，你們不但是「我慢貢高」——這四個字對你們太客氣了，說真話，只有兩個字，「混蛋」。你們去參參看吧！因為真實的法門你不去修，一天在那裏打妄想。佛說你們為什麼修不成啊？我慢貢高，那是客氣話，祕密他都告訴你了。為什麼這樣罵呢？不是罵，是慈悲啊！要你們起信啊。只要真這樣一修，不分年齡地位，七天就會有成就。可是你們七天都做不到，多可憐，自己應該罵自己剛才那二字封號，聰明人就自己參吧。自己就要反省了，不要自作聰明，自作聰明招來煩惱。

他說在拿著這個念珠的時候，修供養讚，然後真實緣起，就是佛父佛母的光，從自己頂中化進來，即入頂珠。我再提醒大家注意，《禪祕要法》是不從這個路線講的，這裏是講灌頂的作用，光明從頭頂下來，變成藏文「嗡阿吽（ཨཱཿ ཧཱུྃ）」三個字。

「其他珠粒，明現成阿里噶里故，念咒時想此等字放散聖尊及咒之自聲，不令人見為佳，念珠應祕密收藏」。其他的每一顆珠，都是密咒，則成就光明，此時最好瑜珈念誦，非常祕密，不令他人聽到。這是什麼道理呢？開口神氣散，這個時候須要不開口念，保氣而念。這就叫作加持念珠，全套的修法。像我這麼幾句話，多少代價啊！我如果不給你們講，你們哪裏知道啊！你們只曉得是搞念佛珠而已。

「夫咒者，或為呼名，或為請求所要，或為讚嘆功德者也」。一切密咒都不能要求解釋，解釋了就不靈。我發現許多人，都是妄作聰明，他們也知道經典好，道理好，因為是看文字註解，自以為懂了，不肯再去讀，這類的人太多了。如果叫他念咒他會幹的，以為念咒這個生意好，本錢投得少，利益回報大。

實際上每個咒都可以翻譯出來，他說有些咒語是稱呼名字，像唸阿彌陀佛，是叫他的名字，等於孩子叫媽。當然佛菩薩是不會生氣的，如果你跟在我後面叫老師、老師，我不回過頭來給你一拳頭才怪呢！有些咒語是請求，有些咒語是讚歎功德。

「如金剛帳本續云：如來與菩薩，空行及佛妃，如令現前故，譬如大士夫，巨聲速呼之，僅聽聞即至，佛剎那降此」。經典上說，念咒的時候，你就要觀想，就如孔子所說的「敬神如神在」，你要覺得佛、觀音菩薩就在我的前面，喊一聲，好像他聽到就來，要有這個意境。不然你嘴裏頭念，心裏在打妄想，念死了也沒有用。有至誠至敬之心，佛在剎那之間就到你這裏來，西方極樂世界馬上到你這裏。

「又念咒極應清淨，此乃諸本續集咒所宣之義」。念咒要絕對清淨心去念，你們給人念經念咒，以絕對的清淨心去念就得感應。有位朋友說，他到一個廟子，看到和尚給人家唸經（當然不是我們這裏），一邊唸經，一邊手在捏香港腳，他說看了簡直氣死了。這位朋友給我講起來還在氣，所以這個威儀多重要啊。當然，如果他是濟公和尚，那是不同的，他分別而不分別。但是老實講，你不是濟公，也不能學濟公和尚，該莊嚴時就要莊嚴起來，所謂威儀莊嚴，自然清淨。此所以戒律之重要，戒相莊嚴，身心自然嚴肅清淨了，要以絕對的極清淨心，念咒念經，這是一切密宗經本最重要的。

「譬如清淨念一遍，較不淨千遍為大，緣念未得，或緣念散亂，雖誦十萬不如不散亂之一遍為大」。你要注意，尤其你們出家的同學們，給人家念經，或者自己念，如果一邊念，一邊在妄想，雖然念千遍、萬遍，不如沒有散亂心念一遍，這是說明定力之重要，清淨定心之重要。

所以許多人，家屬過世就問我，老師念經有沒有用啊？我說有用。什麼用呢？是做給活人看的嘛！你真要念經就自己念，請人家念，人家哪有心情幫你念經？你自己為父母念，一念專精，立刻得感應。現在密法本上也告訴你了，你自己都懶得念，可見你這一念已經不淨了，況且別人來念，別人有這個定力嗎？

當然如果是得道、悟道的這些大師，給你念一句阿彌陀佛，已經成功了，你的父母，你的眷屬已經超然了。所以古代有許多帝王，很懂這個理，就像這個馬皇后死的時候，朱元璋一定託那個宗泐禪師來說法，結果下葬當天，大風大雨大雷，朱元璋氣死了，怎麼這麼倒楣，撞到這個情況！他的老婆死了，等於他自己死了一半一樣的痛苦。不過他到底是當過和尚，內行，一看到師父，心中已經有個依靠，這位得道的的禪師一說偈子：

雨降天垂淚　雷鳴地舉哀

西方諸佛子　恭送馬如來

嘿嘿，這一下，朱元璋就哈哈，好好！師父你講得好。天地良心，馬皇后也曾在夢中得到傳授咒語，這是很奇怪的事。所以大師才說「西方諸佛子，恭送馬如來」。

這裏所講的，你們大家都要注意，修密咒念經，在定中清淨，一念專精，十句、百句，那還得了！那你功德無量。如果是散亂心去念就沒得用，讀經也是一樣。

「如殊勝祕密云：淨不淨千倍，及三昧有者，與無十萬同」。心的清淨或不清淨，這個距離差別千倍，如果有人得定，得三昧證果的人，他隨便罵一句，那個亡人就得功德了，豈只十萬功德而已。所以小說家寫那個濟顛和尚，有時候人死了，他隨便罵兩句，人就得超生了。這就是說修定三昧的重要。

「又如菩提行論云：念誦諸難行，長時而行持，若能了真諦，心散知無義」。又如《菩提行》這本經典上講修持、念誦，你看老太婆敲木魚念經，或者念咒，這也是一個修持的法門，你不要認為容易，很難的。要長時去念，要恆心去念，若能了了而念，那是要得定見性又證果的人才行。

念誦念咒子念經，同樣可以大澈大悟的成佛，如果心散亂，沒有用，那毫無意義，念死了也沒有用。這是告訴你們，修密宗，一動就是念咒子，念咒子是這個道理。

「如是先生起本尊後，少分念咒，在頭頂上想自己根本上師，為諸佛菩薩勇士空行母圍繞，供養、讚嘆、懺悔」。這是觀想傳法給你的根本上師，旁邊上面有一切諸佛菩薩、一切勇士、大力士金剛，乃至女性佛圍遶，「供養、讚嘆、懺悔」。這就是修上師相應法，觀想自己傳承的上師在頭頂上，慢慢下來，放光，與自身合一。這樣的修法，往往得很大的利益，比觀佛的利益大、效果大；當然其中的道理是上師必須是得道的！不要觀我啊，吩咐你不要搞錯了，是講得道的上師。

「凡所欲事」，這個時候你應該供養，就是供養上師，「皆明白啟請，蓋此乃一切道之根本，悉地之來源者也」。要想修成就，密宗同禪宗一樣，上師最重要，修上師相應法，如果不敬，不依師而修，或敬師達不到真正敬誠、敬信，那一切都是空話。信念一失，正念一失就完了，而且說這是「悉地之來源也」啊！一切成就境界，功德的根本，來源是上師相應法。

第八講

今天大圓滿的課程，仍在講修持人的，必要修法準備。上次先是講到灌頂的重要和意義，為什麼要瓶灌頂、智慧灌頂、文字灌頂等的這些道理；然後講到灌頂以後，修上師相應法的重要。

密宗修法的修持程序，把尊師重道的精神，提升到上師與佛與本尊，合一不分。中國的文化基本，也有極高的尊師重道精神，對整個的東方文化來講，佛教已經把師道昇華到形而上。禪宗所謂「威音王以前，無師自通則可；威音王以後，無師自通則成天然外道」，這也是非常講究傳承的。所以禪宗和密宗有相通的意義，不但密宗如此，禪宗也是如此，佛教的一切顯教也是這樣。密宗修持的人，修上師的相應法，彼此的感應是很重要的，不過真能夠嚴格去修的人不多，因此修成就的雖有，但是很少。

修法　誠敬　調理

現在繼續上次講到四十七頁的倒數第二行：

「故現生智慧本續云：諸地及道之次第，恭信上師年月行，上師顯現若不離，是與諸佛不離處」。這本《現生智慧本續》上說，一切佛地，菩薩從初地到十地，乃至於成佛，以及修道的次第，一步一步的工夫、進步，由於恭敬、信仰上師「年月行」，是以年以月來計算，此心不斷。修上師相應法的時候，也與觀想本尊一樣，上師在自己頂上的像，呈現明顯而不離；不離當然能夠得定了。如果上師的影像呈現在頂上「不離」，也就是與諸佛不離，有同樣功德，同樣的效果。

「又如莊嚴誓言云：由六月不動，信解及恭敬，獲金剛持地」，在《莊嚴誓言》這個法本裏頭講，由六個月修持上師相應法，顯現出的信，由信而深信不疑，但不是迷信，是智慧的理解，由理解更生起無比的恭敬。這樣就可以得到金剛喻定的境界。「金剛持地」就是金剛的定，是永遠顛撲不破的。我們大家打坐修定，並沒有得定，真得了定的人，這個境界永遠都在，不管行住坐臥，恒常在定中，不是打坐才有，不打坐就沒有，那是初步的皮毛。必須一天到晚行住坐臥都在其中，夢中也不變，這才叫作定。甚至也沒有夢，因為醒夢一如了，最後睡也無所謂睡，清醒的；但是也睡的，身體休息的。永遠在這個境界上，才叫作定，但這還不是金剛喻定，還會變動，會退轉，並沒有到達不退轉地。菩薩到第八不動地，才能夠說不退轉。從不退轉地到金剛喻地，還差兩地工夫，還要一大阿僧祇劫的修持。金剛喻定是永遠不變動的，你想把定境變掉都變不掉，所以說像金剛一樣顛撲不破。但是這本經典上說，單修上師相應法也可以到達佛的金剛持地，那就可以證阿耨多羅三藐三菩提，大澈大悟而成佛。

「智慧至上亦云：頭頂嚴輪上，想具德上師，是故由此即能無障而自然顯現證悟，並有自然經歷地道之功利也」。《智慧至上》法本上講，修上師相應法，觀想離開頭頂上約一寸的地方，有莊嚴的梵穴法輪，就是「嚴輪」，觀想同佛一樣定慧莊嚴圓滿相的「具德上師」現前。如果能夠經常這樣觀想，也能夠達到毫無障礙，一切解脫，而自然顯現悟道，大澈大悟。這一段都是側重講上師相應法的重要，並且有「自然經歷地道之功利」，因為觀想上師相應法，而在修每一地的時候，很自然的都得到助力，得到了自然的經驗。也就是說，一觀想有成就的人，他成就的功德經驗，自然會灌輸進來，這就是自他不二。地就是菩薩地，道就是一切菩薩所修的道。

「又示前行調整後之功德者」，現在講的，都是由灌頂到修上師相應法，這個次序都是連貫的，在密宗的修法中間不可躐等，不可以少。到這裏還是在做前行的準備，是工夫以前的準備工作，並調整以後的，就是灌頂、上師相應這個功德。

如是前行之四法，無謬道中悟心性，能得殊勝解脫道，速生實性、正行調，而無礙難、近悉地，無量功德皆具足，故極精勤修前行。

前行就是加行。前面這些加行的道理，不是光懂理，而是要做到；「**無謬道中**」是說，理解上都不錯誤，修持上也不錯誤。我們大家修持，都是加了自我見解來修證，所以經常搞錯；要「**無謬道中**」自己悟道，明心見性。明心見性以後才能夠得解脫；真正殊勝的解脫，是要明心見性以後，才能得到。這樣一來，很快的生起證得實性，般若實性，就是與本體合一。「**正行調**」是正修行調和的法門，比如諸位學了很多年，乃至參話頭也參過，修止觀也修過，白骨觀大概也都修過一下了，尤其有些人修得很多啦！但是到現在都不曉得調整。八萬四千法門都是對治法門，不是呆定的，一個人自己要曉得，在某個時候，修哪個法為中心。對於身心，生理、心理起的變化，要曉得用別的法門來調理。有時或感冒，或情緒不好，或外緣不對，自己都要隨時調整。

所以禪宗百丈禪師，當初離開他師父馬祖禪師，去弘揚教化，廟子有千把人之多，他當方丈，馬祖還不放心，叫一個徒弟送三缸做菜的醬給他。百丈一看，指著三缸醬對大眾說道：我師父送來的鹽醬，你們假使有人說對了，就不打破，若全體都不能答得，就打破！大眾面面相覷，無人回答。百丈就把那三缸醬，一棍子打破了，告訴送來的人說：回去告訴師父，沒有少過這個東西。這個道理就是說，自己曉得調整。這個公案在禪宗裏不止一件，有兩三個類同的，看出來一個當師父的，對於得法的弟子不放心。等於父母對兒女，即使兒女長到八十歲了，如果父母親還在的話，看兒女還是小孩，還是不放心。

百丈的作法，等於答覆師父，他曉得調配。大家以為禪宗就是「碰」一下悟了，悟了就沒事了，沒有那麼簡單的；修持方面非常難的，要永遠曉得自己調理。像我們許多朋友，修持用功，一直不曉得調理，調理就是隨時要曉得調整，有時候魔障起來都不知道。尤其工夫越深時，修道越進步，微細的魔障自己都認不清楚。那些魔障細得很，自我覺得沒有起煩惱，沒有動心，其實已經早動心了。所以身口意三業，要絕對的清淨道德，必須隨時能夠曉得調整，這是非常難的。所以他說，只能夠在悟道以後，得到解脫道的時候，才能夠很快的證得無上實性。在證得明心見性以後，正好起修，這就是正行，正修持。

見道以後必須要修道，如未見道，所修的都還是前行——加行而已，靠不住的。真正見道以後，得了解脫，曉得調理修正，「**而無礙難、近悉地**」，才毫無阻礙而接近成佛的悉地，到這個境界才成就。這個時候一剎那之間，一頓悟，無量功德統統具足了。所以，回轉來講，你不要認為前行修的加行可以馬虎，那是不能馬虎的，也就是劉備吩咐他兒子的話：「勿以善小而不為，勿以惡小而為之」。其實我們現在一般正式講修持，不管在家與出家，前行的準備加行道，根本沒有修過，也不夠格，根本沒有基礎。拜佛、禮佛這些都是加行，連誠敬的心都沒有發起，所以加行道等於沒有修。

就像我們蓋房子一樣，外面先要搭一個架子，一切準備好，才開始打地基，這些都是加行道。現在人學佛，尤其現在知識分子學佛，這套絕不肯做，覺得太接近於迷信，不幹的，所以教化時只好撇開了這個法門，拿方便來接引。但是當他自己真有所見以後，起了恭敬心，應該會知道；不過很少有，所以我們修持應該先要瞭解。

像諸位，當然包括出家與在家的，為什麼修持那麼困難？老實講，前行基礎根本沒有準備好，只是情緒化的出家；如果是理性的出家，這個修持前行嚴重得很，很多佛經都提到過，不過我們看經典，就把它馬虎過去，現在人尤其喜歡快，能夠快就好，基礎的都不大喜歡，因此忽略了前行的修持。知識分子更容易犯這個錯誤，喜歡在理解上搞。

實際上前行的心理，就是愚夫愚婦之信，那完全是對的，極高明而道中庸，到了頂高處回轉來一看，那個愚夫愚婦之誠信是對的，也就是道中行。我們很可憐，搞的都是半吊子，上不能做第一流上上智，下不能做下下等的修法，不從基本來，因此成就很困難，這是我很懇切的告訴諸位的老實話。譬如像我個人的經驗，年輕時候修這些，老實講，我走的路線跟你們不同，非常的不迷信，但是非常的誠懇。迷信跟誠懇看起來幾乎是一樣，事實上是有差別的，該要做的，我就去做，當我做的時候就是誠懇，絕不自作聰明搞形式主義，不然寧可不辦。比方像拜佛，像密宗的修供養，該什麼時候上供養水，泡茶供佛，我就什麼時候做，那硬是做到。因此我現在回轉來想，大概這個就是個性跟諸位不同吧。

因此等我開始教人的時候，我的方法完全變了，因為看到時代變了，照老規矩這一套，那真是不行。可是，我發現這又是一大毛病，使人沒有從這個基礎路走上來，結果是誤了別人。在理解上好像很聰明領會，意境上也好像很有心得，事實上一點都做不到。這是大家，尤其是這一代的青年同學們的問題，將來越來越困難了。

大家都很崇拜佛的戒行，也很崇拜中國文化的仁義道德，以及人倫的次序。老實講你要去遵守人倫的次序，也等於是愚夫愚婦之行，很古板的。不過真執行起來，愚夫的古板是絕對會有成就的。人倫次序我們知識分子儘管讚歎，但是真正做到了嗎？沒有啊！尤其是我們現代人，把東方人倫次序和西方的人倫次序混合起來玩，還是在玩弄自己，這是我所體會到的。所以現在人成就難，就是難在這個地方。真正講文化修養，其實《中庸》裏說「至誠之道，可以前知」，所以愚夫愚婦之信，是絕對至誠的。相信因果，無論布施行善也好，磕頭燒香也好，買幾根香蕉拜佛也好，他們沒有用聰明，沒有用解釋，所以一定會得福報的。像我們啊！對不住，就算拿一億鈔票送上，也不會得多大的福報，因為既不誠懇，又有夾帶的心。這一念的至誠就是這個樣子，所以知識分子修道難，我們大家都要特別注意，不管在家、出家，都受過教育，都屬於知識分子範圍。

前行修法四程序

「大圓滿次第者，於自性菩提心無作本住之前，無常（一）。大悲菩提心（二）。現有生起為佛土及佛而誦咒，心持微細瑜伽（三）。觀想上師瑜伽而作啟請等（四）」。現在告訴我們修大圓滿的次序，先是法財侶地，先得地，然後找道伴，生活一切準備好了，然後修前行。得到法的灌頂，得到了四灌頂以後，先要修上師相應法，像西藏密宗喇嘛出家人，要修三年上師相應法，這三年當中就是念上師咒，觀想上師等，都有一定程序，有一定時間，三年後再正式傳法。

現在修大圓滿，按次第程序，第一步：「於自性菩提心」，這句話注意！我們證得菩提成佛，叫作得阿耨多羅三藐三菩提，是大澈大悟。悟個什麼？悟到自性本有。我們學佛就是想找到自己的本性；本性見到了，自然就發起了菩提心。換句話說，菩提心發起就是自性現前，於自性的菩提心是「無作」，無所作的本住，就是《金剛經》上的「應無所住而生其心」。所以大乘道的空、無相、無願，無願也就是無作。其實我們以自己心性本體來講，一切眾生這個自性，是無作無住。

我舉個例子，當前的事情就講當前的話。下午跟我的孩子談了很多，他在美國當同學聯合會的主席，這次回來是要問我問題。他說：經常發現作人很沒有味道，一切都想把握住，但是一切總歸把握不住，把握不住就空了。但是自己空不了。管的事情太多了，對外各方的聯繫，尤其明年東方人過來更多，都找到我的頭上來，更煩了。有時候煩得簡直不想活下去，受不了，快爆炸了。

他在這個時候，發現人生是在做夢，他又說那我們作人幹什麼呢？為什麼有現在這一些事呢？這些煩惱念頭，怎麼會那麼厲害呢？忙得一夜只睡四個鐘頭，有時候躺下一研究這個問題，糟了！腦子非常清楚，更睡不著了。那個念頭來得加速的快。他說沒有辦法，所以非要回來弄個清楚不可。也就談到「本無所住」的道理，他問：本無所住，那就空了嗎？因為他學的是原子、核子這一系列的理論，我就拿電能這些給他做比方。我說你曉得那個「空了的」是現象。他說：嗯，這樣一來差不多了，有一點曉得了。

後來我們討論到，他在美國接觸到的禪宗，一般觀念，認為禪宗學了以後，人自然就沒有思想。我說這是現在一般人的大錯誤，認為空是沒有一個東西。其實這個空是一個代名辭，佛經說的「本來空」是什麼？是說一切現象都會變去，簡單歸納起來都叫「空」。如果認為空無一物，那是斷見，不對的，所以說「本無所住」，也可以講是本住。無所住是講現象變去，它的功能本體是本住，並沒有動，所以自性菩提心是「無作本住」。注意這個話，如果諸位要參話頭，這個就是大話頭，參通了就對了，自性菩提心無作本住，一切所作，作過了等於沒有作，無作而作。這個道理要觀察通，也就是參通，沒有變動。儘管煩惱輪迴，變來變去，但自性是本住，而且住而無住。人生禪宗走的就是這個路子。所以禪宗是大密宗，走的是基本的路線，這些前行、後行都不要，到了就到了，但是這個難啊！

這個道理「於自性菩提心無作本住之前」，第一就是說「無常」，一切現象都是無常，不永恆存在，會變去的。我們大家在座都學佛，拿一秒鐘仔細反省看看，對於無常這個道理，雖然都懂，但是每個人打坐做工夫，都去抓一個「常」，就犯這個錯誤。所以你看，幾乎每人都來說：老師啊，昨天一念清淨那個境界很好呢！我說：那很好啊！可是呢！今天變了，沒有了吧！我這句話，現在這一下你們懂嗎？昨天是昨天，今天當然變了，還問我幹什麼！諸行無常一切空，我們的觀念卻在無常當中想去抓常，對不對？有沒有錯啊？

既然「諸行無常一切空」，那麼你這個清淨、美妙的境界，不是屬於一切以內嗎？這清淨境界也當然無常啊！為什麼你總想把它變成「常」呢？你曉得一切境界也是現象，一切現象無常，變去了，能生境界的那個能，本住，就是無作無住，它本來不需要你修證它。這個道理要懂哦！這是無上大道，也是無上密法哦！在密宗不得了的，我就那麼輕鬆告訴你們了，還不要你去參話頭，如果你再認不得，我沒有辦法了，這個無常就可以過去了。那麼小乘來講，「諸行無常，是生滅法，生滅滅已，寂滅為樂」，也是大乘。生滅當然要滅已，生滅滅過以後，有一個寂滅呀！生滅境中，能起生滅的那個是寂滅，而起而寂而滅的，哪裏有大、小乘的差別呢？如果這個道理不通，不論學什麼法，修什麼法，都不會有成長的，理不明，修法就沒有進步。你們先是盯著想工夫，一天到晚想住茅蓬閉關，有個什麼茅蓬啊！茅蓬不茅蓬一樣，「茅蓬」跟「茅廝」只差一個字，茅廝者廁所也。有什麼不同？所以要瞭解，自性菩提心無作本住，一切無常。

第一步是一切無常的道理，看到眾生不懂，而生起「大悲菩提心」，這是第二步了。等於我們教自己的孩子，那麼明白的道理，孩子偏偏不懂，我們心裏一定非常難過，自然就發起了大悲心，想盡各種變通方便方法教導。心性之理是那麼明明白白的，就像一切眾生，本來就是財主，怎麼變成窮人了呢？所以修大圓滿次第，先要認識「自性菩提心」，是無作本住這個基本原則。其中包括四個要點先要瞭解，第一是一切無常；第二要發起大悲的菩提心，不是單獨為自我而修，是要為眾生而修。

比如我們看到修行人，儘管講大悲心、菩提心，但朋友也好，道友也好，同參也好，大家相處，不但大悲心沒有，博愛的心都沒有；而自我貪嗔癡的心，自我傲慢、崇高的心，倒是非常強，那怎麼叫學佛嘛！我對你們一般表面上恭維、鼓勵，實際上真講起來，你們哪有資格學佛？平時講道理，那牛吹得很大，種的是惡道的業。當然，一切生活當中，要做到有利他之念，是非常難的，所以再三講要從發起「誠心」開始。

第三是「現有生起為佛土及佛而誦咒」，空中樓閣從平地起，佛土清淨的清淨，也是從自我一念清淨做起，所以我們念咒、念佛，不是只為自己祈求，不但要為我而念，為佛而念，也為一切眾生而念。「心持微細瑜伽」，要保持非常微細的相應法。微細瑜伽，這一句話很難哦！如我們念一句南無阿彌陀佛，或者「嗡嘛呢叭咪吽」，大家念念看，心裏頭在念，這是很粗的在念。「微細瑜伽」是已經到達沒有「阿彌陀佛」這四個字的佛號，或沒有咒語，而這個佛號、咒語的意境，始終持續的存在。這就是得止得定了。你能夠這樣的話，什麼白骨觀，安那般那（出入息）都在內了。換句話說，白骨觀能夠觀起來，氣脉觀起來，咒語也都在內了。我之所以經常說，大家打坐不能夠得定，是此心不能定，微細的瑜伽沒有做到，都在玩弄身上這個感覺，那是最粗最粗的心啊！粗得很，微細的瑜伽做不到。

第四是「觀想上師瑜伽而作啟請等（四）」。觀想上師，而祈求上師的加被等等。

「無不以此四種為前行者，如是行後，即入無謬誤之解脫道，生起實性之義，正行易修，無有礙難，速得無邊共不共悉地等利益，且亦能成就其他也」。這四步非常重要，修持照這四個程式，就像蓋房子一樣，四個大柱子能夠建立了，大致不會有錯誤，修行不會走錯路了，這個解脫道已經初步到達。那時自性本來清淨的義理就會到達，修行的正行就容易修持了，很快得到了成就，共法、不共法，一切「悉地」這些境界等等的利益都成就，不但懂了佛法，也懂一切外道，都明白了。不只如此，乃至一切學問，想要學的，很快就會懂，差別智都有了。

所以禪宗五祖講：「不見本性，修法無益」，換句話說，本性如何見呢？大家因為有了禪的知識，佛學的知識，以為見本性是見到空，見到清淨，一念不生。錯了，實際上本性何必要空才見？空，也可以一念至誠就到了，「空」法到，「有」法也到，「有」不是本性起來的嗎？唉！怎麼那麼笨呢！一天求空，空了個什麼？「是諸法空相」啊！現象本空啊！你那個空不了的那個就是有，不就到了嗎？《楞嚴經》上告訴你，一切都可「還」的，就是可以空得掉的；有個無可還者，就是怎麼樣都空不掉的，不屬於身，不屬於心，佛告訴阿難：「非汝而誰」，那不是你的本性，而會是個什麼？文字記載是這四個字：「非汝而誰」？那就是說：還不掉的這個，不是你，是什麼？這個就是你的本性，何必求空呢？你們天天念的「是諸法空相」，所以見到了這個，自然成就來了。因此我經常講，大家都困在感覺上，就是這樣。

「近世皆未具前行而修道者甚多，故名錯誤者。現當指示正行道，初總示者」。傳這個法本，是宋元的時候，當時已經在感嘆了，千把年後的現在，我們也在感嘆，後人看我們又是一種感嘆。他說：近代一般人修行，前行的準備不夠而來修道，一來就想修大道，這樣的人太多了，所以叫作錯誤。現在指示我們正行道，大圓滿正行的修法。

正行道的修法

正行自性、或樂明，及無念法、示實性，光明離戲之智慧，乃現本元俱生者。

這是告訴我們，把如何明心見性，如何得樂，得光明，如何到達無念。不要忘記我們剛才講過的，這些前行準備好，才可以談這些修法，在一片光明中，離開一切戲論。戲論就是開玩笑，講空也是開玩笑，談有也是開玩笑，非空非有也是玩笑，即空即有也是玩笑，說我有一個道可得可修，都是開玩笑的戲論。

「**離戲**」，離開了戲論，就是正論。這一片自性光明離戲的智慧，自性的現前，得樂，得光明，達到無念，乃至無戲論。那些本元俱生，就是本性的境界，自性的境界，真正明心見性了，這些自然有。六祖說：「何期自性，本自具足」，是你本來具備的，不是你修得來的啊，本元俱生就是本元俱備。現在你就曉得，大圓滿的境界：自性空、樂、明、無念，光明離戲的智慧。大家自己觀察，是不是有空、樂、明、無念、光明離戲的智慧？你不要去找個空啊，找個空已經不空了，都是「**本元俱生者**」，無作的。不懂得這個道理，下面再解釋；不過越解釋越不是，沒有法子，也只好解釋了。

「譬如薪非火，然由方便，能見火燃者」。譬如木柴不是火，柴是柴，可是離開木柴，生不出火來。火離不開柴燒的，因柴而引起來火，火是靠柴點燃而生的，所以柴是火的方便法。因此點燃了柴，我們才看到火光燃燒，這是一個比方，說明這個道理。這個比方很有趣了，等於白馬非白，白是白，白並不是馬哦，白馬是白馬，白馬並不代表白，只是代表一匹白馬，所以白馬非白。

「如同樂明無念三者，非自然智慧本元俱生之真實」。譬如像剛才講樂、明、無念這三樣，並不是我們自然智慧本元與生命俱來的，不是本來面目上的。你要知道，樂明無念還是現象哦！你如果把樂、光明、無念這個當成本性，真是笨蛋裏頭的混蛋，就上了自己的當了。現在都給我們講清楚，這個還是現象，還是本性的投影，我們自己不要把自己騙了，這個還不是自然智慧本元俱生。

「然以精懃行故」，然而呢！功力到了，功力的導引，自然會發生樂、明、無念。你說：那我現在已經明白了本自具足，悟了道了，可是我又沒有光明，又沒有快樂，樂、明、無念都沒有嘛！因為你那個柴是被雨淋濕了的，是點不燃的濕柴，那有什麼用呢？乾柴則一點就燃，樂、明、無念一定要來，所以是薪非火，火非柴不能燃，這個道理，工夫與見地要搞清楚。

「樂由精之要生，明由氣，無念由脉，此乃諸有信解恭敬於上師之要門者解之」。首先解釋這個樂是由精生，明由氣生，無念由脉生，因為道家說精氣神，密宗說精氣脉，有不同之處。道家所謂神不是脉，那麼道家的問題另作研究，各有各的高明之處。

首先要瞭解什麼是精，中國一般人觀念搞錯了，不只學道、學佛的，連帶西方人也跟著錯了，就把精蟲卵臟當作精。這個精當然也包括精蟲卵臟，包括了全身血液、荷爾蒙、津液，所謂的精力。但是我們凡夫很可憐，精力一生長，到相當程度就出毛病，欲念跟著來了。實際上，不是精刺激你生起欲念，因為精充滿了，引發身上功能，所以精神就旺盛。自然你心理也跟著配合，心理的業力，所謂淫、怒、癡（貪、嗔、癡），第一個來的就是淫欲之念。

淫欲和情欲是一個東西，程度的不同而已。所以精充滿了是一件好事，但是凡夫幾乎過不去，年紀大的，根本就沒有這個問題，不是說精蟲卵臟沒有，是整個身體精力衰敗了，所以修道第一步困難，就是這個道理。譬如我們身體上那麼多的病，乃至打坐那裏不舒服，這裏氣不通，就是精不充滿，所以不能發樂。因此大家坐在那裏苦坐，這個苦坐啊，坐死了都沒有用，禪宗就叫作枯木禪，所謂「枯木倚寒巖，三冬無暖氣」。死水、死龍一個，死龍還算好，連死蛇也夠不上，是死蚯蚓，根本是沒得用的東西，就是一個屍體，所以修行有這樣的困難。譬如我們同學中，有人初步有一點點經驗，一點效果的，譬如焦先生，我看了他前次給我的報告，最近忽然身上有初步的樂感起來。他年紀也不算輕，但是他能夠用功做工夫，有這樣的反應回來，這個時候不是欲的問題，只有樂的問題，但是他這個還是粗的。

所以為什麼佛家、道家第一條戒，尤其專講修持，是專戒淫，戒淫就是精先不漏。精的漏失，粗的漏失當然是男女的性關係，漏失最大；實際上平常六根門頭，身體的作用都在漏失，念頭一散亂都在漏，所以樂不能發起，是精沒有滿。那麼我們打坐，拿道家來講，想做到返老還童，初步就要精能夠回轉來身上，形神歸一。誰能做到啊？所以道家要脫胎換骨一番，這不是指精蟲卵臟，是整個精氣神的轉化作用。

他現在明白告訴我們：樂、明、無念並不是本來面目的，與之相關，又不相關，那是本來面目所呈現的現象，就如剛才說的柴與火的比喻。可是你不能得樂，不能得明，不能得無念，你說你證道了，沒有這回事。但是樂由精生，那麼我現在向諸位講，很重要的，精一生起就很容易漏；不漏呢？因為你沒有精生，生與漏簡直是同時的。所以千千萬萬做工夫學佛修道的人，沒有一個能成就的，就在這個地方。

譬如普通人，精神一充足了，會六神不安，情緒不穩定，坐也坐不住，總想跑去走走玩玩。那麼這個時候需要的是什麼呢？養氣的工夫，在對治的方便上，那樣比較可以幫忙一下。精一出去，氣也散了，那是根本達不到無念的。所以換句話，從這方面來講，我們學佛學道為什麼不能清淨無念呢？因為這個身心已經不夠健康，真正身心絕對健康的人，自然無念，就是這樣一句話，非常簡單。身心絕對健康，氣自然就化光明，精自然也是生生不已，這三個是三而一，一而三，連著的。所以，道家廣成子的話：情動乎中，必搖其精。這個精並不是講精蟲卵臟的精，我們感情一動，喜怒哀樂一動心，精已經在動搖了，已經失掉精了。所以《楞嚴經》也提到：「識精元明」，「含裹十方」，再三申明不要搞錯了。

現在曉得了，為什麼大家打坐不能發樂，不能得定呢？因為都是破漏之身，我們要渡到彼岸，想乘這隻破漏之身的船，在這個浪濤洶湧的苦海中，怎麼過得去呢？過不去的，這個船沒走到半路就把我們沉下去了。那麼光明為什麼發不起來呢？光明由氣而來，所以我再三告訴大家，《孟子》講養氣那一篇是絕對的真理，可見他老人家是修持過，不是隨便講的，而且孟子所養的這個氣，並不是呼吸之氣。我們現在煉氣功這個氣，也是柴，不是火，是用這個呼吸之氣，點燃自己生命本有的元氣而已，如果把呼吸當成是這個氣，那又錯了。所以一般看起來，社會上這些錯誤滿眼都是，有些人自己說有道，反正道是大家的，誰都可以說有道。可是我們在道理上要曉得，哪些是對，哪些是錯，這是很重要的。

「明」是由氣生，「無念」由脉生，脉不是神經，神經不過是脉的柴，不是火，氣脉打開，脉解就心開，自然就無念。無念並不是說沒有思想，你雖沒有妄念，但你還有感受、有感覺，這不就是念嗎？色受想行識都是一念。

《楞嚴經》講五陰解脫，就是一念的解脫。所以說這些精怎麼化樂，氣怎麼化光明，脉怎麼化無念，都要依止有成就、有經驗的上師，更要恭敬信解於上師，然後傳你法要，得到上師的經驗指導，才能夠得解脫。

「其智慧者，如廣大境界經云：深、寂、離戲、光（光即光明）、無作，我獲此如甘露法，與誰開演而不解，無語孤獨林中住」。這中間的智慧，就《如廣大境界經》所說的，明心見性，修持即身成就的法門，非常深奧，不是那麼粗淺的。懂得寂滅清淨，離一切戲論，無上的光明，達到無作無住這個境界，大澈大悟，達到菩提的境界。他說我已經得到這個甘露一樣的法門，可是能對誰講呢？世界上沒有可度的人，他們的功德、智慧不夠，不會懂得，傳了也不懂，也修不成。因此閉口無語，只好自己孤寂的退住山林，不說法了。

空樂與三脉四輪

「如是理趣，自性廣說有三。指示空樂俱生之方便者」。但是中間這些道理，前輩的修行，諸佛的經驗，大概告訴我們有三點，指導我們如何見到空、樂、得具生之根本智，這些悟道的前方便，第一個講修氣脈，大家先要認識。

第一指示大樂法，如前前行觀之後，三脈柱相四輪中，右白左紅中藍孔，上端梵穴下密處。對臍中脈內阿（ཨ）字，燃火頂杭（ཧཾ）流甘露，四輪身內悉充滿，樂所遍時心中「謗（བཾ）」，「杭（ཧཾ）」之甘露不斷流，樂力未生中觀修。復次「謗」亦漸細小，無戲論中住三緣，此法見性樂生止。

第一大樂法，是修精之脈。關於三脈四輪你們諸位都知道，這裏不要再說了，如果不太清楚的，可以買《靜坐修道與長生不老》看看。「**右白左紅中藍孔**」，中間藍的，孔就是空的意思。三脈四輪，普通用四輪，嚴格講是七輪。頂上是梵穴輪，下面到達密處——海底，男女兩性的海底有一點不一樣，女性海底子宮這部分，有一大段的空，必須要精氣充滿，轉回處女之身的充實，修起來就快了。所以女性修持，比男性難在這裏。上端的梵穴下到密處，這個中脈，非常重要，這裏頭有得研究了。譬如《莊子》講：「緣督以為經」的督，不是後世醫學上所提的督脈，是以背脊骨的前面，人體的中心，也就是密宗的中脈，才是真正的督脈。所以修持，多少要懂得醫學才好研究，不懂醫學就難了。

「對臍中脈內阿（ཨ）字，燃火頂杭（ཧཾ）流甘露，四輪身內悉充滿，樂所遍時心中『謗（བཾ）』，『杭（ཧཾ）』之甘露不斷流，樂力未生中觀修」。

對著肚臍身體的中間，裏面有個「**阿**」字，是一個開口音，就是說裏面有一個生命的作用。中國人叫丹田，在肚臍下這一部分，也就是在肚臍四周差不多一方寸的範圍。平常有什麼方法引燃呢？先用思想的辦法，用觀想，假想肚臍這個「**阿**」字燃火，發出火光，或者火柴的一點火光，這個燃燒一直向上走。女性就是子宮上一點點，向上燒，這個火光一路上來，燒開這條藍的中脈，等於燒開一條隧道，一直到頂上，頂上流下來甘露，留下一條「**杭**（ཧཾ）」字，現在書上寫的是藏文。就像白色的牛奶一樣流下來，然後經過喉嚨，道家叫作十二重樓。四輪就是由頂輪（32脈）到喉嚨（16脈）、心輪（8脈）、臍輪（64脈），統統充滿了。等到這個甘露降下來，充滿遍於全身，心中心花怒放。「**謗**」字，就是嘣的一下，心花開了，那麼頂上所謂醍醐灌頂，甘甜的甘露，不斷的流降下來，而丹田的火要升上去，不然的話男女馬上就漏精，立刻漏丹。上面下降，下面火光上升，也就是地雷復卦的道理。修法先做這個假想。

現在只是先講解文字，其中道理還很多啊！但是這樣假想三脉四輪，我只講一個方法，實際上方法很多。

可是修三脉四輪觀想的時候，你開始一修馬上能夠發大樂，精就生，氣就化了，但是做不到的啊！據我過去幾十年經驗，訪問過許多修密宗的喇嘛，我說你已經修回童身，不漏丹了嗎？結果他們跟我說，還是照漏不誤。我說原來如此，看你們的樣子就知道了。所以此事之難，雖然理是這個樣子，但是真有一個樂的境界，你就漏了。所以凡夫永遠在六道顛倒輪迴之中，就是這個原故。

那麼這個時候就要正見，用見地來修，這是假想出來的觀想，但是還要正見智慧力加上，「**樂力未生中觀修**」。怎麼叫中觀？曉得自己觀想起來，三脉四輪和靈火、拙火的上升，菩提的下降，這個都是假觀、假想的，假想都是意念所造，你說空的，是空啊！你說沒有嘛，有啊！你真觀成功了，有這個作用啊，所以空、假、中，中是非空非有，即空即有。諸行無常，皆是假立，立假即真，真的也是假的，要修這個中觀正見。所以「**樂力未生中觀**

修」，這一句最重要，但是要加上智慧修的啊，不是亂做觀想哦！光做觀想，你般若智慧，見地不夠，那就變外道，不但變外道，入魔了。

「復次『謗』亦漸細小，無戲論中住三緣，此法見性樂生止」。「**三緣**」是緣脉、緣字、緣甘露。其次心中「**謗**」的一下，這個境界就清淨光明。一開始做不到，密宗就叫你「**住三緣**」，觀想脉，或甘露，或一個字。這個字要慢慢觀小……乃至上升到頂上，衝出去，呸！一下空了，念頭空了。空的當中，這個方法是見性，由樂發起身上的感受；換句話說，這個方法是偏重於生理，使你生理的感受得快樂，袪病延年，而且容易見性，是很快能夠得止、得定的妙法。

好了，我們曉得他那麼講了，現在，我們先加批判，後面再作研究。

中國的道家，大家都曉得修，都喜歡講任督二脉、奇經八脉，督脉由後面上來，到前面下去這一套等等，不曉得你們知識夠不夠，不夠我就懶得講了，從頭講起很麻煩。

密宗講身體三脉七輪，從醫學上來看，找不出來這個脉是什麼，只曉得屬於精。至於氣這個東西，現在慢慢傳到美國，最近很流行，承認了中國人講的氣，因為電子測驗，可以測得出來了，所以今天我的孩子也跟我談到這個。

我說我告訴你，氣有三層，美國現在醫學、科學所瞭解這個氣是第一層，最表面的，不要認為就懂得氣了，還不完全懂得，這是醫學方面的情形如此。實際上，三脉四輪這個東西，很難懂。拿唯識來講，可以說它是意識的境界，可以說它是真帶質境，也可以說它是假帶質境，可以說它是非量的境界，也可以說它是現量的境界。這個三脉四輪的修法有好多種，一種是有形的氣功修法，像瑜珈術也是修氣的，都是這個裏頭變化出來的。另有用情感的修法，引起三脉四輪或七輪的通，而得樂、得定，所以方法很多。

我如果專賣這個，就夠我吃飯了，現在我當然不是想賣錢，不給你們講，是因為你們這方面的基本常識太差了。這個方法我也講了很多年，你們聽了也等於白聽，其實要緊的都告訴你們了，可是你們反而將容易得的，當作不稀奇。現在我還是把最要緊、最高的原理告訴你們，你們懂不懂就靠你們自己了。

現在取用的方法是用觀想，五陰的「想」像的路子，把自己身體忘掉，構成了這麼一個東西，是真的，也是假的，帶質境一起來就真有感受。但是這裏有個要點告訴你們，你們這點拿到，已經是一生運用無窮，祛病延年是沒有問題了，丹田的暖火一升上去，上面一定要曉得降白色的甘露，假想降下來。有些人光曉得守丹田，守到暖火升起，上面頂輪不曉得降甘露，不行的，所以最後壞了。

就等於鍋爐一樣，火在下面燒上來，鍋子裏頭沒有水，不燒乾了才怪。如果上面光是水降下來，下面沒有火，那個水不流走嗎？雖然這是精神的境界，是唯心所造的，而變成物質的現象來了，也是真的啊！所以下面丹田暖火一升起，上面這個甘露就要下降。降到什麼程度呢？現在又要傳你們一個祕訣了，要賣錢的啊，不過我講出價錢來，你們也拿不出來，所以只好讓諸位欠賬好了。

甘露下降到哪裏呢？要降到心窩子以下。八個指頭橫起來，肚臍以上四個指頭，就是中間這個胃的部位。這個地方西醫叫作青春腺，所以嬰兒坐起來端端正正，不會彎腰，健康的嬰兒這條青春腺沒有破壞，一有了男女性觀念，或者女性月經來，這條青春腺慢慢萎縮了，自然就不行了。要白菩提液由頂上下降，拙火的上升，到青春腺這裏定住，所謂醍醐灌頂就下來。

在這個境界，要能夠定住哦！有人說：老師，我這一下有了，但三秒鐘就沒有了。那怎麼叫定住啊？如果你定住七天七夜，你一身的肌肉、骨頭統統轉化了。七天七夜好像不是那麼困難，可是談何容易！定住七天，就是假想得起來，觀想得到，中間當然變化很多的，一下身上痛了，頭脹難過，如果還管那些頭脹難過，你就不要修道了。想修道的話，對於這個意識所造的身體，要隨時準備死，你只認清這個生命的意識功能，一切的變化不要管。實際上你真不管的話，整個全身的氣脈，內內外外，反而統統改變，脫胎換骨，就有那麼簡單。

白骨觀的關鍵時刻

但是，說簡單並不簡單啊！我告訴你吧，你真做到的時候，觀想起來了，不管男性女性，不漏丹才怪呢！這個時候立刻要轉白骨觀，才把精、氣、神收到白骨上去。所以我叫你快修白骨觀啊！我一直在跟你們講，你把白骨觀好了，這些氣脈也就不在話下了。我們這個身體的氣脈，是靠這些細胞、神經、血管、肌肉這部分精氣而發樂的，但是這些東西掛在這個骨架子上，如果把這些東西丟開了，只觀架子好不好呢？那就高明多了。所以我告訴你們，此法可以通顯密，通大乘啊！我不講，你們都不懂；不是不懂，是不用心。

所以你們將來成佛，比我都慢一兩個阿僧祇劫。為什麼？不肯用心。彌勒菩薩跟釋迦牟尼佛同學，為什麼釋迦牟尼佛成佛在他之前呢？釋迦牟尼佛肯精勤，肯參究、肯努力。彌勒菩薩放逸，能馬虎一點就馬虎吧！遲一點沒有關係，只好讓釋迦牟尼佛跑到前面去了。

等到你樂一生起來，不要住樂境，馬上就要觀白骨，這一觀就把樂境化了，那麼就要觀白骨流光，能觀到一點白骨化光也好，尤其要觀胸腔前這塊白骨放光，這個地方氣就通了。《禪祕要法》擺在那裏，你們怎麼不看呢？你以為修白骨觀是小乘法，卻不知道白骨一化空，立刻證到人空，得小果，得神通，那是小事嗎？修持做白骨觀就要這樣。大家喜歡修氣脈，你知道嗎？氣脈跟白骨觀比起來還是外面一層；白骨觀跟白骨流光比起來，白骨觀又是外一層；白骨流光跟證到身空、我空比起來，又是外一層法。這是一層一層內攝的。為什麼不修？你跟我犟，還是跟自己犟，還是跟佛法犟？這只好叫作業力了，犟得很！所以等到你自己到了以後，回轉來想：哎呀，老師是真慈悲。聽你講一聲真慈悲，花多大的代價啊！有什麼用啊？

所以三脉四輪必須要懂，而且也要修。但如果說有人把白骨觀真的觀起來，那還不夠，觀起來要定住啊！什麼叫定住？不是打坐的時候定住，要在行住坐臥時，白骨觀這個境界不變，然後還能夠做事，那才叫作修白骨觀，才得了止。你得了止以後，如果要修三脉七輪，只要帶一個念頭，立刻觀起來了。密宗修三脉七輪，我幾十年所看到的，修一輩子都修不成功。我就告訴他們：有什麼難！我是一剎那之間就觀起來了。他們講我吹牛，這是幾十年前，我只好笑了。我說：你要曉得我是學密宗的人吧？他說：那當然啊，你還是得阿闍黎戒的。我說：那我講錯的話，什麼果報啊？豈止十八層地獄，阿鼻地獄裏永不超昇呢！我有那麼大的膽子，開自己的玩笑嗎？不過，我給你們講有什麼用啊。

所以白骨觀成就，這個氣脉一念之間也成就了，今生就不怕了。譬如以男性來講，「精」一生起，男性的感受與漏失，比女性更明顯，但也是一樣。如果觀這一部分白骨，這些腸子、肌肉的機能都沒有了，換句話說，它的作用，帶質還有生理、物質的作用，都沒有了。你這部分的白骨架一觀起來，那個生殖器官都融化，於白骨變成光了，精也化掉了，欲也化掉了，然後白骨再一化光，你那個精、氣、神就都變成光了。那麼辛苦教你們，恨不得跪在你面前教，但是你不聽話，你自有主張。

有人說，觀肋骨以下，盆骨以上，一觀空，尤其五臟都觀空了，肺啊什麼都沒有了。實際上白骨一觀空，就是把我們生長起來的精、氣、神這個營養，都吸收到白骨上去了，地水火風都歸到白骨的地大上了，然後定住在白骨的地大。定久以後，真的定住的人，你不修氣，也自然不呼吸了，所以，那些要靠閉住呼吸做到定住的，是個笨法子。在你一定住，一充滿以後，你把意境上一帶，不是第六意識，是第七識的意境一帶，白骨就發光了嘛，就流光了，一片光明就出來了。在光明中定，這個時候就不要觀了，因為白骨已經化了，變成光了嘛！你說白骨修不起來，那很簡單嘛，就像打七的時候，焦先生報告說，他開始的時候也是修不起來，他覺得自己躺在那裏，想到自己有一天氣不來死了，算了，於是自己的肉開始爛了，慢慢變成膿了，變成水了，化了，白骨就出來了。他這個路線走的是對的。

這樣子一來，三脉四輪自然具備。那麼樂由精生，白骨觀真能修起來，不要走密宗的三脉四輪的路線，自然得樂。像劉老師觀白骨，這兩天效果出來了，但是光化不出來，都是霧，她的風濕太重了，她在夢中忽然參悟到：白骨怎麼不能發光，都是霧啊？大概等到風濕好了，光就出來了。對的！完全沒有錯啊！若是說完全觀不起來，非不能也，是不為也，不肯啊！你要曉得觀不起來，是自己有一個下意識，那就是佛說的「貢高我慢」。什麼叫貢高？自己認為自己聰明，比人家高一點，叫作貢高。我慢不是貢高，而是：我的意見就是這樣，我偏不理這一套，我認為是就是，這就是我慢。貢高是貢高，我慢是我慢，不過貢高的人必定我慢，我慢的人必定貢高，自然就看不起一切。表面上謙虛，嘴巴上甜，都沒有用，就是這一套，一看就曉得了，那些都把自己擋住了。

你一定就觀得起來，再觀不起來，你就買一個小骷髏放在前面好了。等到這個印象固定以後，這個念一回轉來到身上，它就起來了。達摩禪師有一句話：「一念回機」，回機硬是要回轉來，像機器一樣，硬是扭回來了，那就是孟子所講：「求其放心而已矣」。你們不能回機，就是放出去心收不回來，在外面放逸。我說的這一套話，說白骨觀還超過了這個，那還得了！也只有我講，將來如果我披露出來，佛教界、學密的人，恨不得打破我的頭。但是你們注意哦，顯教、密教是相通的，所以我講的這番話，都是經過艱苦的道途來的，每個法子我都自己親自經驗過，才告訴你們它的利弊在哪裏，不是隨便妄講的哦！你們有這個機會，如果再不曉得修，我告訴你們，我死了以後，你們恐怕還不容易找到像我這樣一個人，是真的不容易哦！誰肯自己一生去摸這個？所以再三勸你們說：修白骨觀啊！又快又好啊！也包括了這些。不過這些我不講，現在不過露一點消息給你們，要真懂啊，還遠呢！

白骨觀還有其他的妙用，白骨觀好了，神通妙用立刻就來了。所以今天有法師問我，說佛的弟子一定九十天，硬要九十天嗎？我說當然啊。先不講九十天，你能夠一定七天，境界也不變，你看看！誰能夠做到一定，一坐不變？至於說我們大家修道，三天打魚，兩天曬網，今天沒有事了，跑來坐一堂，唔！這一堂好，啃啃腳趾頭；下一堂啊，連腳趾頭都找不到了。這和定有什麼相干呢？自己也叫修定，我們這一般凡夫，哪裏有資格談到定呢？這個境界，你二十分鐘都定不住，就變去了，無常遮住了。不過，要想真成就很簡單，你定一天試試看，立刻身心大變，何況定七天下去！沒有不變的。為什麼要七天？七天是一個週期，所以佛的經典記載，為什麼要九十天呢？這裏頭數字有個道理，有個奧祕，極為深細。所以三脉四輪這個法門，絕對是有的。

那麼話說回來，你懂了白骨觀的道理，你用白骨觀來修持，穩當。第一不怕欲念的侵擾，又不怕漏，這樣修以後，再回頭來修，可以嘗嘗調和的法門，用用三脉七輪，成就就快了。三脉七輪真有其事哦！譬如像美國那位呂老太太的日記，她現在已經到達不要吃東西了，就是氣滿了，是自然的。所以只要真修持，氣脉、五陰都是真的，沒有一樣是騙人的事。下面是小字的解說。

「此法乃上師息柔僧哈示蓮花生大士者，今如所有耳傳，指示不可思議之樂明無念」。這個法門是由息柔僧哈，傳給蓮花生大師的，現在代代相傳，經過耳傳，指示不可思議的境界，樂、明、無念。不過，我在學術上始終懷疑，此法與中國道家的文化傳到西藏有關聯，是不是和婆羅門教有滙合之處，這是一個學術大問題，暫時不管。現在我們不講學術，只講修持的方法，所以希望大家先把白骨觀印象搞清楚，三脉四輪，樂、明、無念就好辦了。

第九講

今天研究第五十頁，有關氣脈部分。（編按：先講上次已講的經文）

「第一指示大樂法，如前前行觀之後，三脈柱相四輪中，右白左紅中藍孔」。色身如何轉而得大樂？我們身體平生都在痛苦中，不是這裏痛，就是那裏不舒服；所謂真正得定，真正開悟，證得菩提，在靜定之中一定是大樂的。所謂灌頂，是把上師相應法的基礎修好。人的三脈，像一根柱子一樣，一直上去（黑板上畫有三脈四輪），那是想像出來的，只有到了某一個定境，自會呈現出來。中脈是藍色，像天清氣朗那個藍色，右脈白色，左脈紅色。

「上端梵穴下密處，對臍中脈內阿（ཨ）字，燃火頂杭（ཧཾ）流甘露，四輪身內悉充滿」。嬰兒生下來，頭頂中心會跳動的那個地方，叫梵穴輪；梵穴也可以說是離開這個頭頂上面一點的地方。人身體下面是密處，密處在男女性的前陰與肛門中間三角地帶。其實女性也在這裏，不過一般不講這裏，只講女性密處是在子宮口的部位，原因是女性對於密處的瞭解，比男性氣脈通達更難。然後，對著臍輪的中脉以內，觀想「阿」字，這是觀出來的。然後，頭頂頂輪甘露流下來，充滿了喉輪、心輪、臍輪，這個四輪。加上眉間輪（兩眉中間對準後腦，與兩耳中心）、密處海底輪、頭頂上的「梵穴輪」，一共七輪。

這四輪在身體內部氣脉都充滿了，換句話說，普通走小乘定的，氣脉是不會完全打開的，真正得大定，所謂色身成就的人，法身、報身成就了，要想得神通化身，也要把脉輪打開。

「**樂所遍時心中『謗（ཨཾ）』，『杭』之甘露不斷流，樂力未生中觀修，復次『謗』亦漸細小**」。這個時候，可以發大樂，樂是遍於心中流出來的光芒，頂上的杭字甘露，不斷的下降流下。一般人的修持，當然身體上不會得到樂，轉色身更難了。所以要注意這個道理，就是樂力沒有生出來時，要中觀修。

「**無戲論中住三緣**」，不住空，不住有，不落邊際。一般修心養性，空念頭、清淨，不算中觀，這還是修「空觀」的初步，因為空不了；其實得了真空，還只是一半，要曉得修妙有；得了真空妙有還不算，這還是兩邊，再進一步「非空非有」、「即空即有」。

「**此法見性樂生止**」，對於顯教禪宗祖師所標榜的明心見性，很多只是見到「法身」的一面，「報」、「化」二身沒有成就。比如儒家的理學家修身養性，乃至道家修清淨法門，也都是只見到一邊，也是羅漢的境界；真正的大乘，要法、報、化三身成就，才是真正的佛法，才是圓滿的佛法，所以，非常之難。

用這個修法見性以後，依性起信去修，再轉報身，就能得大樂；換句話說，要想修化身、報身，非修法身見性清淨不可，所以五祖說：「不見本性，修法無益」。這些修法，當然並不一定只是這個修法，但是有關聯。一般道家密宗，先不修見性的心地法門，光修三脉四輪。但是身上的工夫做得好，沒有用，最後落入邪見，走入外道，就有這樣嚴重。所以，真正的修行，這兩方面非常之難，不是那麼簡單。關於三脉七輪的研究，後面再講，先看古人的小字解說。

「此法乃上師息柔僧哈示蓮花生大士者，今如所有耳傳，指示不可思議之樂、明、無念」，得樂、得明、得無念。明包括有相的光明和無相的光明，無相的光明就是智慧，明與暗兩個相對。

（編按：以上是重覆講第八講已講過的部分）

「初示方便之樂者，現有觀為本尊及上師瑜伽之後」，把自己觀成本尊，隨便你觀哪一位，各人有各人的因緣；假定是修準提菩薩，意境上觀自己是本尊，觀想傳法上師、本尊、我，三身合一。這一步講起來只有一句話，做起來很難；能夠做到觀想上師、本尊、我三身合一的話，氣脉已經通得差不多了。話是那麼講，修起來很難。

關於三脉七輪

「即頭頂明現大樂輪，脉瓣三十二」，要觀本尊及上師，修瑜珈境界之後，頭頂現出大樂輪，有三十二根。在脉輪的横斷面，看到有三十二根脉，從頭頂開始，像雨傘的三十二條支撐鐵條一樣，張開向下，眼睛、耳朵等都在這個脉裏頭。中間是一個中脉，又像一摞絲麻，從頂上抓起有三十二根絲垂下來那樣，包括頭、臉、眼睛、耳朵等等。

為什麼頭頂輪叫大樂輪？大家打坐，都會彎腰駝背，因為陽脉不通。依照中國道家、醫書上講，「頭為諸陽之首」，頭是一切陽氣的首領，所以大家做工夫做得好時，頭就會痛，因為一般凡夫，頭輪的脉根本沒有打開。在頭頂輪真的要打開時，是很痛苦的，年紀越大越厲害，因為腦筋越用得多啊！

或者女性生孩子多啊！或者男性年齡大的，上半生的透支太多。反正不管男女都是一樣，當頭頂輪脉要打開的時候，痛苦無比。甚至有時當頭頂輪的脉通到眼睛的脉時，眼睛也可能失明，如果恐懼，眼睛就真瞎了，不恐懼的話就沒事。到耳輪脉的時候，耳朵就聽不見了，如果懂的人，那時一念清淨就把它空了，耳朵反而更清明，可以聽見十方聲音。如果吃藥亂搞，耳朵就完蛋了。

像有些人鼻子敏感、發炎，脉到這裏的時候，鼻子就出毛病，懂得道理，懂得修持，不起恐怖，一下就過了，原來的宿病也好了，五官的功能更會增強。所以，修行是非常難的，不僅要懂學理，世間、出世間、醫理、佛理任何理，好的壞的都要通，真是要上通天文，下通地理。上面能通聖人的境界，下面最下等的畜生、地獄眾生，沒有哪一種學問不通，才能成就為一個大聖人。所以一般凡夫都是狹小的心量，得少為足，修了一點點以為了不起，結果都是這樣。禪宗祖師罵人「悶瓜老漢以有如此之去也」！我們假使看語錄，祖師們常有幾句土話，實際上那是唐宋的俗話，拿現在的話講：「你這個滾蛋，就這樣滾下去了」，這是感慨之辭。

頭頂輪的脉打開了，才能發大樂，才能覺得快樂，打坐才能舒服，得快感了。所以大家現在胸襟儘管寧靜，修持好了一點，哪裏能夠得樂呢？得樂談何容易！西方極樂世界的「極樂」很不容易啊！那要頭頂輪三十二根脉打通，統統空了，才能得樂。但是話說回來，頭輪脉要怎麼樣打通呢？要下面四輪，乃至於說下面五輪都通了以後，才通頭頂輪的。這談何容易啊！我曾大聲疾呼告訴你們諸位，學佛要注意四加行——煖、頂、忍、世第一法，頭頂輪空了以後，那只能說是到了四加行的一步，還沒有到無生法忍。即使得到煖、頂、忍、獲得世第一法，還沒有超越世間，沒有超越三界，修行就有如此之難，要注意！

「喉間受用輪，脉瓣十六」，喉輪，道家就叫作十二重樓，因為喉部骨節有十二個。女人看起來好像沒有喉節，因為她的骨節是向內收的，男人是鼓出來的。喉節這地方的脉輪，道家叫作生死玄關；喉輪的脉通了的人，生死會了，怎麼了？就是生來死去，不會受這樣大的罪。所以，古來的祖師說：「兩腿一盤，走了，再見」。諸位注意，有許多年紀大或年輕的，喉輪聲音不好，治療不好，那是你喉輪的脉有問題，非要經過修持不能解決。人活著的時候，喉輪脉不通，一生的煩惱業力重，病痛的苦難也重，以修道來講，生死有沒有把握？毫無把握。喉輪脉不打通，就有這樣嚴重。

喉輪脉下來一直到胃，到臍，普通講右邊是食管，左邊是氣管，所以，我們看到京戲，那些忠臣自刎（自殺），寶劍一揮，劍一定在左邊，左邊氣管一拉斷就完了。有一個學生畫畫得很好，可是把這個畫錯了，我說：「向右邊自刎，不會死的，這叫潑婦耍賴，我要死！我要死！我殺給你看，永遠殺不死；如果向左輕輕一拉，就完了」。

我們兩個鼻孔，左邊管氣，左鼻不通嚴重；右鼻不通就輕一點，所以你們最好到醫院解剖室去看看，學醫的人就容易搞清楚。再說我們的食道管，經常不乾淨，就像玻璃杯裝牛奶，牛奶喝完了，牛奶渣滓還掛在玻璃杯上，不洗不刷不行。我們一天到晚吃東西，食道管也有些東西粘在上面，像陰溝一樣，所以修道人食道管一定要清。我現在把經驗告訴你們，這是祕密，我現在一天喝兩碗稀飯，稍稍多吃了一點，馬上報應，就咳嗽清理，清出來就舒服了。許多人咳嗽得厲害，找我拿藥，有些我曉得是胃消化不對引起咳嗽，並不一定是呼吸系統受涼，根本是胃受涼，是胃的消化不良。因為我有經驗，胃藥一下去，包括呼吸氣管立刻好了。所以你們要把這些都搞清楚，這都是祕密。

喉輪的脉管，就是道家講的十二重樓，從喉輪的脉管到胃上的脉管，打通之後，這個人已經沒有妄念了，妄念不必除自然妄念清淨。你說沒有妄念，這個人難道像死人不會做事嗎？他有思想但妄念沾不住，是自然的，「事來則應，過去不留」。所以，喉輪叫作受用輪，「受用」就是吸收營養，以修道來講也就是受用。喉輪現在來講，包括喉部的甲狀腺、荷爾蒙，就是「現身受用」，感受光明清淨最為靈敏。

我們頭頂輪真打開，你那個「杭」字一動，自然甘露下降充滿了。

剛才講頭頂輪三十二根，像雨傘一樣撐著，喉輪是倒過來十六根脉，從胸腔部分，到肺部共十六根脉。喉輪氣脉連通上面頭輪中間的腦下垂體，腦下垂體的分泌液滴下來，也就是「甘露」，從這三十二根脉管中心滴下來，下到我們喉輪的脉管，舌頭往上面一立，承接上面頭頂輪管子下來的「甘露」。這些非常詳細，所以，平常與你們談沒有用，現在講了也是一樣沒有用。你們諸位大菩薩，沒有一位變成小菩薩，到這樣境界的還沒有，只能說，現在只要曉得，有這個知識就好。

「心法輪，脉瓣八」，上下脉輪接上了，跟著下來是心輪，心輪叫作「法輪」，八根脉。你看心臟，或者到圖書館，看死人的內體都有，那個心臟，你仔細算，其實有八塊肉就是八瓣，所以，真到了悟道時，禪宗講的，「碰」

的一下，開悟的人已經心脉打開了，脉解心開，心物一元。真正悟了的，心脉一定打開，是八瓣蓮花；換句話說，心念一清淨，絕對達到空的境界，這就是忘我，心脉的脉輪打開了，心脉八瓣，又是雨傘向下的形狀。

「臍化輪，脉瓣六十四」，「臍輪」包括丹田，叫作化輪，一切變化輪，人類男女媾精，才變化生出人來，一切生生不已，變化不已，包括兩個腳底心，腳趾邊都在內。兩腳像高麗參之鬚根，所以，我們打坐兩腿要盤攏來，二鬚根合結攏來，氣脉可以回轉。臍輪這部最複雜，男女都一樣，一直到肚臍，包括腎上腺的荷爾蒙，女人包括腎、子宮、卵巢；男性包括睪丸，生殖器等等，一共六十四根脉，呈傘狀倒轉來向著心輪。

頭輪、喉輪、心輪、臍輪這四輪，在身體內部，結成二重寶蓋。所以，塑的正統佛像，外形一定細腰身，等於現在選美女一樣，三圍很好。再說當你工夫做好了，喉輪自然打開，心胸自然挺起來，腰自然細，這就是正統之佛像，中國道家葫蘆兩重也是一樣。中國唐宋以後塑的大肚子佛像，那是不合理的，所以，修持做工夫的人，肚子越大，毛病越大；如果工夫做得對，腰一定瘦細，但氣充實。

脉輪的道理細得很，臍輪又叫化輪，有六十四條，那還是粗的，真正講起來，身體地水火風四大部分，各有一百二十脈，共有四百八十脈之多。更細的脈有八萬四千條，包括了神經、血管，乃至每個毛孔都有氣脈，這個是人體的大奧祕。現在中西醫還沒真能控制人體的奧祕，永遠也不能，很難，非常之難。人體的奧祕，如果自己能夠把握住，可以留形住世了，這是有道理的。人身難得，懶得再去投生一次，就把這個肉身把握住，形體留住，不是不可能的，但是，要把這些都懂了，又能修持到位，真是很難很難的。這是講三脈四輪。

這四輪再加上梵穴輪、眉間輪、海底（密處），一共七輪。眉間輪一旦打開了，開眼閉眼，都是一片光明。所以佛像眉間之處，塑有一顆白的圓珠，就是這個道理。當然三脈七輪統統要打開，第一步最難打開的，就是臍輪，又叫化輪，道家密宗，喜歡修丹田拙火，這裏打開了才能起變化，像電梯一樣，一步一步上昇，一昇一降，這個同物理一樣。就像種子種到泥土中，慢慢發芽長大，都向上昇；人的身體也是一樣，所以佛用蓮花來比喻，蓮花的種子慢慢爆出芽來，芽粒子向上伸長。但是，我們凡夫修到臍輪能夠打通的，已經令人頂禮膜拜了，因為不管男的女的，在臍輪將要打通時，都會漏失菩提，精氣神已經漏了。也就是說，當你有點修持，臍輪脈充實了以後，不論男女，欲念就來了，來了以後，沒有辦法轉化，自然就喪失菩提，於是就在此中輪迴。至於欲界的下三道，始終在這裏輪迴，上升不了，上升一點工夫都做不到。所以，臍輪脉打通以後，慢慢上來到心輪，才能打通，才能見性，脉解心開，見到空；見到空性以後，再上升修受用輪，報身的生死玄關才能破。生死玄關一破，再上升到大樂輪，頂脉打開了，色身才能完全轉化，成就了報身。

一般人修持，不懂這個，也不講這個，尤其修淨土或搞禪的，固執得很，你講這方面，他說你是外道。其實，他什麼道都不懂，結果，自己心裏不但拒絕，而且，他已經種了惡果的因。所以，我不太喜歡跟人講，怕人一起反感之念，種了惡因，寧可慈悲他，不給他講，何必使人種地獄業呢。一切眾生我見太深了，實際上生命的奧祕，不是那麼簡單。當然，表面還是跟你們講一點點，實際上，道理深得很，同般若性海一樣深不見底。如果生命的奧祕，輕易都學會了，都懂了，那就不必說諸佛菩薩偉大了；換句話說，我就沒有得玩了，否則怎能騙你們諸位那麼長久！可見裏頭有很深的奧祕。更何況，這還不是騙呢！所以，要曉得懺悔，要曉得慚愧，世界上任何一尊佛，都不是那麼簡單的，尤其身心性命之學，你們學了一點點小境界，認為這樣就是了，那我只好付之一嘆，因為太可惜了。所以，要知道珍重自己，不是尊重我，要知道學了以後去修持，所謂無量法門誓願學啊！不是那麼簡單的。

「其中如屋柱之相，右有『若馬脉』白色，左『蔣馬』紅色，中『滾大馬』藍色」。關於三脉，等於我們身體是一個房子，三根脉是主要的大柱子，右邊的脉，藏文叫作「若馬」白色的。你現在不知道，要到脉輪打開才呈現；所謂白色，是像母乳或牛奶一樣，自然的乳白色。左邊叫「蔣馬」紅色，中間「滾大馬」藍色，梵文翻譯我們不去管它，我們只叫左紅右白中藍，藍是天青色。

「上端達到頭頂，下端至於密處」。三脉以中脉為主，到頂輪，乃至頭頂上，如果中脉通了，恢復到嬰兒狀態，那個頂輪上的跳動，上通天上；梵穴輪上與宇宙相通，就是與「天地同根，萬物一體」。這個時候，才夠得上談孟子所講的：「養浩然正氣，充塞於天地之間」。我們現在自己的三脉七輪還談不上，四輪根本影子都沒有，不過，大家修行，是七輪以外的一輪，叫作楞頭楞腦輪。

到脉輪呈現時，要頂禮哦！更要曉得這還是第六意識境界。我們現有的身體，也就是現有的意生身，是意識的境界。成了佛的化身，成就了圓滿報身，那才是真正的意生身。所以，曉得意識之偉大。大家學過唯識的，應該還記得玄奘大師的意識頌，意識的作用概括三界，「三界輪時易可知」，欲界、色界、無色界，整個三千大千世界都是意識之變化。阿賴耶識為「識」的體，「識」的用為第六意識，意識可以成佛，可以成凡夫，可以在六道中升沉，所以，意識是這樣厲害。三脈四輪，還是在意識境界，可是，那是昇華了的意識境界，講他有身體也可以，講他無身體也可以。再進一步，三脈四輪隨意識能夠轉化，世間的緣盡，不想再留了，意念一動，化一道七彩虹光就消逝了。

「特別觀中脈漸大，如麥管許、如箭桿許、如取乳筒許」。目前我們沒有成就，當然是意識假作觀想，如果單修中脈之觀想，觀成一根柱子一樣，從海底中間上通天，下通地。《西遊記》寫孫悟空神通大，在龍宮取走定海神針，充天塞地，把宇宙空間充滿。所以，講中脈這個道理，初步修中脈，先把身體空掉，只管自己有個中脈，這個中脈就是宇宙那麼大，色身就有宇宙那麼大，也可以慢慢心寧靜，慢慢縮小，越縮越細，最後細得像看不見的灰塵那麼細。開始或者觀如麥管那麼大，或者慢慢放大，像箭稈那麼大，再慢慢放大，如取牛奶的筒那麼大。

「最後，身完全成中脉自性，細薄明亮，心對住其中而定之，即得心入何處脉，皆唯出現中脉功德之關要也」。最後整個肉身變成一中脉，如天青色一樣。這是用觀想的修法，已經沒有肉體的觀念，中脉細薄的，光明透亮。那麼用意識把肉體轉變化成這樣以後，意識中間的念頭，不管你中間是觀想準提、觀音菩薩，或阿彌陀佛，不要變來變去，個人守定一個本尊。本尊就是根本，不要變，不能今天修準提菩薩，明天又改成觀音菩薩，那就是魔障，故意使你有分別心，覺得這個好，那個不好，那已經在起計較心，像作生意一樣的。換句話說，這無形中已經墮在細微的散亂，自己不知道。所以，本尊一觀定了，一動也不動，或者不觀本尊，一念空靈，住在中脉的中心，這樣定下去也可以。「皆唯出現中脉功德之關要也」。這樣的修持，你的心念一注意那個脉輪，脉輪立刻起一個偉大的作用，要隨時保持這個樣子，這是一個要訣。另有注解你們自己研究。

中脉和拙火

「如是中脉之內，在臍對直處，有短阿（ཨ་），如火形相，僅髮尖許，燃如馬尾之火」。這就是丹田這裏發出，普通叫拙火，或者靈火，道家就叫作丹。為什麼把火一樣燃燒的煖氣，翻譯成拙火呢？因為這個火很笨，拙者笨也，平常沒有感覺。我們平常太用聰明，妄念多，妄念一旦消除，人似乎變笨了，拙火就清明起來，變成靈火，又叫作靈力。看到人得定了，像半個死人，也像白癡一樣，妄念都沒有，好像什麼都懶得動了；外人看到是笨笨的，其實裏面生命功能，更靈明自在。拙火變成了靈明，裏面就發煖，女性子宮部分容易發煖，但是一發煖、發樂，男女都一樣，趕快要轉變觀想向上走，不然，第二個作用就來了——漏丹。這個時候，尤其青年人，遺精或其他行為種種都來了，沒有辦法可以控制得了。真的拙火發起，力量大得很，不是你理智可以對治的。

這裏告訴你，身心是一體的兩面，有時候自己那個功力，真是沒辦法應對，非要懂理不可。這時能回復到本體大智慧的功能上，就自然慢慢轉化了，所以，我始終告訴諸位，成佛是智慧之學。他說這個拙火在丹田發起的時候，感覺上、觀念上，開始一點火只像頭髮那麼細，然後星星之火就可以燎原。那一點火星燒起來，可以把一座大山，乃至於整個宇宙都可以燒得掉。所以，這裏丹田的拙火真生起來，慢慢融化一身，全身得煖，把你所有的脉輪、業氣都轉化了。父母所生，乃至多生所帶來壞的業力習氣，統統被融化了，生命之色身，重新再造，所以道家叫作脫胎換骨，不是假的。

我們這個課程，都是為了專門修持的，不過大家聽了，會把這個法門拿去送人情，那不過是結個緣而已！你們不要認為自己已經學過大圓滿，也懂了拙火，也修道三個月，怎麼還不發煖？那不是電熨斗，立刻會發燙，而是要專修的啊。四十多年來，我的很多東西都丟了，只有這個留著，繼續了幾十年。算算這個帳，你們才搞了幾天，而且大部分的時間還在打主意賺錢呢！又想這裏賺到錢，那裏賺到拙火，世界上好的都給你占光了，那我不是白幹了嗎？所以千萬要記住，這是重點專修的事，專修硬是出世法，要捨棄世間的大部分。你們有緣聽了，不要傻傻的認為，自己這兩天如何了，你這兩天打兩個坐又算什麼呢？這能算修持嗎？也不過是練習練習而已啊！我這個話是對在家，也對出家講的，都一樣哦！並不是說你們出家人，穿了這件衣服，就會生起拙火，不可能的。

這一點拙火像頭髮一樣一點點，然後慢慢燃燒大起來，如馬尾那麼大，那麼粗，火星上升，一直上來。上升以後，要懂得一個重要的道理：太陽的光能照到地球，地球吸收熱能而又蒸發上升，上升到頂，碰到冷氣團便下降了。所以，道家的話，也就是《陰符經》的話：「觀天之道，執天之行」，學道的方法就是這個道理。所以，老子說：「人法地，地法天，天法道，道法自然」，是必然的原理。

「遂觸頭頂豆許大杭（ཧཾ）字，乃降紅白甘露」。到了頭頂轉化成一個白杭（ཧཾ）字，馬上變成精氣津液，紅白甘露下降；白者代表氣，紅者代表血液、津液。人的生命，拿醫學講，為什麼老人咽乾舌燥，津液沒有了，精神也沒有了？就是腦下垂體慢慢萎縮。為什麼打坐時，我特別把你們頭擺正，因為不正會影響腦下垂體的分泌。

這個腦下垂體荷爾蒙的精液，部分下降到甲狀腺、胸腺，一路這樣下來到腎上腺。我們現在借用醫理學、科學來說明，這與佛法是完全相合的。所以，一個人工夫做好了，腦下垂體分泌液下來，口水經常是清涼、甘甜，那個甜與普通的甜不一樣。由於口水經常下降，如果呼吸氣管有痰，胃上有病，自然會處理乾淨；這些塵渣沒有清理乾淨，則容易生病。

此時紅白菩提的甘露下降，「流於四輪全身，特別流入心中青灰色『謗（བཾ）』字，遂想生樂，心不散亂」。由頂到頭，經過喉到心到臍，遍滿全身。當它流到心中的青灰色、淡青色，有一個色相、影像出來的時候，那麼，「遂想生樂」，自然身心配合生出喜樂的境界。所以，顯教講，初禪離生喜樂，喜是心理，樂是生理快感。

「觀樂忽然來時，彼『謗』字漸小漸細，末後消散去，於無所有中心平等住」。這個時候，完全是定生喜樂的心念，這個「謗」字，是心中之境界用字輪作代表。所以，你們有時打坐，眼睛閉著，恍恍惚惚，有天快要亮，微微有光，茫茫然的情景，這類似，接近於那個境界，當然還差得遠。

這個境界，慢慢變去了，這個時候，一切念頭無所有，所謂平常、自然，妄念無所有的自然無住。此心一刀斬平，坦然而住，定住了。為什麼能夠達到這個境界呢？因為修氣、修脈的關係。

「由此方便，斯時極有離戲論智出現之要」。這個方便很難，先要懂得修氣，比如安那般那聽呼吸，那是修氣方便裏的方便，初步的初步。真達到心氣充滿，才能夠修脈；修脈以後，才修明點；修明點以後，才發動拙火，色身才能得到轉變，得到這個境界。

至於修氣怎麼修，修脈怎麼修，都是只講原理，你們不要就認為大圓滿已經學過，怎麼一點效果都沒有？光聽過有什麼用，只是給你們結一點法緣而已！這些學理，你們只是知道有這麼一件事，談修持還早呢！大家要好好的修，學佛不是道聽途說幾下，不是那麼簡單就行的。他說：這個修氣修脈的方便法門，「斯時極有離戲論智出現之要」，到那個程度，各有不同現象出現，就要曉得一切法門是空的道理，這種離戲論的智慧很重要。

現在我們曉得三脈四輪是這樣的，大概修到三脈四輪都打通，起碼要三年到九年的時間，加上中間一切沒有障礙，才可以一直修下去。所以福德資糧、智慧資糧的具足，更顯得重要了。如果沒有福德資糧，沒有智慧資糧，理上又不通，就不會成就。況且氣脈部分，要想打通三脈四輪，要各種理、各種法門、各種事，都要融會貫通，才有一點希望。你說禪宗不立文字，一法都不要，請問，禪宗成就的有幾個？你說六祖，有幾個六祖呢？六祖成就了，能代表你也成就嗎？修行不是那麼簡單。所以，這些都要知道。

白骨觀之妙

但是，我告訴過你們修白骨觀，為什麼？這是我把密宗裏頭的密法形式敢於推開了，因為我自己學過、修過這個，成就這個，然後推開這個；你們不能盲目推掉，大家隨便毀謗法是很嚴重的。如果說因果是看不見的，而不信因果的話，那試試看吧！沒有一個謗法而不受果報的；一步一步的受果報，多可怕啊！大家自己沒有檢查到。

釋迦牟尼教顯教的時候，不講這個部分，因為末世眾生，業力不同之故。我與你們相處有一二十年，平常不太願意講，只有這一回比較肯講，也是一次而已。其實不是我肯不肯傳，而是你本身有沒有構成法器。佛說，自己不構成法器，就像個普通的杯子，獅子奶一倒進去，那杯子就爆炸了。所以，我把大法告訴你們，你們反而生起不信的惡念，那已是非常大的罪因，何況因此起謗，更是不得了的重罪。

現在正式告訴你們什麼呢？這個相當重要，但是這些脉輪，在饑餓，細胞融化了以後，變成什麼呢？當然變成骨頭，就是白骨。白骨上面有沒有氣脉呢？沒有，所以乾脆修白骨觀就好了嘛！很簡單，免得麻煩。其實，你們在家、出家都很犟的，叫你們修白骨觀，你們開始信不信呢？不信。過去是翹起嘴來聽，為了老師在教，沒有辦法不聽；實際上一般學佛的人，是不肯用頭腦，不肯用智慧去參究的。《禪祕要法》不是告訴你嗎？你觀的時候，白骨一觀起來，會不會得煖呢？（眾答：會）

比如蕭太太去年年底，為什麼她一觀白骨，腳趾頭就發煖呢？煖不是拙火嗎？可見此法比那個（拙火）還要高，其實成效則一，只是佛不把這個原理告訴你，所以，變成禪祕了。這也是祕中之祕啊！為什麼不肯去修呢？況且這個法門，還不亞於密教的法門，密教還要受灌頂，還不准人隨便參加。而白骨都可以公開講，並且白骨一流光以後，自然會得樂、明、無念。你說《禪祕要法》中，佛有沒有講到修白骨會發大樂？你們都聽到了，真能記得的話，好好修持求證，樂、明、無念馬上爆發。這個道理是什麼呢？現在人應該懂得，很簡單，地水火風四大，細胞，荷爾蒙，是水大，拙火是火大的功效，氣脉通了是風大的功效。這四大所依的是心，白骨地大是基本。白骨一觀成了，然後意境意念一轉，白骨流光，樂、明、無念，氣脉也都包括在內了，現在原理懂了沒有？

所以，你們再不修，我有什麼辦法！我侍候你們諸位，都像對我的爸爸媽媽一樣，不管你年齡大小，我都是這樣誠心的真的在侍候，希望大家成就。可是，我也同大舜一樣，這些「父頑、母嚚、弟象敖」，搞得我這位孝子也沒有辦法當，所以，多可憐啊！現在一比較下來，就懂得這個祕密了。我可以絕對告訴你，這個祕密千百年來沒有人講的，這個法門有這樣的妙。然後，你把白骨觀修成，白骨流光修成了，《禪祕要法》告訴你，白骨修到後來白骨沒有了。所以，你們天天想成就，沒有一個人把《禪祕要法》反覆研究清楚的，甚至一次都沒有看過，自己在放逸、懈怠，犯多少罪造多少業！白骨流光修好，修空觀，自然把它空掉，就沒有身體了；此身都不存在，感覺也都沒有了，哪裏還有氣脈？此其二。

再說回來，白骨流光修成了以後，身體一轉，氣若有若無的存在，三脈四輪，也就統統一起成就。我傳了你們無上密法，無上禪法，當然，我沒有照古代的傳法。現在到了晚年我才後悔，我深深發現佛教的教育道理，如果給人這樣的方便，人們就輕法放逸，後果非常不好；不但不能救人，而且犯了「博學多識」的毛病，反而跟著現代走，拍年代的馬屁，也就是學者的法則。事實上，應該嚴肅的看待這樁事，不管現代人觀念怎麼變，思想形態怎麼變，應該以非常莊嚴隆重的方式進行才是。不來學的就算了，這樣對那些來學的人或者會有好處。所以我現在覺得，幾十年做的反而不對了，因為跟著時代走沒有用。這是我到今天為止的感想，至於明天以後，會不會變不知道，也許明天看法又變了。

這一段講到三脈四輪，修大樂法之重要。當然，這些都是屬於單修的，至於雙修部分，在戒律裏更深更難，不要亂去妄想，沒有用。實際上，你修白骨觀自然就會得大樂。三脉四輪大概介紹到這裏，下面「又指示出現空樂光明自相者」。

復次皆離言說心，現如空境去染心，即是空樂光大圓，自性難思之法爾。

這同禪宗一樣，「碰」一下，明心見性，密宗這個路線是先修身，後修性，因為，氣脉不修成功，感受的障礙太大，受陰引發妄想不斷。我們拿事實來反省、求證，諸位打坐做工夫，修各種法門，都有很多年了，自己搞了半天，每次打坐都在那裏搞感覺，這裏不舒服，那裏舒服，困在受陰境界。受陰會來，因為有四大五蘊的存在，所以這個習氣來了。假使修白骨觀修成了，立刻轉化受陰，因為白骨沒有什麼感受；你還有感受，這裏通那裏不通，那是你執著在五陰。肉體不是白骨，是四大的粗相，因為，一有感覺，雜念妄想就永遠停不了。

前年叫你們注重五陰的解脫法門，色——四大包括這個色身；受——受陰，感覺、感受；想——思想；行——行陰。這其中包括色陰、受陰、想陰的不斷，都是行陰的作用；識——識陰，是與想陰連著，想是識的變化。受陰是色的變化感受，色、受兩個連著，想與識陰最後一個連著，行陰則有普遍之流動。

如果行陰不行了，停止了，寧靜了，色受就清淨，識裏頭就安詳了。所以，我們都是在色身上做工夫，做了半天工夫，色受不一定清淨，色受念念生滅不停，我們每個細胞，每個肌肉，新陳代謝，無始以來都在變化中，結果工夫跟著色身而轉，那有什麼用！

所以，像道家、密宗這些法門，我都學過，學了以後，又一切都放下了，為什麼？這些法門非常了不起，真的很恭敬誠懇，頂禮膜拜。這法門對某一類人是無上大法，但是以上上乘根基來講，是渣子而已。可是，諸位要知道，你自己是否屬於這個根器，如果沒有到，還是從白骨觀來。密宗走的路子，完全對，先把受陰色身轉化了，然後再漸修，見了空性才是真的。中國宋元以後學禪，多數變成狂禪，以為自己理懂了，認為就是這樣，上不見佛，下不見眾生了，乃至上無師承，下可以超然而獨立。尤其今天的佛法，全世界越是都看到，我越想閉關，因為不忍心看，不想看。所以這些法門，特別要注意。

現在他說由三脉四輪，變大樂以後，色身障礙少，其次告訴你，皆「**離**

言說心」，明心見性了，此心無文字無言語可表達。明心見性的境界，色身沒有障礙，念頭裏面「**現如空境**」，自然呈現的心境一片，如太空一樣，呈現出來自然空了。下面三句用得很好，空了以後，「**去染心**」，去掉了一切的污染心，所謂嫉妒心等等不好的心態，都沒有了。

去掉了染心，就等於「心如明鏡台」，一塊大鏡子擦乾淨了一樣。當然進一步，「明鏡亦非台」，那麼在空的境界，心如明鏡呈現了以後，應該「**空樂光大圓**」，空而得樂，身得快樂。但是，色身有個快樂就是污染，也不可執著，這樣就沒有污染了。頓悟自性本來光明、圓滿，「**自性難思之法爾**」，認清楚了自性不可思議的境界，法爾如斯；這個法身本來就是佛，法爾如斯。

空樂的修法

「若無緣觀修於樂方便，則與彼相合」。在密法裏面，包括了密宗之方便，心要觀想，心與所緣樂合一。換句話說，叫你們修有緣觀，可以得樂方便，這在西藏密宗，是沒有辦法的辦法；因為身心得樂，在樂的境界上，立刻要跳出來很難的。那麼在我的主張，最好是修白骨觀，可以直接超越。

「因身心樂故，心離聚散之自性，自然淨明，如天空顯現無礙通達，此乃顯出空樂光明大圓滿，自然智慧之自面也」。這個時候，要注意，自心當中，沒有聚，也沒有散亂，不執著，自然淨明。自身本來清清淨淨，心脉打開，如天空呈現在你的前面，一切無障礙，這就是光明大圓滿，智慧的本來面目。

「如祕密明點云：大樂金剛不思議，光明天空之自性」，如《祕密明點》上說，那個時候所呈現的，是光明之自性，猶如天空一樣，這是講明心見性的方便法門。實際上，一個人在大喜、大怒、大恐怖，或突然受到一個驚嚇之後，很容易呈現這個境界。還有，像有點酒量的人，喝到剛剛微醺，稍微有一點酒意時，不喝了，那時特別清明，光明呈現。密宗與道家一樣，是可以喝酒的，喝一點酒不算犯戒，有許多人一喝就糊塗，那就不可以。

那麼，這個道理在什麼地方呢？人性自然的規律，等於一個物理的作用，突起一個高峯，之後，自然走入一個低潮，自然平靜。也就是《易經》上的道理，「無平不陂，無往不復」，一個高山翻過以後，下來一定是平原，很遠的平原以後，慢慢又起峯巒、高山，也是一個自然的道理。所以，觀察了自然界的物理，植物、生物、動物，以及各種宇宙的變化，自然可以明白如何超脫，如何學佛，如何修法。

「又示如是修觀其功力之次第者」，修此觀行，其力有四種功德。

修此觀即力有四，所顯一切皆樂現，晝夜不能離樂境，貪嗔痛苦心不現，生解妙法文字慧。

修這個觀的法門，修氣脉修空樂觀，所呈現出來的一切，皆是樂的境界，無所不樂。真的修到了這樣的境界，當人家罵你、整你、冤枉你，乃至於打你，都是快樂的；沒有仇恨心，更不會起嫉妒、懷疑人的心。面對真的仇人，都會有大悲心之慈愛。所以，佛經上說的，對一切眾生起大慈悲，理上講講可以，一般人是做不到的，因為心性的修養不夠，沒有這個工夫，起不了大悲心，那都是「空話」。所以見地、智慧、福報，非專修不可，戒與慧都從定來，修定就是修福報。換句話說，你福德資糧不夠，不能得定，光求自私，光想管自己，你縱然得到定，也是凡夫定，不能進入如來大定。因為，福德資糧不具備，不肯改變心行，貪嗔癡慢疑的心，樣樣俱全，所以修行有如此之難。多做一分功德，多轉一分心行，惡的行為天天減少，善的行為天天增加，無處不是在做功德，福報才可能增加。

人得定以後，才有三禪天之樂，得定以後，就可以得樂。人生在快樂當中，是多大的福報啊！我們哪有資糧享受快樂中的福報啊！一切只在煩惱中。所以要參究，好學深思就是修慧，好學而不深思有什麼用？況且有些人學而不思，看也不看。拜託你們看，拜託你們念，結果東搞一個意見，西搞一個意見，就搞起來了，以為只是名辭，就造了（不好的）業。業就是這樣造的，以個人的意思，妨礙了別人的去路，就造了業，還以為自己沒有做壞事。學佛學久了，起心動念，有如此之可怕，你以為那麼容易嗎？那麼容易我早成佛去了，還會坐在這裏陪你們玩嗎！所以啊，要注意這個道理，

得到定生喜樂的時候，「**晝夜不能離樂境**」，捨開了當然要重新回來，很快的回來，但是，有間隔性就不對了。這個時候貪嗔癡慢煩惱的心不現，妄想沒有了，「**生解妙法**」，智慧開了，得了這個樂，智慧就開了，一切難解之法，不懂的統統都懂了。有人說：我打坐坐那麼久，經典也看不懂，記憶力很壞，所謂定能生慧，我怎麼都沒有慧？你打坐那麼久，你是在那裏敷衍啊！你那個坐是得樂嗎？是熬腿，腿都還沒有熬下來，還能入定？你那個叫定的話，山上的石頭都算得了定，那是不通的。你們工夫做得好，真定是

得樂的，得樂以後一身發煖，氣脉自然通了。煖頂忍，身體煖，心行也煖，貪嗔癡慢疑，這些壞的污染之心念，轉化了，不再剛強。有些同學剛來，意見犟得不得了，不能跟他們講，只好一笑。我要是上了這個座，我就肯講出來，但是你們卻說我是罵人；不上這個座，我對你們客氣，所以都不講，不浪費我自己的生命。

在這個樂顯的時候，才能起無生法忍，起平等之心，起慈悲之念，是自然而然來的，不需要加動力，一切善法自然顯現。「**生解妙法文字慧**」，一通百通。我現在告訴你們，我開始學佛的時候，佛經真看不懂，我哪裏肯花工夫跟人研究佛學？我才不幹，一天到晚志在天下。等我遇到我的那位袁老師以後，拿到佛經，原來是這樣的啊！他好像替我講話一樣，大多都懂了。所以人家問我閉關三年，三藏十二部看完了，有什麼感想？我說好像看一部《紅樓夢》一樣。人家不懂這句話，就罵我好狂啊！當面不敢講，在背後講，因此，我的狂名就出來了。其實，我講的是老實話，哪裏是狂話！就那麼輕鬆容易，原來就是儒家講的：「六經皆我注腳」，那些好像都是替我下注解一樣。而且看得出有的經講的是不了義，這本是了義，這本是方便說法，那本是不方便說法，都看得清楚。為什麼？你只要得這個境界，佛的話是真實語，不會假的，是真的妙法。有人會說：不要研究經典了，等得定以後，深解妙法，智慧自然來。我說那是做不到的，很難哦！要雙管齊下，一邊修持，一邊研究，這樣更快！又是一法。

再看下面的注解：

「由精發達之力，遂顯現境界，晝夜住樂，痛苦不能亂其心」，由於真正開發的力量，天空無礙這個境界就呈現了，晝夜住在樂的境界，這個時候，痛苦沒有了，何況煩惱，更沒有了，都與我本不相干了。

「生三種功力，復由其見自性面目之力，發生特具智慧及堅固大悲等」。見到自性佛以後，生起特別智慧，就是般若通達，自然發生堅固心及大悲心，同觀世音菩薩一樣，大慈大悲，你想不發大慈悲也不可能了。那麼，這個時候，你想求自己不成佛也不可能了。

「又其功德者」，又，修這種大樂法，由樂的發起，附帶有什麼功德與效果呢？

復次再修眼、及通，心現如日無量德，此乃更深要方便。

進一步發起附帶修眼通、耳通、神足、他心通、宿命通等等，這個時候，心境呈現如太陽一樣的，有無量之光明。當然，如何由這個境界起修神通，如何成就那麼偉大的境界，深一步再傳。

「由觀修不可思議空樂法，較前得增上堅固，發生眼及神通變化等功德。復次堅固空明無念慧，如何修法次第者」。這一節叫空樂定的修法，下一次講空明定的修法，空樂與空明不同。

第十講

上一次講了三脉七輪（四輪），關於氣脉問題是最難的，平常大家好像很多問題的嘛！其實一切的修法，修氣脉是最重要的。有問題的話，當眾問，別人也可以聽到，假使很多人分別來問，我費的時間、精神更多，現在為大家一起講，對雙方面都方便。如果沒有問題，我們把修空樂定，修氣脉的，先停在那裏。先講第五十三頁，空明問題。空者就是指明心見性那個境界，所謂見自性空性，明者是指光明。

空明定的問題

第二指示空明法，如前前行明三脉。若、蔣、下屈入中脉，觀其上端對鼻孔。三呼吸氣消病障，緩三呼吸堅碎世，化光入鼻達若、蔣。至中脉內於心中，寸光光圓相溶入。能若干時而定住，上下閉口微放妙，緩徐呼吸極精

勤，其他諸佛等功德，溶入心中不他散，此法心明住清澄。

前面講過的，前行就是受上師的灌頂及選地等等的加行。對前行都明白了，真證到了，更要真正明白三脉七（四）輪的道理。這個氣脉不是血管、神經哦；但是神經、血管是屬於氣脉的。這些理都要先懂才能修。不要像現在很多人，隨便講氣脉，好像自己身體裏頭有幾條水管一樣，那根本就錯了。

「若、蔣、下屈入中脉，觀其上端對鼻孔」。如果前面講的工夫都做到了，明白了三脉，**「若、蔣」**，就是左右兩條脉，從鼻孔這裏開始，乃至於說左右脉到頭頂中間，這兩條脉會合結攏來，都以中脉為主。身體上的一切，皆以中脉為主，由海底一直到頭頂，是以這個中脉為主體的。譬如莊子講的，「緣督以為經」，以督脉為主，督脉就是背脊神經上來，到腦下眼處，但是督脉還是依附在中脉而生。

可是中脉呢，不像其他的神經脉管那樣，看得見，它必須先要練習氣，當養氣的工夫到家了，中脉才能夠打開，而左右兩條脉都入中脉，到了頭頂心。這個頭頂心在哪裏呢？每個人的額頭高矮不同，各以自己前額的髮際為標準，用四個指頭併攏橫量上去就是了。頭部中脉這樣一個轉彎就到鼻孔，我們現在看人體的骨頭模型，上面頭部的顱骨有八塊，也叫天靈蓋，裏面就是像漿一樣的腦髓。

在前額（師指眉間），我們看畫的菩薩，有一隻眼睛，氣脈工夫到了，也打開了，透光的，這個脉下來對到這個鼻孔。

「**三呼吸氣消病障**」，如果能夠懂得練習呼吸，就是我經常教你們的九節佛風，大家沒有好好學，也沒有好好練習研究。你們都是鼻孔弄三下，吸呀吐呀，以為都學會了，就再也沒有人問；那麼我也不需要好好教，教了也不懂，豈不是浪費。

所以真懂得「**三呼吸氣**」，九節佛風只要練成功，一定祛病延年。我不是經常講嘛，鼻子自己的，空氣不要錢買，結果還是不肯練，那還學個什麼呢！最好有人幫你練，弄個打氣筒，套在兩個鼻孔上，然後一天到晚有人給你打氣，恐怕還覺得麻煩呢！也要叫人少打兩次，所以怎麼會修得成功。

如果九節佛風修通了，左右鼻脉管通了，能夠消除一切病障。可是你說九節佛風你也在做，怎麼還是有病呢？因為你根本沒有做通嘛！鼻子氣隨便吹兩下，就算做了九節佛風，那才叫笑話咧！九節佛風如果真通了，氣到了身上哪一部分，統統知道的。

上一次我們講空樂大定的方法時，說到九節佛風做通了，氣脈打通了，妄念也空了，發樂了，空樂發起，才講空明，等於修神通了。

「**緩三呼吸堅碎世，化光入鼻達若、蔣**」。練九節佛風這個呼吸，吸進來是細、長、緩；呼出去的時候是粗、短、急。這樣一來，嘿！你不要看這個工夫簡單，如果練到了家，那個堅固力量，就是孟子說的「浩然之氣」，可以把這個物質的世界、地球轉變，就有這樣的功效。佛法天臺宗，叫你數息、隨息都是練氣，數息、隨息仍是氣功的皮毛，真練下去時，練到了成真氣、真息，念跟息兩個都空了，那個時候，氣把整個色身四大，統統化掉了。

其實你們平常打坐，不一定用指頭按鼻子練氣，當然練氣的時候，胃是要空一點的；平常練氣停息，小腹一定是內收，慢慢一口氣一口氣的數，心念跟呼吸配合。最後，到達了不呼不吸，全身的毛孔，自然跟宇宙的光明配合在呼吸了，因為兩個鼻子這裏的脈通了，不是鼻孔呼吸，而是鼻根的地方呼吸。差不多是接近眼睛的地方，自然會呼吸氣，乃至眼睛都會吸氣了。由於是自然的吸進來，自然沒有聲音，只有往來的作用，也等於莊子所說的，「與天地精神往來」，這個樣子才是真氣功到了！

到了以後，也就是佛法十念法門的「安那般那」，這時真到了家，到達了氣住脉停，三禪天以上的境界。此時呼吸也停止了，甚至於脉搏不跳，心臟不動，自然清清淨淨。這個時候，修煉有多種方法，有時候在呼吸時，意識覺得吸氣，加上一個觀念，氣跟光兩個合一進來，這個光當然有好多種，想成太陽光、月亮光也可以，最好是七彩的虹光，像夏天雨後天上掛的那個彩虹。意識上七彩的光隨著呼吸進來，由鼻根這裏到腦，三脉七輪統統貫通，全身都通了。

所謂化光入鼻，通達「**若**、**蔣**」左右二脉，到裏面的中脉去，然後歸到心中，心輪的八脉就打開了。每個脉輪要打開時很嚇人哦！有時候硬是覺得心臟爆炸，啪！一下打開了，一定光明都來了，心念就絕對清淨，所以「脉解心開」，心的脉就開了。這個時候，如果見地不清，道理不明，會被自己嚇住的。

「**至中脉內於心中，寸光光圓相溶入**」。然後此心就是一團光明，是有相的光明。修淨土的人或出家人，晚上睡覺，心裏要觀想一個太陽或月亮（就是光明的原故），慢慢入睡。戒律上也如此，修淨土的依照《觀無量壽經》也是這樣觀想。尤其出家專修，要吉祥臥，右脇而臥，觀日輪入睡，才是合於出家的威儀。

顯教的經典，不明白告訴你工夫方面的事，這個工夫道理，就是打開中脉心輪的法輪。開始心臟部分的光只有一寸，圓圓地，實際上這個光擴大起來，整個宇宙就是我心光的一片光；縮小起來，把宇宙的光收到我的心（窩）這個中間，就是這麼一點小光明，也就是儒家所講的：「放之則彌六合，卷之則退藏於密」。

這是一個事相，不是道理，事實上做到這樣，寸光的光是圓滿的，互相融化，宇宙的光化到我的心中，心光合一。能夠做到這樣的觀想，又能時時定住，這一個光在心中就定了，不動了，呼吸也不管了。當然你呼吸自然就停住，這是真正的念住，真正的心住了。至於那個寶瓶氣的不呼不吸，不必練了，自然就到了。

真正的氣練到不呼不吸，那個念頭也自然止了，所以心跟氣二是一，一是二。但是上乘的修法，只要「念」這一團光，住了、定了，氣自然停了，慢慢影響脉的變化，所以最為重要。

「**能若干時而定住**」，如果開始練習，能若干時，或者三分鐘、兩分鐘定住，已經很不錯了。為什麼？不是光明定不住，是你念頭定不住，剛剛定一下光，思想又來了，念頭一動，氣就散亂，光也散亂，要慢慢慢練習，不是一天能夠做到的。先能做到一定幾個時辰，幾個鐘頭，或一天半天。

「**上下閉口微放妙**」，這個時候上下嘴唇都合攏來，也可以說，上面是嘴巴閉住了，下面大小便漏口的地方，氣都是閉住的，封鎖住了。把這個光與氣在心中定住在一境，好像強迫這個呼吸不動，慢慢要它動的時候，先讓它慢慢的輕微的放鬆，這個不像修九節佛風時出去要粗短急，已經過了那個階段了，而是這個光、氣、念三樣合一，是在定中。住定久了，要開放的時候，應該上下閉口，並且放慢。

「**緩徐呼吸極精勤**」，在專修安那般那的時候，也就是在專修時，要很精勤。有人機會好，有福報閉關，晝夜專修，六七天就有成就；有些人閉關好幾年，或者好幾個月，也沒有成就，因為根本是在放逸。一天二十四個鐘頭，有二十三個鐘頭在放逸，只有個把鐘頭打打坐，練一點點工夫而已，那還叫閉關嗎？那不是閉關，那是要搞一個閉關的虛名。

閉關是個形式，心念閉不住閉什麼關！沒有用的，因為心念在散亂中。像我許多朋友們，都是我叫他參加打七、閉關，好像都是奉我的命才去的，又好像是替我修行一樣。實際上坐在那裏，心中都在散亂，那有什麼用！

所以呀，要專修呼吸，心息相依，而到達明心見性念住的話，要緩徐呼吸，要非常精勤的修習。八萬四千法門，這也是一個法門，光是修這個三脉七輪、修氣，也一樣成佛。

「**其他諸佛等功德**」，所謂「方便有多門，歸元無二路」。這個法門練成功了，和一切過去佛、未來佛，有同等的智慧神通，功德圓滿，到達佛的境界，父母所生的這個肉身，轉成了佛的報身。

空明定的修法

「**溶入心中不他散，此法心明住清澄**」。你把宇宙的光回轉來，和氣配合，再溶入到心輪部分，念頭不散亂，定住、保持住，慢慢閉眼一看內在，自己身體內部是一片光明。現在你們大家打坐時，閉眼一看，自己身體內部是一團漆黑，一團無明。

所以理論上講，有人說，自己現在沒有什麼脾氣了，沒有脾氣又算老幾？閉起眼睛來一團漆黑，有什麼用？生死到來，一樣的黑茫茫去也。必須要修到開眼閉眼內在永遠是光明才是。內在光明修好了，眼睛一閉一定，或者是不閉而定，內照光明的時候，自己的五臟六腑都看得清清楚楚，哪裏有點毛病，自己慢慢用光照它，用氣鍛煉它，內臟就變了。內臟變的時候，很痛苦哦，假使胃有病，變動時更痛苦，要忍受這個痛苦，自然會更進一步。然後整個的五臟六腑，變成了藥師琉璃光如來的內臟，水晶玻璃一樣，乾淨透亮，達到這個境界。

那麼怎麼樣做得到呢？一是要有「定」的工夫，一是要明理有「智慧」。所以你們現在打一點坐，算什麼學佛，練腿而已。真要修行，練練腿有什麼用啊？要練得四禪八定的定力，內照把色身照化了。

所以我近年來，都勸大家修白骨觀，走這個路子，由小乘到大乘比較快，容易把身心轉化，轉得快。由於這一兩年我拚命叫，總算諸位對我特別好，勉強修了；以前開始都反感，都不幹的。等於說大家窮得不得了，我每人送一百萬黃金，可是大家都把它當狗屎扔了，我是拚命在你口袋裏塞，有人勉勉強強才拿一分一厘，所以末法眾生實在可憐。

真修白骨觀，得定融化了，配合這個理更快成就。「**此法心明住清澄**」，這個修持的方法，從形而上的話來講，是明心見性；從形而下來講，是內心修得了光明成就，自然一天到晚心念是清淨的。再看下面的小字如何解釋？

「觀脉亦如前，若、蔣二脉下端屈入中脉，上端至二鼻孔，氣呼出外，即損害外出」。修這個法的時候，也要觀想三脉四輪，要搞清楚，當我們做氣功，一口氣呼出去時，要把體內的病氣、廢氣，跟意念配合同時呼出去。

「復緩吸入，即三世間一切變為諸佛功德，成五種光色，由鼻孔而入，自下端上達使氣溶入心」。氣呼完了，再慢慢吸氣，在氣慢慢吸進來的時候，要把古今三世間：「器世間」，即物質世界；「有情世間」，即眾生世界；「正覺世間」，即聖賢世界。「變為諸佛功德」，就是諸佛菩薩的光，配合我的氣到我身上，使自己身上每一個毛孔，光明氣充滿，變成我就是佛。當然要配合上觀想，想像自己成五種光，甚至於七彩的光明，把宇宙的光明與古聖先賢諸佛菩薩，一切有成就者的光明，跟我合一，到達我的身上，我身變成了內外放光。

講到這裏，就是你已經知道了這個修法，慢慢這樣觀想配合氣；但是真正生命的氣是下面升起來的，於是此時就有現象來了，或者就打呃了。這是什麼道理呢？我經常給你們講的，比如我們丟一個石頭到水井裏去，石頭到了井底就有反應，水泡就冒上來，不到底是不會冒上來的。

但是你們不要搞錯了，不要把胃病的打呃，也當成是這個，那就糟了，因為這個聲音是不同的，自己感覺到的也是不同的。當胃裏都空了，腸胃、呼吸器官這裏都空了，然後吸進去的這個氣下去以後，從海底乃至腳底心的湧泉穴，那個氣，一鼓作氣冒上來，到達喉管、喉結這個地方時，由於喉輪很難打開，所以會有聲音，因為這裏還有障礙之故。像我犧牲了幾個鐘頭給大家講課，這個喉輪的氣有些閉塞，當做工夫時，氣到這裏，也是一樣，就變成了障礙。

下面的氣上來，通到這裏（師做打呃聲），它就衝通了。就等於那個蓋閉住，已到生死關裏去了，現在氣再把它打開。在將開未開之時，這個業力又把它蓋攏來，下面一股氣又上來（呃）衝開了。到這裏衝開還不算數，要衝到喉結以上，直衝到腦、頭頂這一部分。在衝通頭頂、腦部的時候，很有痛苦的感受，痛到恨不得把頭砍下來算了。當然年輕修道，身體沒有破壞時，這個痛苦的經過少些，越年老痛苦越大。每個地方都是一根一根的脉，尤其到達腦部神經，一層一層的，太難啦！

在到達後腦，後枕骨上面，氣到了腦蓋，這個腦蓋就像一個倒蓋的飯碗，裏面都是腦髓，在腦蓋要打開的時候，這個裏頭還要起泡的，好像豆漿燒滚了那樣。當然外表看不到，裏頭曉得蓮花一樣打開了，那個時候內在也在呃氣，不過聽不見聲音了，然後衝出去，一直衝出三界。這只是形容而已，當然還在三界之內。

所以這個時候，如果東西吃多了不消化，胃中的氣變濁，打呃的痛苦就長。打呃時有幾十種聲音，有些有胃病的人打呃，不要認為是中脈通了有道，那你就上當了。每一層氣脈通了的聲音都不同，所以中醫望、聞、問、切四個步驟，聽這個聲音就可以診斷病症。

「望」，是先看病人的氣象，看哪部分脈不通，臉上顯示的氣色就不同，都有象徵。「聞」，是聽病人的聲音，是哪個部位出來的聲音，也包含聞鼻子味道。「問」，再跟他談話，了解他的感受。「切」，是切脈，摸這個脈，這是中醫所謂的四診。

你們同學從外面進來，我說你感冒了，不承認，叫你們吃藥，不吃。像昨天你們去游泳，回來之前，我這個老頭子在家，已經把薑茶熬好啦！你們回來後，規定每人喝一杯，喝了就沒事了。有一個同學沒有喝，今天就不對，發冷的樣子，衣服穿很多，跑來拿藥，我說活該受罪！

一般就是這樣，我叫你們吃藥，好像害你們一樣。聽話吃了藥，保平安沒事，我已經先給你想到了；等到你病了再吃藥，那要吃十倍。在病可能來以前，藥先吃下去，就把病影子、病的鬼都趕跑了。有時候我一聽你們的聲音，就曉得不對了，有時候一看你走路的神態，就知道不對了，吃藥！你們都笑我：老師那個抽屜都是藥，老師最大的本事，抓這個藥吃，抓那個藥吃。好像我藥賣不完一樣，才給你們吃藥。這是告訴你們這個道理。

所以說你們要懂得修持，有了經驗才曉得，同樣是打呃，有不同的原因。再說同樣是身上痠痛，哪一種是氣脈要通未通的痠痛，哪一種是風濕痛，哪一種是受傷的痛，都要搞清楚。

當氣脉真通時，由鼻孔進入下到海底，乃至到腳趾足底心；再由下端向上沖，上達後氣再回轉下降。這些現象等於地球的空氣一樣，地上的熱氣上來，上沖碰到冷空氣，變成雨下降，我們的氣脈和這個宇宙、地球的法則是一樣的。

氣降下來以後，連帶口水這些溶入於心了，這個時候才沒有妄念，才沒有煩惱。這根從喉輪到心輪的脉，要真正打通之後，才能晝夜照樣做事，照樣說話，但是沒有煩惱，沒有妄念。不管你修天臺宗、淨土宗什麼宗啦，修持不到的話，實際的境相不能出現的；如果沒有實際的境相而說脉打開了，就是自欺欺人，抵不了生死的，沒有用的。不要說生死來了抵不住，連這個肉身四大的變化，都變化不了，有什麼用！

「中脉充滿五智之氣故」，這時中脈充滿五方佛的智慧，都具足了；五方佛是中央毘盧遮那佛、南方寶生佛、北方不空如來、東方藥師如來、西方阿彌陀如來。五方佛、五方氣，拿人體來講，心肝脾肺腎五臟的五行智慧出來了，中脉充滿五智五氣。

「即心定而現出空明無念光明」，到這個時候你不要做工夫，不要修持，心是定的，就是要死的時候，心也沒有煩惱，沒有妄念；就是在最亂的環境，作戰的千軍萬馬，看到原子彈就要掉到頭上來了，心仍然是定的，而呈現出的，是整個宇宙、法性的空、光明、無念的境界，也是所謂如來自性境界，統統呈現出來。

注意上面一句話，你依身起修，如果能夠到達中脉充滿五方佛大智成就的氣，心自然就定了，而現出空、明、無念的境界。

「此法殊勝深奧，速得攝持世間力及諸佛加持」。這個修持的方法，是最深最深，最難得的；只要用意念觀這個光明進來，再配合這個氣就是了。這個法子修成功，可以「攝持世間力」，就是可以指揮物質的轉動。有人曾試驗過，一個機器停住時，他用光氣進入定境，意識指揮，那個機器就動了。

當然這是偶然用過，足以證明他有攝持世間之力，乃至迅速得到諸佛的加持。那是諸佛的自性光明加持你，換句話說，你也在加持十方一切諸佛。

「並生昔無之智慧及三昧等」，而且在這個境界，自然生出以往沒有的智慧，前生的事情都知道了，連從前沒有經驗過的各種三昧，和定的境界都出現了，這是自然來的。我只說明這個原理，你們諸位記住，不要聽了這個大圓滿，就以為修過大圓滿，沒有資格哦！因為實際修的方法都沒有教過你們，還是講的理論哦！不過比不懂的要好一點啦。

如修氣修脉，其實每次我們打七的時候，或平常也都教過，但我也不輕易問你們，一看就曉得你們沒有好好修。我覺得已經夠浪費自己了，何必再問。你現在不要認為聽了三脉七輪，就以為真的知道三脉七輪，可是聽了這個氣、呼吸與光，如果你聰明的話，也可以自己悟進去，也會辦到的；或者你前生有修持過，聽了再慢慢自己去研究，你也會悟出來這個境界。

「復次光明清淨之所緣者」，那麼剛才的一段，也叫作空明定的修法，空、明這個修法還沒有完。

三昧真火　制心何處

復由心光現一光，身內四輪燃燒時，觀光外現遍世界，數日晝夜唯觀此。滅夢境而光境界，如月、燃火、螢蟲、星，見五光顯、滿內外，明境見性生妙止。

你心裏的氣跟心的光，在心中能夠定住不動，永遠在定，乃至站起來是定，睡覺也是這個光。到這種程度時，夠資格了，可以去閉關，可是還沒有達到禪宗的破參哦！不過修持做工夫到這裏，須要閉關，應該專修了。我不是常告訴你們嗎？你們快到閉關的時候，我會告訴你們，不到時候，你去關起來幹嘛？在裏頭享福、睡覺、打妄想。你在關中多打一天妄想，多消一天福報，多消一分功德；消掉了功德、福報，那是不得了的呀！

上一步是講，把宇宙的光引到自己心裏頭來，這時候，把自己心光用意念想，呈現另外一個光輪，像太陽一樣，照到自己的三脉四輪，從腳底心照上來，照到身內的四輪，像太陽的熱能照到了一樣。照到的地方就發熱、發燙。這光一步一步燃燒上來，四大身上的寄生蟲和一些毛病，被這個三昧的火光一照，都沒有了。所謂三昧，就像小說上寫的三昧真火，就是這個東西來的，也是唯心一念所造的。

有些人可以做得到，生出三昧真火來，哎呀，我熱得不得了。笨蛋！你不能以一念轉過來，變成三昧真水嗎？就變清涼了嘛。怎麼那麼笨？還要來找老師問。所以我說你們，就像孩子看到娘，無事哭三場，老師死掉了，沒得問了，你總要自己想辦法吧！這還不懂嗎？自己一念可以變成三昧真火，一念也可以變成三昧真水，涼快涼快，也可以變三昧真風。《楞嚴經》不是告訴你嗎？性火真空，性空真火，性水真空，性空真水，你定力到了都變得出來呀。你把自己風濕痛的地方，發麻的地方，自己用三昧的念力，把它一燒一照，就會有效果了。現在生癌症到醫院，就是照鈷六十，像太陽那個日光能一樣燒，把癌細胞燒死。我們可以靠自己的心念力量，引起三昧真火來，把有病地方都化掉，然後再把這個光擴充到外面，遍照整個的世界，在一片光明中。

不過，到這個時候就要發願了，凡有眾生知道也好，不知道也好，有相也好，無相也好，接觸了我的光，都離苦得樂，消災免難，早消罪業，早證菩提。要有大慈大悲的願力加上，進步才越來越快；如果只為自己，而沒有大悲菩提心，就會變成外道魔法，你能發光有什麼用啊？不過是多一支蠟燭而已。所以要發大願，我的光明照遍一切眾生，不管眾生感覺不感覺，是否受到我的光，都能夠得到利益、清淨、消災免難。隨你的發願，就在幾天幾夜當中，定在這個光上，那才叫作修定，叫作閉關，叫作住茅蓬，叫作專修。

「**滅夢境而光境界，如月、燃火、螢蟲、星，見五光顯、滿內外，明境見性生妙止**」。此時滅除了夢境，在一片光中，自然沒有妄念，就是禪宗所謂醒夢一如，不會做夢了。白天張開眼睛，也無所謂夢，夜裏閉著眼睛，也沒有夢，滅一切夢境，晝夜六時都在光明中。

所以阿彌陀佛是無量壽、無量光，時間無窮盡，空間無窮盡，光明無窮盡。如果把光的這一念再滅去，就變成常寂光，涅槃了，連光都沒有，真空一如。這個時候，你開眼閉眼，發現自己身體內外的光，有時候像一支香一樣，一點點火光；有時候像螢火蟲一樣，淡淡的一點光；有時候像星星一樣亮亮的光，都看見了。

在眼睛前面看到五色的光明，充滿於內外，如果到達這個時候，光明一來，光明一成就，自然明心見性，文殊菩薩等妙二覺的境界，自然就來了。所以都是要專修來的，不是像大家這樣放逸，原諒自己，而且忙於外務。

下面來研究註解。

「觀中脉內智慧光後，即觀其遍滿身內及四輪處，復次又現於外，等虛空界」，這是叫我們在中脉之內智慧光明呈現之後，來觀光明遍滿全身和三脉四輪，其次又呈現光明到外面去，充滿了整個的虛空界。

「為五智慧光遍滿故，即定心閉氣，若外放時，則稍持下氣，緩吹吸而修」。整個的法界，遍滿了五方佛的智慧光明相，這個時候注意哦！要進一步定心閉氣，雜念不起，氣也自然停住了。這不是要你有意去閉氣，如果有意做工夫閉氣，那不是個雜念是個什麼啊？那還叫定心嗎？定心是自然閉氣，當念一定，氣若外放的時候，則保持不放（就這樣自然閉氣）。這個時候下行氣，好像有屁要放似的，但不能放，這種不是屁，是下行氣要漏了。尤其是女性，有的前陰會漏的，男性前陰的漏，比較少一點。同時上行氣的打呃也是一樣，不能讓它出聲，要把舌頭立起來。

「中脉得五智氣之驗相者」，我們身上有五行氣，下面是下行氣，上面是上行氣，遍行氣、左行氣、右行氣，各有不同。所以說中醫的十二經脉，簡直沒有人搞通過。左邊是太陽脉，有時候你們左邊肩膀痛，尤其年紀大了，大家試試看，如果是左邊不靈便，就是陽氣衰了，快要衰老了。右邊不靈還好辦，容易醫，那是血液陰症的虧，陰虧和陽虧都是一樣的虧，虧者就是不足的意思。

所以有些女性，看起來有很多的病，是陰虧，不是陽虧；結果吃一些藥，中藥、西藥，各種維他命、高麗參，都是補陽的，越補越糟糕，再補下去就快一點補死了。所以不能亂吃，要曉得滋陰，尤其中年以上人的陰虛，呈現的是陽盛，但不是真正的陽；少年人則有陽中的陰虛，各種各樣的不同病情。

所以老年人屁多，動不動放屁；老年人尿也多，男性是前列腺慢慢鬆了，下行氣衰弱了。老年人多半是腸胃不好，最大的本事是放連珠屁，機關槍一樣，一串放出來；年輕人還不容易放屁，放一個屁像打砲一樣，很有力氣。

下行氣有下行氣的道理，這個時候要「稍持下行氣，緩吹吸而修」，緩慢地吹吸，這個緩慢是用嘴呼氣，所以我教你們的六個字，這個時候便用到了。天臺宗採用的這個六字訣，「呵、嘘、呼、吹、嘻、呬」這六個字，可以調整五臟六腑的運作，吹氣的時候，不要出聲音，是用意識。「呵」是去心臟的病，「嘘」是去肝的病，「呼」是與脾胃有關，「吹」是腎的關係，「嘻」是三焦作用，「呬」是幫助肺。

這個時候用嘴巴輕輕的吹一下，中脉得到五智氣，你們注意哦，你中脉究竟通了沒有，這個五方的氣有沒有充滿？應該有下面的效驗。

「若靜室周圍現五光境界，或如燃燈月照、螢火、煙、雲、星、明點，天空影相等顯現，無量現出，於彼時，制心一處之後，妙止、及自明赤露之觀二者一體可現出，又現有境界之定者」。在你打坐定中的房間，沒有燈光，外面天黑了，但張眼一看，天亮了一樣，而且有五光的境界，紅黃藍白黑，自然呈現，美得很。閉眼的時候，也是如此，那就是說你中脈的五智氣通了。不過大家注意哦，有時候瞎貓撞到死老鼠，偶然也亮一下，嘿！不要高興，以為自己中脈成功了，沒有這回事，那是你那幾天或者身心特別健康，偶然撞到的。

他說這個光，不管閉眼開眼，在黑暗的靜室裏，看到了五光的境界，看到的是什麼光呢？有時候不是這個肉眼看到，是意識上的心眼看到，或者電燈亮了，或者覺得是月亮的光一樣，或像螢火蟲的光，或像一片煙一樣，朦朦地、淡淡地，或者比煙濃一點，像雲一樣，或者同天上星星一樣，一顆一顆亮的，或者是珍珠、瑪瑙、金剛鑽的發亮放射，那種種的明點，每個人反應不一樣。有時候統統來了，或者如天空影相等顯現，好像自己坐在這裏，沒有腦袋，沒有天靈蓋了，一下爬到樓頂上看天，天上什麼星星、螢火，都清清楚楚看得見了。不過中脉真的通了，看見的這個是藍天，就像秋天萬里無雲蔚藍色的晴空那樣，一點障礙都沒有。總而言之，無量顯現就是無量壽光，同阿彌陀佛的光和功能一樣。

他說在這種情形當中，境界來了，在這個時候，「制心一處之後」，心要專注於一。你們都聽過《禪祕要法》的白骨觀，釋迦牟尼佛跟你講，最後白骨也流光，觀空了以後，整個的身體觀成一個囊了，整個身體都成光了，裏頭也沒有骨頭，只有薄薄一層紗。工夫做到這樣時，讓我們制心一處在什麼地方啊？那麼中年以上就不問了，中年以下的年輕同學答覆吧！

我曉得一個也答不出來，儘管打過七，打過八也沒得用，你們要真的慚愧耶！尤其是專門想學佛的，說自己一天忙得沒有時間，搞些什麼事呢？笑話！不要自欺好不好，有那麼多時間都不去用功。換句話說，你就是沒有發心修行，所以要痛責，要反省。

我不是給你們講過嗎？在這個時候，或者制心在額頭上，或者是頭頂、眉，或者是胸口上。嘿嘿！老師一說，是呀！好像也記起來了。所以我們自己反省一下，這樣想修行會有成就的話，實無天理。在家出家不是要修行嗎？為什麼不深入經藏？天天早晚課都念這句話，這對得起自己嗎？太多無明，太多煩惱障礙，當然無法深入經藏。

我同你們一樣也是人，為什麼我會那麼用心去記住它呢？不但記住，而且好的法門，壞的法門，也都自己體驗過，練過，做到了，曉得怎麼樣不對，怎麼樣是對，都清楚了。你們經常有句話：我們怎麼能跟老師比呢？聽了這個，我的火就起來了，如果是個笨老師，上你的當，還以為是恭維呢！我這個老師不吃這一套，憑你這一句話就該打三百下屁股。我也是人，你也是人，我有什麼特殊之處？我是敬其事，恭敬心，一輩子在做這一件事，專心進去，等於一個人要求發財一樣，天天在做生意賺錢，你們不是啊！

所以我說，我問你們的問題，一定答不出來；假如叢林書院開辦了，包括你們年輕的，都要重新考試過，答不出來，一樣不賣交情。在學理方面，每個人至少通一部經或一部論。

所以現在要注意哦！「於彼時」，在這個境界裏頭，制心一處了，又要回轉來重新定在胸口這裏，就是兩個乳房中間。你看塑的佛像，釋迦牟尼佛這裏有個卍字，就對著胸口這裏，或者定在眉間。平常不要隨便定眉間，或者頭頂，尤其血壓高的人，定在眉間容易出問題，因為你腦部氣脉沒有打通，所以危險。

尤其是血壓高的人，氣脉沒有通不行哦，這裏講的都是氣脉通了的，所以「制心一處之後」，就可以得「妙止」，自然定了。怎麼樣叫妙止呢？不是普通的定，是根本用不著定，也用不著用心，自然就在定中。清淨極了，而一邊能夠做事，能夠辦事，一切都是自然的，一點力量都不要加，所以叫作無功用行。

不但能夠得妙止，這個時候，自己自然明心見性。「赤露」就是赤裸裸的乾乾淨淨，赤條條來去無牽掛，這個赤裸裸無牽掛的智慧之觀，自然成就了。也就是唯識學的第六意識，轉成妙觀察智，赤裸裸的妙觀察智呈現，無分別智，雖然無分別，但有智，一切知道得更透澈了。「自明赤露之觀」，其實這個有形和無形的智慧，有境界的光明和無形的智慧，二者是一體，是同時呈現出來的，這是空明定的這個道理。

所以大小乘、顯密，理通了，自己證到了某一步，一切都會融會貫通了，沒有衝突啦。

剛才我向你們提出來，那樣的勉勵大家，要求大家，勸請大家，修白骨觀法，你們翻開《禪祕要法》對對看，原則不是一樣嗎？表達的方法不是一樣嗎？不過這個大圓滿，當然把詳細做工夫的境界，說得非常清楚。你自己沒有去努力，沒有去研究，一天自己號稱忙死了，每分鐘都在浪費，虛耗米糧，其實沒有這麼忙！我也是忙過的人，現在又何嘗不忙，更忙，但是，每一天在差別智上，如果不補充，那就像今天犯了罪一樣。所以人要有願力，就是立志，人不立志有什麼用！你們大家修行，很多都犯一個毛病，都願意作一個瞎貓，在那裏等死老鼠撞過來，哪裏有這樣便宜的事呀！一分苦行，一分修持，一分收穫。現在回轉來看。

光從何來

復次回復心之光，漸小漸細住空寂，空明淨心皆不緣，現出自性無戲光。

剛才第一步三脉四輪通了，起了光，把宇宙光收進來，第二步把心光放出去宇宙，現在這是第三步又回轉來，回復自己本性的光明，縮小了。剛才是放出去漸小漸細，細到沒有光，空了、無相，住在空的境界，也沒有空的境界；這個時候，無念涅槃了，所以本來無一物啊，何處惹塵埃，有光也是塵埃。

「**空明淨心皆不緣，現出自性無戲光**」。這個時候，空的境界也不要管了，光明也不要管了，什麼心念清淨境界也不要管了，都不要去攀緣，要放下，一切放下，放下的心也要放下。這個時候，所謂明心見性呈現出來，自性本有，沒得戲論，無所謂空，無所謂有，無所謂是，無所謂非，無所謂光，無所謂不光，這些相對的觀念都拿掉了，無有戲論自性光明出現了。自性光明不是有相的光，是沒有相的光，明心見性，明白了。

「光之顯現，皆由四輪集於心中故」。哪位年輕的同學解釋一下看，我看看你們將來離開我的時候，自己去研究懂不懂？（某答：那個心的作用，在心的法輪之中，任意可以變化可以轉變）。

剛才這位同學解釋的也不對，為什麼要你們解釋？是訓練大家讀書要用心。尤其是學佛法，這是個生命科學，不能對自己馬虎的。前面你看講得多微妙啊，把宇宙的光吸進來，配合這個氣，又可以放出去，我們大家能不能做到？真修持是不是能做到？（眾答：應該可以）講大聲一點，不要在牙齒裏面講話。對的，當然可以做到。

大家有沒有經驗過？雖然沒有練過這個工夫，有時候偶然也有光明的呈現。這就是禪宗祖師所講，珠光偶遇；就是瞎貓撞到死老鼠，有時候也亮一下。有沒有？（答：有）你們都有這個經驗，平常我也講過，我好幾本書上也寫過，這些光明是怎麼樣來的，你們留意了沒有？所以老師早，老師好，老師不得了，結果老師的書都沒有看。

這些光明都是生理的作用，都是氣的變化。當心境無念，生理的這個運動作用——行陰，同宇宙的運動一樣，照樣還在動。由於心是清淨的，就偶爾會閃進一點光明，而我們普通人，因為心在散亂，思想在動、放射，身體的血液和氣也在周流，都在動，所以都散掉了。現在因為你心清淨下來，思想不放射，心裏比較寧靜，而身體還在轉，在動，那麼動靜一摩擦，就發電起光了。懂了吧？所以沒有什麼稀奇嘛，要理路清楚就明白了。

所以現在佛法告訴你，光的顯現，皆由於三脉四輪氣脉動的力量，反應在心意識的境界裏，出現了光。懂了吧？這句話，現在告訴你們了，萬一離開我，就自行去研究。怎麼研究呀？所以要好學，要深思。大家青年同學們，既不好學又不深思，所以都不懂。我的書都寫出來，都講明白，你們看了才怪呢！沒有看，因為我還在；等我死了，大家會說這個人不得了，這本書好得很，還有人會發動出錢去印，人就是那麼怪的。

「又彼漸細，住於如虛空無所有之境中，現出直通周遍清明自性，此乃是空明自然之智慧也」。又說，叫我們把光慢慢收縮回來變成氣，住在如虛空無所有之境中。所以，有相光的呈現，固然是工夫，不做工夫，有相光還不能夠出來呢！但是叫我們不要執著有相的光，不能把它當成究竟，不然就是外道，就是魔道，所以這個時候就要般若智慧了。《金剛經》的話，「凡所有相皆是虛妄」，經上是這麼講，不要又搞錯了，有相就丟嗎？不對，既然有效果就有效驗，有相出來，只是叫你不要執著相而已。有光出來不當光，等於一個真正有錢的人看到錢不當錢，你不能說它沒錢啊，懂吧？窮光蛋時說，哎呀我素來看不起錢，不要吹了，他根本一毛錢都沒有，那當然是看不起錢呀；大富翁錢用慣了，看到錢不當錢用。

所以有相光來了，不執著，並不是說是無相，而是有光但不執著。此時住在虛空無所有的境界，「本來無一物，何處惹塵埃」，了不可得，這個時候才現出來，「喀嚓」一下，了悟禪宗講的明心見性，原來是自性的本來。

「此乃是空明自然之智慧也。」這個時候，直通周遍清淨的自性，才得到空明自性圓滿的自然智慧，自然智是無師智，不是從老師那裏得來的，一切成就，最後證到阿耨多羅三藐三菩提，都是無師智。像釋迦牟尼佛，睹明星而悟道；像迦葉尊者，看拈花而微笑。到這個時候，並不是沒有老師，已經不要靠老師再拉一把了，自然就有智慧，自性本有出來了，才是空明修法。

「又直指義者」，再說，所謂直指，就是剛才所講的是自然，一直指到底，澈底明心見性。

此乃空明本元智，自性大圓之本性。

這個自性的光明，明心見性，是本來空嘛！本來自性是光明的，哪裏來的呢？誰都沒有給你呀，是每個人生命本有的，本有之智，所以六祖說，「何期自性本自具足」。

到這個時候，這個才是自性大圓滿的法門，這才叫大圓滿，澈底成佛了。大圓滿個什麼呢？就是大圓滿悟到自己的本性。原來自己生命本有的掉了，掉到哪裏去了？沒有掉，掉到自己口袋裏；等於我們鑰匙放在口袋裏，到處亂找不到，伸手一摸口袋，哈哈！在這兒！本有的自性大圓滿之本智出來了。

再看下面小字解說：

「清明直截之本體者，乃空明大圓滿之本性也。如遍行云：非意所作不隨相，此乃自然光明意」。注意哦！這個「非意所作」，不是第六意識所生的妄想，是不生一切相哦！就是《金剛經》上說，「凡所有相皆是虛妄」，「無人相、無我相、無眾生相，無壽者相」，也無光明相，也無非光明相。你認為光明相不是，非光明相是，那已經著相了，一切不著也不住。

所以說這個境界，明心見性，自性光明澈底出現了，「非意所作不隨相」，不是意識思量妄念所生，也不隨一切境界轉，不住相，但是明白了，悟了，悟了那個是不是意呢？「此乃自然光明意」，這是真意，這是第六意識真正的現量呈現了。

也就是《楞嚴經》上說的，「心精徧圓，含裹十方」，就是意識的真現量，這個時候才是明心見性，山河大地皆屬於一念之中。所以佛經上說，此時觀三千大千世界，山河大地，如掌中觀菴摩羅果。此乃自然光明意啊，自然智。

那麼修這個空明定，還沒有完，才講了三個。

得到光明　眼通來了

「如是觀修其功力者」，當然，你們做不到，不能得光明的人，慢慢起修吧，所以要你們氣脉打通，慢慢起修，心念清淨。

修此功力亦有四，所顯淨空念通明。晝夜住於明朗境，妄念不生心清明，無礙般若離能所。

第一，功力修到時，你的心念不是煩惱不是無明，而是沒得障礙，隨時呈現心上是淨土，念頭乾淨，能夠靈感的感通一切事。

「**晝夜住於明朗境**」，第二，功力修到時，白天夜裏身心內外，硬是感覺都在一片光明中，大圓鏡一樣，晝夜住於光明的境界。我們凡夫沒有修持，夜裏睡著就糊塗、黑暗。你們閉著眼睛打坐，就在黑暗中，然後再打瞌睡，黑暗又加昏沉，越來越墮落，要注意啊！不是玩笑話。換句話說，越是這樣下去，智慧就越來越低啊。「**晝夜住於明朗境**」，是第二個功力、經驗，就是說你修這個定，是有象徵的，一天有一天的效果出來。

「**妄念不生心清明**」，第三，效果是妄念不生，晝夜妄念都沒有，妄念不起，不是說不能做事啊，做事更爽快，更明白，更乾淨俐落，不是婆婆媽媽的，心境永遠清明。

「**無礙般若離能所**」。第四，是功力效果，那個智慧像尼加拉瓜的瀑布一樣，那個源源滾滾而來的無礙智慧，一切都通達了，而這個無礙智不是能所，而是非能也非所。「所」則是妄想心，「能」則是阿賴耶識變的，離開了能所，都變成法、報、化三身的妙用，真正的實相般若、文字般若、方便般若，都具足了。這是修這個空明無念的四點效驗、效果，也是由修氣功來的，先修氣，然後修光，下面解釋：

「於彼發生氣之功力，顯現念淨空通達（一），及晝夜分明（二），以念滅故心清澄（三）之三種」。一個人修氣充滿了，得定了，自然念頭空了，沒有妄想，顯現念淨空通達，這是一；日夜分明是第二；念頭妄念滅了，心永遠在清淨，這是第三。

「由護持認知自性真面境中之力，即無能所，而心能速現大智慧也（四）」。由於晝夜經常的護持，《金剛經》所謂菩薩善護念，護持認知，隨時都在明心見性境界裏頭，認清了自性的真面目，空靈自在。由於這個力量，所以離開了能所，而此心能夠達到般若波羅密多，大智慧的圓滿，這是第四種功力。

復如是修現功德，斷障又能通他方，成就見眼及幻變，此乃更深精華法。

由於修氣修光的結果，這個功德所產生，斷除了八十八結使的妄心一切障礙，消除業力，而且能夠通達他方國土。不要說死後，就在生的時候，一念要到西方去看看，就去了，要回來就回來，能斷障礙又能通他方，要修眼通很快，乃至修神通幻變也很快。不過修這個眼通，是要另外特別傳授，但是基礎是從這裏來的，這是更深精華的方法。下面小字解說：

「修習氣之瑜伽即生三昧，而由其力現神通及得能透見牆等所障礙之他方眼並幻變等」。這個瑜伽就是修法，「即生」，就是這一生修這個方法，即得到成就，山河牆壁沒有障礙，兩個眼睛看通了所障礙的他方。這些天眼通及一切幻變神通，都是氣修成功，脉修成功來的。

「如集經云：若以禪定法，捨下劣欲樂，成慧通三昧」。如果以禪定的方法，得禪定空樂定，捨棄了凡夫下等的，及下三道的欲念的快感，而成就禪定之樂的話，馬上啟發智慧得神通，很快就變化過來。

「又指示明空無念說其法次第者，本來中脈內漸大故，若心注之，即成就無念，與他法相同」。我們這個生命的氣脈，中脈內本來就是很大，是個空管，所以我們的心念，氣不散亂，跟神、光歸到中脈，中脈又歸到心脈，歸到了空，所以很快就成就無念。其實這個密法的修法，與顯教其他的修法，原理是相同的，方法不一樣。顯教不告訴你詳細的修法，所以你永遠摸不進門來。普通講密教的，教你唸個咒子，觀個想，灌個頂，拿個紅包，就叫作修密宗，這樣也永遠摸不進門來。

現在把真正密宗的密宗，真正的修法，輕易的告訴你們，你們要自己曉得珍惜啊，與我是沒有關係的。所謂珍惜就是努力真正修持，一天馬馬虎虎，恍恍惚惚，再不珍惜那不得了，沒有那麼大的福報哦！

所以他說這個法門，明白公開的告訴你，是成就無念，尤其我這樣給你們講（你們才可能明白），不然我看很多人學密宗，學了幾十年連法本都沒有讀通，何況自己還沒有得到哪個上師真正的傳法。所以我反對一般人學密宗，因為不把禪宗修成，不到達禪宗明心見性這個階段的，去學密法，沒有不走入魔道的，很嚴重。你們注意哦！話我都早交代了。

假使懂了顯教，禪宗就是大密宗，然後轉來懂這個方法，那就好了，那就快得很，所以很快成就無念法。

「特別以射、持、修三者鑽研入於自性之要」。這是講氣功，「射」法，就是吸進來慢，放出去快（師出射聲），這就是射，射箭一樣出去。「持」法，寶瓶氣就是持。「修」法，氣也不射也不持，聽呼吸，慢慢修，也可以專修氣，而修到神通成就，又可修到證得菩提明心見性，配合空明大法而修，證得一身內外的光明。

第十一講

（編按：補充第四講修無念法）

上一次講到空明定，就是自性空與光明結合的修法，跟著下來（五十七頁就是無念這個方法。關於這個無念定的修法，我們在第四講時，抽出來講過的。現在再唸一遍大字的原文，有問題可以提出來問，沒有問題，馬上唸過去了。

修無念法

「第三指示無念法，前行如前而正行，射持修法三次第」。這是由修氣脈修氣功來的，射法、持法、修法，共有三步。持就是寶瓶氣，包括安那般那。

「射者心中心性明，阿或光團一寸許，猛聲唸哈二十一」。這是說，由氣功的「**射**」法，變成念頭的「**射**」法，心中觀想一個「**阿**」字，或者一個光明點，有一寸的樣子，大聲的念「**哈**」二十一聲（師出「**哈**」聲）。所以有些往生法，也就是破瓦法，開頂，念「**射、阿**」，都差不多，出氣的聲音和作用，稍有不同。為什麼聲音不同呢？因為身上的氣脈反應不同。

「**達頂遠離歸於空，漸高漸散復不見，鬆懈其境平等住，剎那於彼斷念流，即住於離言思境，力亦不見心離境**」。「**哈**」的一聲，由頂上出去空掉，空掉一切以後，立刻休息，平等而住，這一剎那之間，一切妄念切斷了，然後就住在無言無思的境界。這種力量，由氣脈成就達到無念的力量，可以讓心離開一切境界，而住於無念。

這個法子我們上一次講過的，大家也沒有去實驗過，當然也沒有問題需要問。關於這個氣脈的三脈七輪，普通只修學三脈四輪，為什麼海底輪這些不修呢？因為一般沒有定力的人，一注意下部海底輪，就容易引起欲念，所以普通只修三脈四輪就夠了。詳細的修法，一定要了解七輪。

但是氣脈的成就，是屬於前面第一步空樂定，樂就是覺受方面的快樂。換句話說，由於欲界有欲樂，要把欲界的欲樂轉化，變成空樂定。

再進一步就是上一次講完的空明定，是由性空與光明的配合修法。

第三就是無念定，無念而住，就是剛才講的部分，曾抽出來講過的。由於修空明定歸到無念，剛才講過了「**射**」，把念頭觀成光或「**阿**」字，但是這裏有一個關鍵，先要得止。觀時，不一定觀成光，或者觀成「**阿**」字也可以，像修定、修光明的方法那樣。顯教的念佛法門，在心中念佛專一的一念，或者禪宗的初步參話頭這一念，或者專念大悲咒也是一念，讓這一念在心中專一，直到心中沒有任何雜念。當然普通人也做不到，假定做到還不算無念，由此再向頂上散出，三脉七輪統統要散於虛空，然後虛空即我，我即虛空，虛空與我無二無別。然後定在這個境界上，就是修無念法。

我這個話不曉得大家了解了沒有，這裏的修法是利用光，大家要多研究一下。很多人光是聽，變成聽書了，好像當年的老前輩們在茶館裏聽小說一樣，覺得好好聽，每天晚上到，聽過了就忘了，那就很糟糕。你們這段沒有問題，我們就跳過去了。

剛才講的修無念法當中的「**射**」法，像箭一樣射出去，「**持**」法也講過的，我們再補充一下，「**射**、**持**、**修**」。

「**持者背向日月邊**」，現在人的生活，就是靠燈光的亮，像現在大家這一堂，想修「**持**」法，就不可能，因為光是從頂上照下來的。這裏說的是要光在背後，假使在山頂上或曠野裏，住茅蓬閉關專修，就是上午面向西方，太陽從東方出來，光的照射剛剛在背後；下午修的時候，太陽偏西則面向東方。換句話說，時間季節不同，原則是背對光線而修。

這個就是太陽光明從背透過來，修起來便當，如果對著光修，功力到了也可以。後來演變，道家也有採日月精華的修法，就是面對太陽月亮的辦法，那又是另一種方法，現在不講那個方法。

「**眼注清空頓然住**」，前面所謂「**持**」者，背向日月光，「**眼注清空**」這個「**注**」不是注意去看，是眼睛張開不用意識。平常我們眼睛張開，那個意識就配合眼睛，注意看前面東西，這是凡夫境界。達摩祖師的畫像，眼睛瞪得大大的，他那個意識不是向前面看，只是眼睛張開，等於窗子打開了，這個時候頓然住，頓然就是一下停住，沒有雜念，只是眼睛瞪著。

當然基本上都已先把氣脈修通了，這個時候不覺得氣動，就像氣住脈停的境界那樣，但不是真的完全氣住脈停，而是那個呼吸似乎沒有了。像你們，有人經常問，說自己好像到某一個時候氣沒有了。平常問我都跟你講：你真覺得氣沒有了不是好事嗎？真氣住了，你擔心個什麼？又沒有死，氣住了有什麼關係，還要問！問了，告訴你又不信，又再問，很煩。

凡是念頭真專一的時候，不要說念空，氣都好像沒有了，一定之後到達了氣住，但還沒有到達真正的脉停。又有的說，有時候聽到人的呼吸非常粗，那又是另外的修法，是故意引用粗的氣，把障礙的氣脉轉化通暢，那又不同。念頭真專一，氣就停住了。

還要注意哦！千萬不要講錯了，很多道家、外道修法，都以為丹田起呼吸叫作胎息，那是很錯誤的哦！丹田的內呼吸是好事，不要認為就是胎息，真正的胎息就是《莊子》所說的，「真人之息以踵」。那時鼻子的氣停了，感覺全身毛孔都在吸氣，乃至到腳底心。焦先生也有報告過，寫的經驗也差不多，全身都在呼吸，那才算是胎息。但是很多人鼻子的呼吸感覺不出來，把小腹丹田裏的呼吸，當成是胎息，這是一般道家自欺欺人之談，都搞錯了，那只能講是內呼吸。這是關於氣住二字引開來說的，現在回轉來看下一句。

「**不覺氣動皆緩行，無念離戲由內現，出生性如天空性**」。這個時候自然不覺得氣在動，氣好像都在，文字這麼寫，用話來講，這個時候好像覺得氣沒有了，其實是有一點呼吸，非常緩慢在動。在這種情況之下自然是離戲，無所謂空，無所謂有，無所謂即空即有，這些戲論都不談，而境界由內在呈現出來了。離戲無念的境界一出來，內外配合的境象，身體的感覺，心理的現象配合，就生起與太空一樣的空。這一段我們也是講過的。

「**修者眼注空不散，心明無散亂境中，地石山岩諸情器，觀想皆歸於一空**」。然後心裏是明朗的，不是昏沉的，是在光明的無散亂的境界裏頭。我們普通眼睛張開，都被牆壁、山石障礙了，無法透視。假如用功到了這一步，眼睛面對這些山石巖壁的障礙，乃至一切有情世間的東西，都要把它觀空，觀想成皆可以透視的東西，透就是不受障礙了。

開始是有意的練習，不練習不知道。現在我們面對牆壁打坐，眼前有一面牆壁就被擋住了，看不出去。要把眼識和意識配合起來練習，把面對的障礙觀空，慢慢的，要把這個被困住的習慣性拿掉，觀想一切障礙是空的，乃至山巖也都是空的。修成功了，可以在空中自由自在的活動。如果大家看過密宗木訥祖師的傳記，他修成功後，跟一位法師辯論虛空，這個講經的法師說虛空是空的，木訥祖師說是有的，那個祖師不信，木訥祖師就在這個虛空中走路，也可以坐一下。

他問法師：你說這個土地是有還是空啊？法師說這個是實在有。木訥祖師說這是空的，我走給你看，就在地上走進去走出來，空的。要實證性的觀空，就是「**觀想皆歸於一空**」。這些道理，《四阿含經》上都有，在小乘修法的一些禪觀經典中也有。你們儘管在信佛，可是很少研究佛經。

「**自身亦無粗現執**」。自己的身體，還有感覺在那裏，要把自己身體粗的現執除掉。什麼叫粗現執？像我們現在一打起坐來，就感覺有個身體在，舒服不舒服的感受都知道的。這個是受陰，就是我們無始以來，執著自己這個身體的慣性，這個慣性就是無始以來，種子識執著的習氣，變成我們現在的現行，這是唯識講的種子變現行。

所以你要在這個境界裏頭，把自己身體感受現行粗的執著，先要除掉；就是說，把身體全部的感受都空掉了。假如一個人修行，能夠達到一切觀空，身體感受沒有了，你不要高興，認為我現在沒有我執了，錯了！這只能說身見粗的現執去掉了，細的還沒有除掉哦！這個時候，細的身見我執在什麼地方呢？假定到了這個境界，我問大家，細的身體現行的我，是在什麼境界上？（有同學答：六識的清淨面上）。

上面講觀想一切皆空，這個時候你覺得一切皆空，已經有空的境界了，所以我剛才就問你們，這個時候沒有身體感覺，只能說粗的現有的身見、我執去掉了，細的執還沒有去。細的執著在哪裏呢？細的執著在空的境界。這個空的境界的身執、我執，就是細的。要再進一步，把自身細的現有的執相也去掉。你們自己修行用功到這裏，如果覺察不到，依然還有我執，不能說是無我，連小乘極果的無我都沒有證到，更談不到大乘。現在這個道理了解了嗎？要記得啊！這個空的境界就是我執，下次就要答得出來。下面接著又是一法。

什麼是真正的無念

「**心空住於無二別，內外中三無散法**」。這個時候心是什麼心呢？那個空的就是你的心。什麼是空呢？全心就是空，全空就是心。這個境界，等於說「全波是水，全水是波」，所以心與空住於兩個無分別的境界上。換句話說，到這個時候，你不要再問自己念頭空了沒有，心在哪裏了。這時，心在空上，空在心上，心空住在二無差別的境界上。

因此說，這個時候，內空、外空、中空，是三空，《般若經》有十八空。這個時候說的內空，就是身體內部也感覺到空；所謂內部空，就是五臟六腑跟白骨，統統都沒有了，都空掉了。所謂外空，一切外面山河牆壁障礙都空了，不是理論的，而是要實證的啊！或者內外中的三種都談不上，無所謂外，無所謂內，無所謂中，而是自然無散亂、無念。你說無散亂，有沒有個定啊？

這個時候，也無所謂定不定，如還有一個定，已經住在有分別境界了。假如到了這樣，無所謂定不定，既無散亂，當然無昏沉，無止亦無觀，坦然而住。

「於空境中之身心，念思作意自溶化，心無聚散住本位」。再說在這個空有不二的境界上，這個時候你的自身與心，注意喔！修到這個時候，你的色身和你的心念，以及你的念思作意，自然的溶化沒有了。做到了，才算是真正無念。

這個心，沒有聚也沒有散。聚者，譬如修定修止觀，就像修白骨觀，先把心念聚在白骨上，再來轉化，對不對？止者就是聚，修止觀的止、定就是聚。此時心無聚也無散亂，住在坦然而住的自性，法爾如是的本位上。知道了吧？有沒有問題？沒有問題，我替你們提問題：

他說修持到這一步空的境界，這個時候身與心都溶化了，怎麼還有念？念是指什麼念？念和思有什麼差別？念和思和作意有什麼差別？剛才問你們，都笑一笑說沒有問題，這不是問題嗎？念、思、作意的分別在哪裏？所以學般若必須要學唯識，懂唯識必須要懂般若。

甲：念與思，是粗細的區別，思是更細一點，作意是注意。

師：差不多。

乙：思是思維，作意是思想，念是妄念，思維是一種動作，思想是已經產生了。

師：開始講的還有點道理，後來又講到哲學上去了，這些是要講實際的事，不講哲學理論哦！

丙：念是普遍的，在普遍的心這種散亂中，思應該是念的這種更進一步的寧靜，一種思考方面，作意比這個思更集中。

那麼「**於空境中之身心**」，這個時候還有念、思、作意嗎？（有人答：應該沒有了）。應該沒有的話，為什麼提出來？所以佛學上這些名辭，剛才幾個同學答的都差不多，拿學理來講都對，以實證工夫來說，都不對。

實際上，我們曉得這個時候在空的境界，很空靈啊，假想一下吧！身心都溶化了，一片空靈，對不對？這個空靈就是念，這個時候的念叫作念空；換句話說也叫作空念。在這個空念上，你靈知的知性的本性功能知道，就是現在學術名辭所講的思維，知道這個是空的覺性還在，那一點作用就是思，是正思維，似有似無。作意是不同的，作意就是境界，那個空念的境界就是作意。懂了吧？所以唯識五遍行都有作意。

阿賴耶識怎麼作意呢？前七識的作用，以及整個宇宙三千大千世界，一切山河大地，都是阿賴耶識的作意。由此應該懂阿賴耶識的作意了吧？前五識的作意和阿賴耶識的作意，幾乎有相等之處，範圍非常小，所以都有五遍行的作意。你懂了這個以後，就知道菩薩到某一種境界可以修意生身，就是這個作意來的。

如果儱侗的認為念、思、作意是無差別的，那就變成中國後代禪宗的「儱侗真如，顢頇佛性」，分辨得不清不楚了。

意生身是有程序的，有六識作意、七識作意、八識作意的不同，所以菩薩境界分十地，分五十五位，懂了吧？這是咱們「大乘學舍」的專利啊。所以學術思想再好，沒有修證的話，佛學講得倒背如流，也是沒有用的。乃至那些唯識論的經典，講得都對，可是論師到底只是論師，自己未必有證悟。

所以讀書、研究佛學要注意，我再說一遍，你們講佛學、哲學，不必如此講，不能照學術化的講法，這樣講別人反而不懂，只能夠放低學術性去講；可是對於自修的人來講，這個道理不能不懂。

現在回轉來再念一遍，「**於空境中之身心，念思作意自溶化，心無聚散**

住本位」。要注意這三個字，這個時候念、思、作意自溶化為一了。怎麼樣叫溶化？一二三、三二一，全念都是思、作意；全思、正思維都是念、作意；全作意就是念、思。知道了吧？可是各有差別。這個時候心無聚散，住在本位上。

「**彼時法爾難思心，不別如空密意現，此即三世佛心要**」。他說這時法爾如此，不可思議的本心本性自然呈現，也就是禪宗所講，有些祖師頓然而悟，喔！就是這個！就到達無念。所以要拿工夫解釋六祖的「以無念為宗」，也就是這一法。

因此六祖不以工夫境相來解釋，六祖說「無者無妄想，念者念真如」。無妄想就是有正思作意，就是這個法爾難思的本性出現，自性的境界出現。這個時候「**不別如空密意現**」，不別是沒有分別，猶如虛空一樣，這才是真正的自性的奧密。

所以，這就是修「見法身」的最重要的地方，這是三世一切佛的心法。這也就是說，過去佛、現在佛、未來佛，要想成佛的，沒有不達到無念的，所以《心經》上說「諸法空相」，然後「不生不滅，不垢不淨，不增不減」。這個「不生不滅，不垢不淨，不增不減」，是法爾的難思心，難思就是難以思議，就是不可思議的自性菩提出現了。

這一段上次也講過的，可是每次講又不同，假使下一次再講，又不是這樣說哦！東西都是一樣，在西門町賣的時候，或到東門町賣的時候，就兩樣了，賣一百次我要喊一百次。這要你們自己知道哦！所以佛法不是那麼簡單，不是死的。

「**如是觀修力有四，所現廣垠無粗想**」。他說修這個空觀，修這個無念，有四種力量，第一種力量就是呈現無量無邊的境界，粗念的妄想沒有了。注意這個話哦！什麼是粗念妄想沒有？我再問你有沒有細想？什麼是細想？再參！剛才你們自己講過的，我答覆你們正思維，所以我罵你們佛學沒有貫通，光講學理有什麼用啊！

這個時候呈現廣大無邊的空，這才是正思維，才是無念。所以無粗想，這是第一功德，功力、力量。

「**晝夜不離無念境**」，就是第二個功德，第二個力量。真證到無念境界，白天夜裏都在無念，有沒有問題？（某同學講，那是超越時空沒有晝夜。）你們同意他講的話嗎？是不是問題在這裏？所以每個人都要參哦！

現在講四力，修持的四相，你們都聽了那麼久的課，應該對這個課有問題要提出。你們既然提不出來，我問你，白天清醒不離無念，心是無念了；可是夜裏睡覺是什麼？睡覺就是念！你們學佛以為睡覺沒有念，睡覺就是念，是無始以來習氣的昏沉念，那就是大無明。所以做工夫修行，要離開「財色名食睡」這五蓋，睡覺就是念嘛，是五蓋之一，這是粗的念，就是大無明，睡眠蓋。

所以你不要把睡著當成無念，那就錯了，問題是在這裏呀！懂了吧？你講晝夜，剛才說是離開時空的，那是講學理去了，道理都很對，和工夫有什麼相干？那還沒有到無修無證，還早呢！你懂吧？這個時候不談無修無證，當然是一種醒夢一如；只是空境界的醒夢一如，而不是妙有境界的醒夢一如。因為此法還只限於無念的範圍，給它加一個無念的範圍，了解吧？這是第二個功德，第二個觀力。

「**五毒自消心柔細**」，這是第三種力，屬於行願上的測驗了。貪嗔癡慢疑五毒自然消失，但是根沒有除去，不過消失而已，心變成柔軟、細密、寧靜；不再是粗浮、散亂、愛動；永遠是「沉潛靜定」四個字，心沉下來潛伏了，清靜又安定了。

我們大家在座的，包括我在內，大概都做不到，心既不沉，都浮在上面；

又不潛，高亢散亂得很。所謂空腹高心，又不靜，心不定，更不能柔細，因此啊，我們五毒俱全。

「**生諸法如空覺受**」，他說到了無念這個境界，不管出世入世，種種一切法，都住在如空的覺受裏，都是空，晝夜都空靈的，這個地方大概都沒有問題了。

無念與神通

「**如是由修三無念，眼及神通三昧成**」，如是由修三種無念的修法，眼通及一切神通的三昧，都可以成就。有沒有問題啊？你們問的都是皮毛，眼通最難發起，眼通發起，耳通、他心通、宿命通也都跟著來了。前四通還容易，神足通比較難，而真正難的，當然是第六漏盡通，那是無漏果證道。現在我問的不是這個問題，再念一次：「**如是由修三無念，眼及神通三昧成**」，為了你們將來修法，除非不修，有沒有問題啊？不叫你問你就不問！還有問題沒有？我的問題還不在這裏，是看你們留意不留意，學法、讀書，有問題的話，問題在那裏？假使我是你們，我就會問一個問題：「假使修到無念法，就可以得神通了嗎？」這是不是問題呀？嘿！我一問你們就笑了，是問題呀，那你怎麼不問？所以你們學法和我就是不同。

剛才提出一個問題，他說「**如是由修三無念，眼及神通三昧成**」，所謂真正的大密宗就是禪宗，換句話，禪宗也就是密宗，處處都是話頭，都是問題。學佛的人一切都要留意，學佛是為了修法實驗求證，所以研究到這裏就要問。

無念就可以得神通嗎？但是神通是有念啊，通從念發，通從念生，怎麼說無念可以生神通呢？這是多重要多大的一個問題！問到你們時，大家都沒有問題，聽了就相信了，這是迷信，這怎麼學佛啊！不要打呵欠，打了呵欠就忘了。

這就是說神通的發起，是以無念為基礎的，先修到無念，再修起用的，才是真修法，無念是自性不可思議之境，心境沒有明，那就是魔道，不是神通；因為鬼、阿修羅、神道、天道都有神通，不稀奇。而神通的境界各有不同，阿羅漢、緣覺、菩薩、佛的神通，境界各有大小，原因是各自的無念，都是有限的。達到無念，證得菩提，這才叫真神通。知道了吧！你們問題都不會提，還要我幫你們提！

現在這兩句話解決了，神通的三昧，是六通都具足了。為什麼是六通啊？把前面五神通具足了，無念是第六漏盡通，這樣就六通具足了。天道、鬼道、阿修羅道，都具備五通，無法得漏盡通，得漏盡通就是得了佛果，或者得小的阿羅漢果了。通就是神，所以真無念，漏盡了，而得發起神通，六通具足了，這才是正法。

「**定、慧，止、觀，能雙融**」，得到了無念這個境界，不但修六通便得成就，不修六通也無妨，所以大阿羅漢分兩種，一種是無五神通的大阿羅漢，一種是五神通具足的。了解這個道理，你們將來看《大智度論》就懂了，得道的人，不管神通具足或不具足，都是得道的人；但凡夫認為，得了神通才是得道，沒有神通不算得道，這是凡夫之見，不談。

所以由於修三無念，得到定慧等持，換句話說，也是止觀雙運。其實止觀就是定慧，定慧就是止觀，為什麼分開來講？因為程度有深淺。這個時候修止觀、定慧，都能夠雙融。

有沒有問題啊？你們連問問題都那麼慢，何況修證，何況說法。我替你們提問題吧，既然得無念了，還要修定慧，還要修止觀嗎？「定」有八萬四千種定；「慧」，了空即慧。那麼既然得無念，還沒有得定慧嗎？問題在這裏。無念是無念，如果常在無念中定，也是一種定哦，在無念中不是沒有慧哦，能知一切萬法皆歸於止，就是慧啊。

這就是說得到無念了，見法身，是體相的一面，法身起其他的相、用，所以要修八萬四千定慧三昧法門，修各種止觀的境界，無所不能，都可以雙融，即有即空，即空即有，這知道了吧！

「**暫及究竟滿二利**」，證得了無念的修法，然後，暫時的或者澈底的滿足了自利利他。自利利他問題有暫時的，當然也有究竟的。譬如我們有時候得了一點清淨境界，因此對於有利他人的話，答覆得頭頭是道，也解決人家的問題，這是暫時的自利和利他。至於澈底的究竟的自利利他，必須要福德、智慧的畢竟圓滿成就才行，但都是以無念為基礎。

這是無念法，上次都講過了。大圓滿禪定修法，是三個步驟，第一是空樂定，修氣修脉，詳細修法還沒有講哦，還沒有教哦，只是給你們先講這個理。修空樂定，先要修氣、修脉、修明點、修拙火（靈力），修成功才能進入空樂定境界。空樂定之前叫作欲樂定；欲樂定是粗的，欲樂定昇華成為空樂定。要想修到法、報、化身三身成就，也就是轉色身的修法，必須修氣脉、明點、拙火、欲樂定；非如此不能成就。

得了欲樂定，進一步修就是空樂定，再進一步修空明定，再轉進一步是無念定，就是上一次講的，這就是大圓滿。

空樂定一轉，解脫了欲界。三千大千世界眾生，皆在欲界中，尤其是我們現有的肉身，是父母所生之身，是淫欲之念來的，所以先要了欲界的欲。了就是昇華，就是要修空樂定，包含了菩薩修持的一切等等法門。這些等等法門，難道都沒有講嗎？其實原則都講過了，就是了欲界。

換句話說，以身體上來講，先了臍輪六十四脉，再到達心輪八脉，進一步達到空明定。心輪八脉以上到達受用輪、眉間輪為止，了色界的是空明定。

這些是我在這裏所告訴你們的，不但《大乘要道密集》沒有，即使查遍了所有密宗的經典修法都沒有，現在我都給你們指出來了。

然後眉間輪以上到梵穴輪，乃至遍虛空法界，修無念定，才能了無色界，然後才能說跳出三界外。跳出三界外，跳到哪裏去啊？有第四界嗎？所以，之所謂觀自在，是天上人間六道之中，任意寄居，這才真叫作大自在。就是要到欲界就到欲界，要去色界就到色界，這個就是大圓滿禪定的修法，三步講完了。

第三之後法有四，功力、助進、證悟、果。

這是告訴我們，三步之後還有四部分。

二力無過如前示，有過由各執着生，貪樂、貪明、貪無念，執了、邪着、合毒，三，樂邪、精漏，唯貪欲，心不適、及沉最甚，明邪、氣粗，唯嗔恚；妄念粗、及掉散大，無念邪即唯愚癡，心沉昏眠及無想，如是相合諸誤緣，認識所生作對治。

二力是兩種功力，善業、惡業兩業力，這一段是屬於戒律部分，我們跳過沒有講，戒律有大小乘戒律之分，由沙彌戒、比丘戒一直到菩薩戒，到密宗道的金剛戒，都沒有講，都跳過去了。這個「**二力無過**」，不是說善惡都沒有過錯，那就錯了，修持到某一種程度，當然，在地獄中行而如濁水之污泥，不造地獄業；在天人中行如濁水之污泥，不造天人業，這個叫二力。這個道理前面沒有講，所以不談。

「**有過由各執着生**」，至於說善惡差別之故，一切修持有的過錯，原則上都由於無始以來的執著習氣所生。善惡是非法分歧，也是見地上，觀念上的執著關係，所以在有過、無過之間，是個人執著所產生的，因此要曉得上面講過的，我們大圓滿是三步大原則。

貪樂　貪明　貪無念

「**貪樂、貪明、貪無念**」，空樂定以欲樂為基礎，加上空明定、無念定，三樣都不能偏廢。貪樂是貪快樂的感受，大家打坐修定，都是受苦受罪，腿發麻，這裏難過，那裏不舒服，因為大家沒有得樂；沒有得樂絕不可能得定。一身的三脈七輪，通了才能夠得樂，全身從頭髮頂到足趾尖，十萬八千毛孔無處不快感，無處不樂感。

但是一有快感、樂感，沒有不貪的，這個感受就住在樂境界上了，當然墮落欲界。講到欲界的墮落，比如我們曉得世間之苦，人間之煩惱，因此要修道，不管出家或不出家，都想住在清淨的山林，兩腿一盤，享清淨之樂。從大乘道說，這是墮清淨之中。研究〈三界天人表〉，是墮在哪一天啊？最高不過在淨居天中而已。

我經常說，學佛的基礎在三世因果六道輪迴，〈三界天人表〉多年前我花了那麼大力氣，你們算是弄出來了，如果三界都沒有弄清楚，你怎麼修？所以自己修持到哪一步，就要曉得是屬於哪一個天人境界。你不要認為學佛一定得菩提果，看不起天人，你能夠持戒修定升天，已經很難得啦！

所以我說蘇曼殊是假和尚，可是他作的詩很對呀，「生天成佛我何能，幽夢無憑恨不勝」，那是真的，不要說成道不能，生天都沒有把握，一切都在夢想中。生天成佛哪裏做得到啊？這不管了，那是詩人的話。

若貪樂，耽著於欲樂定、空樂定，誠然墮在欲界中，不過，以這個功德修行，此生壽命終，他生來世，生欲界天人，也不錯啊。當來下生彌勒佛，現在就在欲界的兜率天為天主，不過兜率內院是進不去的哦，除非念佛真證到，沒有這個力量，只能往生外院。

等於我們在這裏一樣，平常聽課是在外院聽這個課，這個壇場才是比較內院的，彌勒菩薩一到內院說法的時候，外院的天人聽不見，《瑜伽師地論》是彌勒菩薩在內院說的，是無著菩薩聽了記錄下來的。

所以講到「**貪樂**」，我們現在修行，還沒有到達樂境界。「**貪明**」，貪光明境界墮色界，色界當然比欲界高，大自在天王，是三千大千世界天主，大梵天王，是初禪天主。據我的研究，佛經所謂香水海，就是銀河系統的界限，過去一般解釋錯了。

墮在無色界，是因「**貪無念**」，無色是四空聚天，所以修行修定，縱然得到四禪八定的定果，沒有般若就不能悟道，因為四禪八定只是天人境界而已，所以說那不是究竟。但是不管在家、出家，不要亂加批評，有很多人認為四禪八定非究竟，我何必修呢？哼！你沒有四禪八定的基礎，那個天人基礎你都沒有，自以為悟了，狂禪！狂慧！不知道一身都是業力，是墮下三道的業力，都呈現出來了。這很嚴重啊！所以我一生最反對狂慧，這裏就是講功力的重要，修持要切實做工夫才對。大圓滿修法，樂、明、無念，要平等平等，偏向於哪一點就墮在那一點上。

「**執了**、**邪着**、**合毒**，**三**」，就是說貪樂、貪明、貪無念，執著、邪見，乃至於說，因貪樂、貪明、貪無念，反而是在造三毒貪嗔癡之業，修佛法反而修成地獄種子，嚴重得很。所以看到世界上有許多人，拿佛法號召做外表，實際上都是騙人，自己已經搞糊塗了，結果變成造地獄之業。

「**樂邪**、**精漏**，**唯貪欲**」，因為修欲樂定，本來是昇華的方法，但是結果因為被欲樂定所困，而執著變成習性，欲樂變成了邪見；而且漏失菩提，精漏了，氣漏了，在貪欲境界上，現行業識種子，就完全走入了貪欲的境界。

所以廣義的欲樂，貪圖清淨之樂也是邪見，就像喜歡住山林一樣。我曾跟你們講過自己有一首詩，笑自己愛乾淨的毛病，愛清潔也是欲，如果可以不這樣，可以不愛，那你才能夠解脫；如果你只能愛清潔，不能接受不清潔，那非墮不可。照這個道理就可以曉得，假如貪樂感，更不得了，更嚴重。關於廣義的欲，和狹義的欲，其間的差別道理都告訴你們了，意思都了解了吧？

「**心不適、及沉最甚**」，如果這樣貪欲，精漏，樂邪了，心裏則是不開心，不舒適的，更談不到開悟；脉解心開做不到，永遠在沉悶、枯燥中，心自然不適，永遠在清冷中。

而且根本都在昏沉，竟日裏都在無明中，等於《紅樓夢》所講的，「每日家，情思睡昏昏」，要注意哦，這就是昏沉。所以有些文人、詩人、藝術家，那個境界是大無明，以修持的立場來講，就有這樣嚴重。工夫修持到了的人，可以這樣也可以不這樣，那才有資格行菩薩道，因為六道輪迴之處都敢去滾，有因緣的時候就跳進去了。菩薩道明白了的人，唯怕不墮落，墮落就像皮球拍下來，越墮得重，蹦跳得越快越高。凡夫境界是不可以的，這是關於空樂定方面。

「**明邪、氣粗，唯嗔恚**」，在氣功練好有定力時，或自性在一片光明中定久之後，精氣神非常充滿，不過脾氣大得很哦，碰到一點事，馬上現金剛相。自己內心也覺得不應該這樣發脾氣，但是又發起來了。所以我不是跟你們講過嗎？過去我就發現虛雲老和尚，脾氣怎麼那麼大！那個大叢林，他從山門外罵起，罵到後面廚房，到骨灰塔，一路罵到後面，後面罵完又一路罵到前面，轉了好幾圈都在罵，反正是五六個鐘頭都在罵人。

以前我就參這個話頭，奇怪這個是不是嗔心呢？這都是話頭。所以你看呂純陽那個詩，是修神仙之道的，當然煉氣，煉劍道，都是先煉氣功，並不是不通氣功啊，也是要氣脈成就，三脈七輪通了才行。呂純陽的詩：

朝遊北海暮蒼梧　袖裏青蛇膽氣粗
三宿洛陽人不識　朗吟飛過洞庭湖

誰叫他朗吟啊？嘿！他還非吟不可，不叫一下還不行。

再看藥山禪師，「有時直上孤峯頂，月下披雲嘯一聲」，什麼叫嘯？是虎嘯龍吟那個嘯，一般就是吹口哨。藥山禪師這一吹，聲音達到三十里外。

像這些都是話頭，我都參了多少年，因為問誰都沒有解答。

所以必須要修光明定，氣粗了不行，道理是什麼呢？修光明的人，自己心境如明鏡一樣，纖塵不能染；有一點灰塵掉下來就看不慣，脾氣就來，也是必然的。所以像我看到慢吞吞講話的人，「去你的」，因為我反應快，看見你慢一點，心想這麼笨。所以修光明會走上岔路，變成「**明邪**」，氣又粗，嗔念反而越大。

再說「**明邪**」，走到了邪路光明，只是稍稍偏差一點。所以你們打坐，上座先昏沉，剛才有人好像跟我講，昏沉過了就清醒，對不對？清醒就是光明，雖然沒有看到光明，這個時候清醒了念頭就多嘛，妄念就粗啦，那是一定的。沒有關係，你認識了這個理就好辦，知道是法爾如此，必然之理，不去執著就轉了。

那麼這個時候對治就要無念了，所以樂、明、無念這三樣，互相為用為藥，也互相變成病，哪個時候該給哪味藥，就要注意了。

所以他說「**明邪**、**氣粗**，**唯嗔恚**；**妄念粗**、**及掉散大**」，妄念粗，及掉舉也來了，散亂心也大，這些修光明的偏差毛病，正面反面都說了。

修無念　入邪路

「**無念邪即唯愚癡**」，第三是無念，都以為學佛是無妄想，無雜念就是對了，哈！真正的無念，多數人都認識不清，所以常修的是假無念，他生來世因為修行不當，墮入了畜生道，當然一定是好畜生，變成一隻好豬啊，被人寵愛喜歡的豬。有人常想，下次生到這個世界，寧可變成外國人抱的那個娃娃狗，吃得好，穿得好，無憂無慮很舒服。但是，雖然如此，到底是個畜生啊！

所以常修空、無念，搞錯了，就修成假無念，就墮落在愚癡的現生境界，心境容易昏沉。所以沒得思想容易昏沉，就是因為常修的是假無念。你們不是聽我說過嗎！當我三十歲左右的時候，三年當中，我拿起筆寫信都不會寫了；某某先生，寫了「先」字，不曉得「生」字怎麼寫了，慢慢才又恢復。

許多人一天到晚都昏沉，也不會寫，也看不下經書，都被無念困住，不得了啊。所以跟你們講，要努力看經典，努力做事啊，不能就這樣貪圖清淨，小心哦！變成娃娃狗還好，要是變成那個黑老哥，一身都是黑的，那就很慘了，所以「**無念邪**」，容易墮入愚癡。

「**心沉昏眠及無想，如是相合諸誤緣**」，心沉昏眠容易墮在無想，落在這樣錯誤與偏差的境界。所以修行，一定有相有用，有境界，八萬四千法門，八萬四千三昧，樂、明、無念這三種現相，一偏重就墮落。禪宗祖師說，學般若的人「如冰棱上走，劍刃上行」，不能偏差一點，所謂「差之毫釐，失之千里」。「**認識所生作對治**」，要認清楚，才曉得修對治法門。

「如是修習即出現功力，其力攝善力及惡力二種」。這樣修習，就是空樂明無念，要依此法起修，所謂力字，是業力這個力，至於業，成佛也是業，佛造的是成佛的善業；下地獄當然是惡業，反正善業、惡業都是業。

「善力前已指示竟，惡力者則無有量也」。善力者已說過了，業力是無量呀，諸佛菩薩神通不可思議，智慧不可思議，一切眾生業力也不可思議，業報也不可思議。眾生的業力翻過來，就是諸佛菩薩的智力了；業力多大，智力就有多大，如果眾生的業力輕，翻過來智力也輕，妙在這裏。

「然總歸之，由樂明無念之執著邪謬而成者有三種」，總而言之，統而言之，修空樂定、空明定、無念定，由於執著，走入偏差邪見的有三種。

「初者修樂時，貪樂境界（一）」，開始修欲樂定的時候，經常有貪圖，隨時有貪圖。

「思維自心在空樂境中之執著（二）」，自己心裏，包括第八阿賴耶識，下意識要隨時留戀，自住在空樂、欲樂的境界上，自己都檢查不出來，所以執著了，這是第二種，可能成為空樂定的墮落。

「以除此之外，他即非真實道（三）」，邪見來了，認為學佛做工夫除了這個修行法門以外，其他都不行。譬如修密宗的人認為，除了密宗以外其他都不行；修淨土的認為淨土以外，其他都不行；修禪宗的認為禪宗為最上，這已經是邪見了，果報不可思議。認為欲樂、空樂才是佛法，除此而外，其他的不是真正的佛道，這是第三點，所以也是墮落。

「持此為究竟（四）」，認為欲樂定、空樂定的修法，就是究竟。

「不覺察樂乃與貪欲毒相和合（五）」，自己檢查不出來，貪圖氣脉之樂、覺受之樂，已經是低等的性欲之樂，這個樂之樂已經與毒素結合在一起了，只是自己檢查不出來。

「此乃由所修法而成者五種」，這一句歸納上面，因修空樂無念法而產生的五種偏差。

「樂邪、明點障而漏失（一）」，因修空樂法，而走入了邪門，包括不當的雙修法，所謂歡喜佛等等，都屬於「樂邪」。又因明點起障礙而漏失。

這個明點包括兩種，男性的精蟲，女性也是精液。男女身上的精漏失，不是光指男人的精蟲、女人的卵臟，那些只是精的一個成份，要分別清楚。所以明點的漏失也就是精漏失。

如果明點沒有障礙而轉化了，就是煉精，是道家所謂的煉精化氣，進一步則煉氣化神，一天一天的生理、心理變化，不但奇經八脉通了，三脉四輪通了，乃至五臟六腑，連皮膚、骨節、毛孔都轉化了，那才是色身成就，報身成就。但是明點經常會有障礙，此中屢成屢敗，困難得很。所謂道高一尺，魔高一丈，有時候受外面氣候風寒暑濕的變化，起了障礙，有時候不是外面的影響，而是自己偶然飲食不對，起了障礙。

所以要懂得醫藥，要懂得衛生，要懂得八萬四千法門，所以說，修持之難啊！因明點障礙而漏失，包括男女性的遺精，男性有經驗的多，女性的經驗少，因為自己覺察不到，少數聰明的女性會曉得漏失了。

漏失的方式多得很，或遺精，或者是氣漏失了，以致修持往往不能成功，所以學道如牛毛之多，成道如麟角之少，這是第一點，就是「樂邪、明點障」。這個障礙並不一定是因為男女欲念所引起，飲食的障礙，衣服的障礙，受冷受熱，外感風寒等等，都可能成為障礙。

內在的心理情緒，喜怒哀樂也會障礙，真修行難得很。什麼是「明點障而漏失」？並不是說十年八年沒有性行為，也沒有遺精，認為自己沒有明點漏失，那是假的，因為精沒有化氣，沒有變成明點，沒有用。當明點化成了，自己在內外中，自性內在的光明自然出現了，這才是真明點。

「唯生貪欲順其根底（二），因精漏而意不適（三），因污穢而心成昏沉（四），於境作意之貪欲（五），此乃所棄而成者五種也」。這一部分還沒有講完，下一次提醒我注意哦！（編按：此段下次未講）

第十二講

上次講到空樂境中的執著。

修氣的事情，大家有個觀念，以為九節佛風、寶瓶氣，就是修氣的全部。實際上，那不過是修氣最初步的一個方法，而且是修氣必須要經過的階段。所以大家修寶瓶氣、九節佛風都沒有修好，對於修氣這件事，根本就沒有辦法了解。九節佛風和寶瓶氣修到了，還是很粗淺，很基本的階段，只點燃了內在的氣動。關於內在的氣動，你們多數對於自身內部氣的發動，沒有真實的經驗，平常感覺到任督脉這些轉動，都還是假的，不是真的。如果氣真發動了，全身的氣脉，好像連骨節都融化了。至於說返老還童，那的確是真的，全身的機能，肌肉、關節、骨節都轉成健康的了。然後進一步，最難的是五臟六腑的變動，心肝脾肺腎有病的部分，統統轉換了，不過在每一個轉換的時候，都是很痛苦的。

最近蕭太太有經驗，得了痛苦，也得了好處。她為了徵信起見，還到醫院檢查，醫生說都沒有毛病，這是很奇怪的一件事。至於年輕的，有一點點經驗不算的，所以修氣很難，在此特別說明。此外香港有位女性，她修道家，雖有老師，卻算是盲修瞎煉，的確白髮變黑髮，返老還童，月經也修斷了，很多的徵象，不過她只修了兩年。所以走道家或密宗的路線，都差不多的，她還有很多問題問我，看起來很粗淺，道是什麼她也不知道，不過工夫做得很好。

現在講大圓滿，都是講實際工夫，屬於修持、修證方面。換句話說，大家對於修氣方面，既沒有好好下過工夫，也沒有實際經驗，同時更沒有真氣發動。年輕的道友們，在討論各種各樣的境界時，老實講都是幻想，沒有經驗；幻想沒有用，現在這本法本告訴我們，修氣的時候常會有些毛病發生。

修氣時的偏差

「第二修氣時，貪明境界（一）」，第一個毛病，修氣修好了，會貪圖光明境界。光明境界分兩種，一種是心裏頭，就是腦子裏很明白，比如不要睡覺了，頭腦不昏瞶，明白的明；一種是有相光明的境界，晝夜就在一片光明中。道家所謂的晝夜長明，就是白天夜裏永遠在光明之中，像在陽光下照耀一樣，當然也不需要睡眠了。一般凡夫的習性，覺得自己不想睡眠就很害怕，實際修道的話，則是當然的現象；有時候睡也等於沒有睡，沒有睡又好像有睡，當然這些因為你們都沒有切實修持的經驗，所以不知道。有時候在睡眠中，硬是有沉墮的味道，好像在高山頂上，一下子掉到平地似的，但心中並不害怕。那時候已經在睡眠了，可是仍是清醒的，因為你沒有經驗，當然會有點奇怪。像這樣各種各樣的境界都有的，所以修氣偏差會貪明。

「自心持為空明（二）」，自己心裏永遠保持在空，在光明中，住在那個境界不捨，永遠保持在那裏。修行修到這樣，那還不好嗎？可是你到那個境界，常住空明而不捨，同樣是沉墮，理由是貪著了。《金剛經》上說：「菩薩於法應無所住而行布施」，住於空明，就是住在貪嗔癡惡法中；被善法綑綁也非佛法，不得解脫自在。這是第二偏差。

「捨棄他道（三）」，其他都不要了，只在光明境界上，其他佛法都不修了，這就是偏見。

「執此為究竟（四）」，認為光明到了就是，見地馬上就偏差了，認為這就是圓明清淨，就把這個當究竟了。

「不覺察明乃與嗔恚毒和合（五）」，這一點上次講過了，所以修道人有時候看到人家笨，一點都受不了，因為自己太亮了，太乾淨了，所以看見一點纖塵，脾氣就來了。人太明了就容易生氣，換句話說就是氣大，這些都是偏差。

這裏只講偏差，對治的道理都沒有講，比如氣大，光明大了，氣滿就不思食，飲食減少，甚至於不吃了，腸胃空點較好。明是與嗔恚和合的，你們有智慧就可以了解世界上的英雄、豪傑，學問好，頭腦聰明的，對別人的要求都高，一般人吃不消，因為他明，明就氣大，稟賦氣質也和人家不同。所以大多脾氣好的人，跟笨蛋是兄弟，聰明人跟脾氣壞的是兩兄弟，世法和佛法是一樣的。

「此乃由所修法而成者五」，所以修氣有這些偏差，這些是在講大原則。這是教我們先認清楚，在毛病偏差境界出現時，就要知道。下面是講因修空明定走上邪路，偏差得更嚴重了。

「明邪氣障而氣太粗野（一）」，明邪了以後，氣脉發生障礙，我們人人都有氣脉，平常當然不覺得，除非有毛病才覺得，這是講壞的一面。從好的一面講，是你修到了就感覺到氣脉了。你們一天到晚在昏天黑地無明中，當然不覺得。「明邪」走入邪路時，氣脉有障礙，氣就非常粗野，變成普通練武功，練內功的氣功，不是真正在修道了。練氣功的人，對健康長壽絕對有輔助，但那不算是道，可以說它是氣障明邪，是練有形的氣了。

這話要注意，你氣脉一動，對世間法處處都執著，平常本來看空了，這時反而執著，什麼都要，這就是氣障，自己不知道，反而妄念增多，空不了啦。不過依世法來講，讀書也懂了，一切思想、知識也知道了，好像在進步，可是這個是邪門。所以邪與正很難區分的。正中之邪就是歪了，這時候你的妄念變成主體，臨濟講這是賓作了主，曹洞言這是臣作了君。這個時候，沒有明師指點，一墮下去，自己不曉得幾生幾劫才翻得過來。

「唯生嗔恚（二）」，脾氣越來越大。所以學武功的人愛打架，練氣練得一身都發脹，格老子看到就想揍人，連自己挨打都過癮，練氣就有這個毛病。當然學武功的，如果氣化得了，那就走上空明定去了。

「妄念增甚而粗猛（三）」，就因為氣修好了，氣脉動了，因此對人世的一切也看不慣了，這就是由氣脉所發生的毛病。但不要因為過程中的毛病而害怕，不修持還沒有這些毛病呢。這是第三個明邪。

「氣盛而昏眩（四）」，有時候工夫做得好頭腦會發昏，有些則感覺想要睡覺；這個時候大大需要睡眠。所以道家、密宗到這個階段要閉關，大睡一覺，那一大睡說不定三個月、三年都睡下去，如果講病態，也是得了睡病。修道有時候到了某種程度，就像得了睡病一樣，道家有很多，陳摶在華山，一睡九年。俗話說「彭祖年高八百歲，陳摶一睡一千年」。禪宗祖師好幾位也都大睡，臨濟悟道後，在禪堂裏一躺就睡。叢林下禪堂，誰敢這樣不守規矩？他不管，把禪榻弄一弄就睡；師父黃蘗過來巡寮，手裏拿著棍子打人的，看到臨濟躺在那裏睡，他卻不響。有兩個坐在臨濟旁邊的，他們用功得很，黃蘗拿著棍子兩個都打，說：這個年輕的在參禪，你們在這裏打什麼妄想！一點都不冤枉，臨濟那時就是「氣盛而昏眩」，進入那個境界了，需要睡覺。所以善知識如果道眼不明，怎麼接引人，照應人呢？如果那時說臨濟是昏沉，只睡覺不用功，你就把他害了。所以真到了這境界時，需要睡，翻一下身子都不翻，一身是柔軟的，就是所謂的「煖、壽、識」。普通沒有到這個境界的，就是病態的境相。

「不欲住於一處（五）」，心不能在一個境界上專一而定，甚至影響到生理也不定，在這裏坐不住，到那邊也坐不住，跑到街上，又覺得厭煩，反正哪裏都不對。然後只怨環境不好，沒有清淨地方。其實淨土是在你心中，哪裏不清淨？因為自己在業報中，而不自知；因氣動了，但氣走邪了，明邪而發生障礙。換句話說，自身的氣質改變了。

「此乃由所棄而成者五種」。以上五種偏差，是由於世間法放空了，修氣有成，而變現出來的毛病、偏差。

修無念產生的偏差及過失

「第三修無念時」，關於修無念，有同學講：這個無念不是禪宗悟道的無念，這個無念是做工夫做到的無念。對的，比如空明定，這裏講的光明圓滿，也不是《楞嚴經》《圓覺經》所講的那個光明圓滿；如把由氣脉成就的光明定，和清淨圓明混為一談，也是邪，等於說「執著真如亦是邪」。

「貪無念境界（一）」，修無念時，會貪圖無念境界，久而久之，有念頭來都討厭，最好隨時無念。我在這個境界住了很久，甚至於三年當中，書拿起來看，意思也懂，但那是什麼字念不出來，也寫不出來；無念到這個程度，就產生一個毛病，任何事都容易忘記。所以貪圖無念境界，會產生那麼多微細毛病。

「自心持為斷空（二）」，身心保持那個無念的境界，保持久了，實際上就等於斷見，落在偏空，自己不知道；因為念來自然討厭，心中意識有個念頭來就討厭，就向無念境界走。後世學禪的，很容易落在這個毛病中；至於現在學禪的，什麼都談不到了。

「捨棄他道（三）」，這是三個修法中都有的，認為其它的法門都不是。「持空為究竟（四）」，認為只要無念、空，就是道，有這種偏差的話，如有成就，最高不過在無色界中，無色界中當然什麼都沒有，一耽誤就是八萬四千大劫。也好嘛！躲躲原子彈也好，可是在那個定境界中，也只覺得一刹那就過去了。而且在那裏等於傻瓜一樣，就像豬老兄，吃飽了睡，無念的結果，會落在這個境界，變成真愚癡。

「不覺察此與愚癡毒和合者（五）」，我心本來如寒潭月之皎潔，最後反而會走入這個愚癡道去了。不過要聲明，這是講工夫上的無念，不是悟道那個無念，悟道那個無念，那是無上法了。所以在工夫上，你縱然能夠無念很久，乃至三年五年，但是越來越愚癡，不得了的，在修證境界上，這是很嚴重的偏差。所以你們學了這些，自己要會單獨做工夫，離開我，都要會自己走路，再不曉得走路，那也沒有辦法了。

「此乃由所修法而成者五」。以上這些，是因為專修無念定，所造成的五種偏差。

「空邪無念之障，乃心照無記空，此唯是愚癡（一）」，由於修無念的空，而走入邪門，所謂賓作了主，也就是正中之邪。空本來靜，沒有錯，所以空之邪，就是靜之邪，因為你心裏觀照一念不動，以為這個是空，但這正是頑空，頑空也就是無記定。什麼是無記？無記者是善惡皆不記，不是善惡皆不住。落在無記空的結果，你們知道嗎？注意哦！很多人打坐都想除念而求無念，叫你們繫心一緣，始終不肯去幹，如果不從繫心一緣來修，最後不可能證到真空，那是做不到的。繫心一緣都做不到，那是不行的。所以不能停在那個空，那正是在無記中，就是愚癡境界，這是第一點。

「未到清澄而沉者（二）」，本來面目，就是《楞嚴經》所講的「妙湛總持不動尊」，也是所謂「覺海性澄圓，圓澄覺元妙」。你那個覺得無念，實際上正落在細昏沉中，在沉沒之中，根本沒有見到本來面目的澄清一面。

「未得分明而昏者（三）」，在無念中不能分分明明，所謂物來則應，過去不留；理上會講，事上沒有做到，落在非常微細的昏沉中。因此整天頭腦昏昏的，對於世間、出世間，覺得百事無聊無興趣，情緒也非常低落。這個都要注意，要仔細的檢查自己。所以嚴格的講，你以為是在修行，實際上是在造不好的業。現在跟你們講這個，真是你們的大福氣，多生多劫難遭遇的，給你們說得那麼明白。許多在座的，不管在家、出家，都沒有資格聽，今天有緣聽到了，好好記下來，種在八識田中，千生萬劫，總有出頭的一天。到那個時候，乃至末法時候，佛法沒有了，自己能夠回憶起來，就可以救自己。不好好用心，光是瞪著眼睛看，沒有用的，要特別注意！

「於赤露自明不顯揚而空者（四）」，真正明心見性了，赤條條來去無牽掛，本來面目清清淨淨，自性本來隨時隨地都是赤裸裸的，根本不顯揚，但是覺得好像自己空了，把這個空的境界，當成是赤裸裸的本來面目，反而不能真達到赤裸裸的這個境界，這是第四偏差。

「於無念空由斷絕境中滅無識之行動（五）」，你自己認為已達到無念了，以沒有念頭為究竟，甚至一起心動念，不管動善念或惡念，自己都認為自己錯了一樣。實際上那是斷見，斷絕一切因緣，也就是斷絕了一切功德資糧，因為功德資糧也是因緣所生。在斷滅見中，認為無意識的行為，所謂打坐，打而不打，不打即打；吃飯，吃而不吃，不吃即吃，認為這樣是對。有許多用功到最高處，吃飯時，覺得不在吃一樣，認為這個就是無分別，錯了。無分別是隨時隨地在分別中，即分別處是無分別，這個你們不懂。一般人把「滅無識之行動」，當成自己已經達到無分別，這是大錯。

「乃由所棄而成者五」，這是修無念定，因偏差而成的五種過失。

「總上有三十種，修習時之過失」。剛才講到關於做工夫，修持空樂、空明、無念的偏差三十種，這是大原則，沒有微細的分，互相變化起來就多得很，配合《楞嚴經》五十種陰魔，都是同一道理。修行不是那麼容易吧！所以大家隨時隨地落在偏差中，而不自知；然後貢高我慢，自以為是。這樣一錯，就不是一生兩生的事，而是錯到好幾生去了。

如何對治偏差

「普通對治方法，一一認清彼之所修法，何者現最有力，此乃易知也」。每個境界來，自己都要認清楚，要有自己的智慧。所以修行想靠佛菩薩，靠上帝幫忙，是不可能的，上師只告訴你修持的方法與經驗，以及可能的偏差；你自己要努力修智慧，要認清楚。有時上師或善知識告訴你的，你還不信，說你現在錯了，你還不承認，還犟起來；這就是五十種陰魔裏的，就下去了。個性不強的人，慧力不一定高；個性越強，魔境越大，自我貢高我慢之故，自然就偏下去了。偏下去了，你說諸佛菩薩怎麼處理？只好不理，讓你在輪迴中慢慢滾。要下油鍋，乾脆下面還加點火，油炸硬一點，等你炸酥了時再來；你要下地獄，那就給你下深一點，那就是大慈大悲了，不然有什麼辦法！所以自修智慧，自求福德太重要了。至於對治方法，曉得現在在做什麼，修的是什麼法，到了什麼境界，自己都要一一檢查清楚。所以我始終告訴你們，學佛學道的原則，就是反省的工夫，反省的學問，也就是檢察自己內在最深的行為科學。這個時候的反省最有力，對於所呈現的這個境界，就會知道如何對治了。這就是共法，是醫治自己毛病、魔障、偏差的共法。

「其不共者，唯以知自性之真面一種而調治之」，悟了道的人，真正明心見性了，神通具足如佛一樣，放光動地也很平凡，騰空變化不過如此，皆是此心此性之所變現，邪正也都是它所變，這是不共的法。不共法是大智慧，自在的解脫，無所謂對治與不對治，一知便休，知道了就了啦。

「如何障來須當認清，則以信解恭敬，啟請上師，猛力懇求加持，遂觀察彼障由何而生，住在何處，障害於誰」。最上等的法是自己悟道，認清本來面目，哪一種障礙來都認得清楚；有時認清力量不足，唯有信解恭敬，祈求上師的猛力加持。為什麼不祈求佛呢？佛總比上師好吧？這其中有大奧密。所以修密法是上師相應法，與禪宗一樣，師承最為重要，比佛都重要。這時候只有修上師相應法，求上師的智慧、功德加持，觀察自己的障礙怎麼來的，現在落在什麼境界，障礙在何處；或者是氣的障礙，或者是脉的障礙，或者是理上的障礙，或者是事上的障礙。

「若是等皆不可得，唯自心通達，住於赤露明顯時，一切皆自心自色中解除也，是即名為障礙了知為悉地之瑜伽者」。真正悟後起修的人，比較好辦，當然不一定完全好辦。每一個境界來，都很清楚它的起處與落處，知道一切境界，一切的一切，都是了不可得，都是迷幻藥，沒有一個真實。真的菩提，乃至如來成佛，也如夢如幻。何況這一切皆是由修而起的境界，更是如夢如幻。所以此時了知皆不可得，一切唯自心所變，自心所現。佛是自心所成，魔也是自心所成，唯自心通達，住在赤裸裸的見性明白，才曉得是障礙或非障礙。於是一切皆從自心中解除，一切皆是自「色」中解除。

色法，包括地水火風，變現時能加以解除，當然這就要大智慧了。所以教理上，般若與唯識都要通達，乃至於世間、出世間一切都要通。所以我經常感嘆現在的青年，在家出家一樣，光是說學佛、學佛法，而一本經一本論也不通達；佛法不成系統，佛學也不成系統，世間法全都不碰，像這樣就想成佛，世界上有那麼便宜的事嗎？動不動就說學佛，虛晃三招就能成功嗎？告訴你吧，不可能。

佛能通一切智，徹萬法源，所以教你們要跟佛學；佛在年輕時，世間、出世間一切學問皆已成就，後來才證得佛果。一個凡夫想成佛，也是一樣，要遍學一切學問。你們現在學會念個咒子，會唱、會念、會拜，會講幾句空啊有啊，油腔滑調，然後閉眼睛會打坐，這樣就能成佛嗎？那別人都白玩了，佛也是白玩了？難道古今的善知識都笨，就是你們最聰明嗎？也不努力看經典，研究學問都不努力，然後空閒時什麼都不幹，以為這個是學佛，大家好好檢查自己吧。

剛才這些話是說如何在「自色」中解除之難，你不要看這兩個字容易，自心中解除還容易懂，自色中怎麼去解除？色法就是四大地水火風，自色就是你四大的身心中，就像物質世界的日光、空氣、水，氣候等等一樣，乃至用藥物來調整，都是「自色」中解除之法。所以自己因為障礙，而了知而成就，這樣的人，才可以說懂得修持了。由修持所發生的魔難、障礙，自己都能清楚，成就真正的悉地（成道的境界），這才是真修行的人，

「又凡所現所生而成功德過失者，若知一切皆自心之境，無有他者，苦亦自心，樂亦心，憂亦心，喜亦心，心而外則無有也」。再其次接近禪宗的路線了，你真明白了，曉得現有的善惡各種境界，各種成功，各種過錯，魔障界、佛境界，一切都是自心變現的境界，絕無一個真正魔來魔你。如果你看到一個青面獠牙的魔，形狀恐怖可怕，咬你的頭，這仍然是你自心所變現來的，絕無其他的。從前有一個修道人，在定中有個魔來吃他，魔張開一個大嘴，比他的頭還大；他把頭伸進魔的嘴裏說：你咬吧！結果沒有了，一切皆自心之境，無有差別。所以苦也是自心變的，不過你要檢查得出來，自心今天為什麼變成這樣的情緒？樂也是自心變，憂也是，喜也是，心外無法，一切都是自心。所以要隨時曉得檢查出來，曉得怎麼樣是對治法，修正它，這就是修行。

「若能了此關要，是極歡愉，衍文也。吾云解除彼一切障，生極快樂，凡生障及不適意事，惟全要行加行，此乃瑜伽者所需也」。修持中，一生一切魔障礙，乃至心裏頭感到，這兩天修持特別歡樂，或者不痛快，也都是障礙，除了修上師相應法之外，就要修加行。加行道很多，比如拜佛，求懺悔，念佛或做體功，打拳或其他的運動，甚至於上咖啡館，看場電影，或跳一場舞，上街逛逛等等，自己試試看把境界變換，要自己去試。這就是二祖所云：「我自調心，何關汝事」，要曉得調心，以為修持只要一味冷清孤修，那是不會成功的。

「若不如此，而作他方法，此名為惡劣者，故魔害之也」。如果自己不曉得調心，修各種加行方法，而另求他法，或者再求個魔法來修，變成頭上安頭，就非常惡劣，反而真的落入了魔障。

什麼是修道的加行法？八萬四千法門皆是加行法，念佛、觀呼吸，各種觀想、念咒子，都算是加行。沒有大澈大悟以前，一切法皆是加行，八萬四千法門，都是調心的方法。乃至山邊林下走走，種花栽竹，乃至唱歌、跳舞都是調心。不過比丘別解脫戒，唱歌跳舞是犯戒；大乘的修法，戲曼歌舞不算犯戒，是調心之法。如果你藉題而貪圖，那就犯戒；如果心中知道是在吃藥，行為雖如此，不算犯戒，不需要向人家解釋。

「凡有所生，自心使之分明，於內妄念，尋求障礙，了不可得，此乃自性大圓滿之緊要」。《金剛經》講「凡所有相，皆是虛妄，若見諸相非相，即見如來」。但是一般講《金剛經》都偏向善法一面解，也錯了。凡所有相，即使成佛之相也是虛妄，一切相皆無所住，皆不著，統統捨了，過去不留。所以有人說，我當時的境界是空的呀，多好，可惜後來……你這麼說已經違反了佛法的道理了，過去不可得，你留戀過去幹什麼？「苟日新，又日新」，昨天是昨天，今天是今天，認為昨天的境界就對，那你不是錯誤了嗎？哪有對與不對的境界？應無所住而生其心的道理，也不懂。所以要你知道，有障礙，障礙也空，空也空，了不可得也了不可得。換句話說，上一句是不了義，障礙也不錯；這一句是了義，也是不了義，錯與不錯都是混蛋。所以什麼是佛？乾狗屎，這是了義法，這是「自性大圓滿之緊要」。

「示出如我所行持而著述也」。祖師（本書作者）說：我為了慈悲才把修持的要領告訴大家。

「第二義，等持之助進」。這是第二義，是助道品；今天的法本，不過是你們的助道。

「於何所出方便，對治失壞及未失壞而令增上二者」。這是告訴你們如何修持，怎麼樣叫對，怎麼樣醫治自己修行的魔障，使你得增上道法。你看過去的祖師們多慈悲，為了後世人，把佛法的大要集中；有成就人的著作，都是因悲心而著作，絕不是為成名，不需要名了，名對他沒有用。這是他們無上的慈悲，所以我們要珍惜，要恭敬，一恭敬就得利益了。

如何調治過失

「示對治功力有過之次第者」。下面是講在修持做工夫境界上，有過失的時候，對過失調治的次第程序。

助進調壞及增上，調治壞失有三種。最上見治、觀諸法。心所安立如幻化，體無實執遍如空，離我所執自性空，無有執着中任運。染障之力現本性，一切障難求化善，違緣悉成菩提伴，體樂心安續不斷。

幫助你修行做工夫是「助進」，修持境界壞了，如何調整，乃至修增上法。關於如何調治修持境界的過失，共有三種：

「**最上見治、觀諸法。心所安立如幻化，體無實執遍如空，離我所執自性空，無有執着中任運**」。對治、調整各種魔障，最上品、最上乘的是靠見地、智慧。比如大家沒有修行，因此沒有進步，這就是魔障。講《宗鏡錄》時你也聽，打七也參加，靜坐也坐，你們進步在哪裏？這樣大的魔障，還說沒有魔障，連這一點見地都沒有。自己連這個都看不清楚，怎麼談見地呢？沒有魔障早成就了，少一分魔障，多一分進步，怎麼說沒有魔障？而且自己檢查一下，每天都在魔障中。比如想打坐，剛坐好一點，又有事情不對了，就是魔障。

凡夫的魔障在哪裏？愛說話的，沒有對象講話會活不了，起碼短命好幾年；愛打牌的，湊不起牌友，好幾天沒有牌打，快要生病了，這些都是見地。假使見地真到了，沒有什麼魔，觀一切法都是如夢如幻，也就是《金剛經》上說的，「凡所有相皆是虛妄」。那你說懂了，什麼境界都不要了，那你三餐吃飯忙忙碌碌，你希望什麼事都能了了，這不是境界嗎？整天妄想不斷，這不是境界嗎？人生哪一點不在境界中？人生一切都是相，「隨順世緣無罣礙，涅槃生死等空花」，談何容易啊！真做到了就成功了。

如果你見地到了，在世法中一樣修持；當年與袁太老師在成都，創立了「維摩精舍」，一切簡單潦草，哪裏像你們這樣有冷暖氣，一切鋪排得舒舒服服的。那時我們在哪裏打坐？在跳舞廳、茶館、咖啡館、戲園。我們看戲去，票一買，茶一泡，看我的戲，就是打我的坐。越唱得吵，越清淨得厲害，「隨順世緣無罣礙，涅槃生死等空花」。你們在這裏還坐不下去，還想跑到山裏頭住茅蓬，那叫作修行嗎？什麼是見地的對治？就是「**心所安立如**

幻化」，一切法，世間法、出世間法都在內，魔與道也在內，都如幻化。「**體無實執遍如空**」，一切本來離我的，不要我去離它；「**離我所執自性空**」，我所執的自性本空，你修得了的，空得了的，那不叫作自性空，那是你去空它的。

我們大家為什麼修行沒有進步啊？你不管打坐或不打坐，一修道時，就去執個自性空，偏要去空它，那更糟糕。所以見地一錯就會樣樣錯；頭不正，尾巴怎麼正？自己連這個都檢查不出來，你們怎麼修行呢？「**無有執着中任運**」，一切都不執著，那就差不多了。如果說我一切都不執著，就是要打坐，那你早執著了，要在一切無所著中，任運自在。要注意的是，善法無所著，當然惡法更不要執著了，所以五祖說：「不見本性，修法無益」。見地不到的話，你修行的法門，都變成了邪門，何況修邪法，更是邪中之邪。

「**染障之力現本性，一切障難求化善，違緣悉成菩提伴，體樂心安續不斷**」。在染障當中，在惡法中，在魔障中，乃至在地獄中，呈現出自己大智慧解脫之力，這個才是明心見性。如果只會在善法中修，那有什麼稀奇啊？所以在一切障難當中，要把魔法都變成善法。如果一切的違緣不能轉成菩提，你還求個什麼道？你以為清淨就是順緣，就是道嗎？你落在清淨中，清淨就是違緣，就見不了道。所以真見道，真修道，越看越難，佛陀常常提「善男子，善女人」，太多了。四川話，善同散同音，散散漫漫的，無所謂，滿地都是這樣的人。所以我非常感嘆，幾十年當中這個材料（真的法器），也就是真修行的人很難找。

這個時候，你明白了，智慧知道了，涅槃清淨之樂自然就在煩惱中，「**體樂心安續不斷**」，不用功之用功，無功用之用，無往而不用功，相續而不斷，這是見地。見地就是禪宗的悟，當然這是我講的，不是你們的悟，可能越聽越誤了，非要各人從自己蹦出來的才行。

「『現出無方天空悟』，最上瑜伽士，能了悟一切皆如幻，無有實體，則障礙根本解脫，現出法爾證悟」。最大的見地就是明心見性，真到了明心見性悟道的那個境界，就像是滿天的雲霧散了，立刻呈現如青天一般的本來面目，無邊無際，了無掛礙，了不可得的虛空，這個才是最上瑜伽士可以修到的。悟到了這個，還有境界嗎？有境界。那不也是一相嗎？相也無妨，所以永嘉大師見六祖時，圍繞三匝，當面一站，什麼都沒有講，六祖跟他對話幾句，最後問他，你這個不是分別心嗎？永嘉大師說：「分別亦非意」，分別也不錯啊！六祖講就是這樣，就是這樣，你對了。

分別也不錯，悟了以後什麼叫作有相、無相？所以這個時候，相與無相，悟與不悟都不談了。悟到了「一切皆如幻，無有實體」，再悟後起修，回轉來撿起這些破銅爛鐵來用，再來修空樂定、空明定、無念定，那麼所發生的這些魔障，不成其為魔障了。你們要問，悟了還要修這個嗎？《圓覺經》講，悟了道，好比挖到金礦，但無始劫來的金子，是夾雜在泥沙中，還要經過工夫化煉，才能純淨，再打造成器，放光動地。所以你悟到本性以後，正好修行，也是正好供養，也就是正好解脫。

第十三講

你能夠真見道，現量境界呈現，達到空性，了悟一切如夢如幻，沒有實體。這其中的道理，有兩點要注意：第一點是，一般認為悟了自然是空，但空是一個境界，悟是般若；境界固然是般若，但要覺悟到實相般若才是大悟，而這個覺悟實相般若的覺，可不是境界，這些地方大家要特別注意。第二點，一般學佛修道的，都拿境界當成道，當成了悟，真是大錯而特錯。最高的瑜伽士，在了悟一切皆如幻，無有實體時，所有的障礙，包括生理上氣脉的障礙，心理上的障礙，就都根本解脫了；這個時候，證到空性的境界，悟到大智慧解脫的理。

如夢如幻

「又涅槃輪迴之法，一切皆顯如幻之自性故，無有自性，本自如是」。諸佛是成了佛證得涅槃的，一切凡夫是沒有成佛，而在六道輪迴中生死旋轉的。涅槃與輪迴是相對的，夢醒就是涅槃，夢中生死就是輪迴，這是比喻，事實上真悟了，到見了空性時，才曉得涅槃與輪迴只是相對的境相。當一切都明白了，則無生死可了，也無涅槃可証，生死與涅槃一切皆顯如夢如幻，這是自性的本來道理。換句話說，它本身沒有單獨存在的性質，輪迴本身也無單獨存在的性質，一切萬象都是一體，而變化成物質世界、精神世界……一切一切都在生滅變化中。如果有一個涅槃可證，涅槃就是個境界了，凡是境界，都是生滅之中。

這裏「如幻之自性」，是指本體的自性；「無有自性」，是指涅槃與輪迴這兩個境界現象的本身，它沒有單獨存在的性能、性質。中國佛學最麻煩，這兩個自性常常混淆起來，害得一般講佛學、唯識的，都陷在這個問題之中了。現在有許多人都認為是「無自性」，說禪宗講明心見性根本是外道之見，因為書沒有讀通，都陷在這個問題之中。這還不止是普通一般人，近百年來，多少的大德，佛學專家，乃至大法師們，都落在這個錯誤當中了，非常嚴重。現在的佛學著作裏頭，更是如此，若是秦始皇再世，把這些都拿去燒掉才好。所以這個要特別注意，同樣的兩個自性，辭彙不夠，翻譯的人沒有留意，自己懂了，以為別人也懂了（結果混淆了）。

涅槃輪迴，本自如是，本來是空，生死本空，涅槃也本空，空的自性無所謂生滅，無所謂變異。

「般若八千頌帝釋品善現（即須菩提）云：天子等，我謂較涅槃有勝法者，然亦皆如夢如幻」。《般若經》的八千頌帝釋品裏說，善現對帝釋（玉皇大帝）說，我告訴你們，世上一切事都是假的，只有涅槃是真的，但涅槃也如夢如幻。

「是故如夢如幻，亦與彼涅槃之法無有分別」。所以如夢如幻也就是涅槃的現象。因此之故，五祖、六祖都提倡《金剛經》，不是只從理上懂，而是要證到「一切有為法，如夢幻泡影，如露亦如電」。這已經是全部的佛法了，也就是般若這個道理。

「無可分者，有情為業幻，瑜伽士為道力幻，佛為住清淨幻，故一切法皆幻也」。為什麼說一切如夢如幻呢？因為一切眾生都是被業力所綑綁，但業力也是夢幻，所以眾生如夢如幻。修禪定修道的人，是被道業所綑，但道業也是如夢如幻，佛證得涅槃住在清淨境界裏，是住清淨幻，因為一切皆是如夢如幻。所以執著了佛法為實在的話，佛法已變成外道了。那麼我們現在修什麼法呢？修如夢如幻法，所以是如夢如幻修法，要有這個認知。

「無二尊勝本續云：諸種幻神變，自然清淨現，瑜伽悉地果，道力現各種，三界諸有情，生業煩惱苦，於彼諸如來，知一切智慧，祕密不可思，現淨作業力」。密宗的法本告訴我們，一切都是幻的神變，如夢如幻不是沒有，一聽到如夢如幻，就以為什麼都沒有了，那是斷見，與唯物觀點一樣。諸佛菩薩的智慧與神通，也是幻化中的神變；換句話說，也是神變中的幻化。但能夠使我們起神通道業幻變的，是本體功能，本來清淨。所以修持的人，修禪定證得「瑜伽悉地」，就是這個境界圓滿的果位。

我們修道的果，也是道力呈現的各種境界，比如氣脉的發動，氣脉本來有，因為你不修道，沒有定力，發不起來；你一修道，清淨久了，清淨道力呈現了，就把本有的功能發了起來。所以三界裏頭一切眾生，被業力煩惱所困，佛則把煩惱轉了，變成智慧。換句話說，凡夫的煩惱越多，悟道以後，智慧越大；這也就是說智慧越多的人，煩惱越多。世界上也是這樣，一個人學問越多，痛苦越深，因為他看的、懂的太多了。所以學問好，懂得一切的人，如果悟了道，其智慧神通就廣大。所以笨笨的腦瓜，什麼都不懂的，就算是修道成功了，也不過是笨瓜道而已，由冬瓜變成西瓜，同樣還是瓜。

所以我們要知道一切差別智，在沒有悟道以前，學識越多，障道越深；悟了道以後，就怕你學識不多，學識越多，智慧越大。所以佛在《大般若經》上說：一切眾生，學問越好，智慧越多，煩惱越深，等於一個人吃毒藥一樣，是會死亡的。假定是孔雀的話，牠專門吃毒品，吃蜈蚣、毒蛇、蛤蟆、蝎子……這類最毒的東西，使牠的羽毛展開得更美麗，更漂亮。佛說菩薩的大般若智慧如孔雀，不怕毒多，毒越吃得多越好。所以眾生業力煩惱苦，到了佛境界，這些煩惱一轉，變成智慧了，這就是自性的功能，這就是最高的密宗，是祕密不可思議的力量。這是現量境界，煩惱的本身就是淨土，所以煩惱即菩提。

不過，我們大家可不要這樣講，那是玩嘴巴的，你把煩惱當菩提看看！你去煩惱吧！等一下就把你拖入地獄去了，不可以玩的。這是要把煩惱轉成現量清淨境界，現量境作為業力，才是善業智慧的力量。

虛幻的體道果

「又瑜伽者，應知體、道、果三者之虛幻」。修持的人，應該知道自性本性、修道、證果，這三樣也是如夢如幻；如果執著證果，還真有個果可得，那就糟了。體、道、果等於《中庸》的「天命之謂性」，這是體；「率性之謂道」，這是道；「修道之謂教」，這是果。「致中和，天地位焉，萬物育焉」也就是果。而體、道、果三樣，也就是體、相、用。在凡夫是體、相、用，在修道的人是體、道、果，但是你要認識「三者之虛幻」。

「如智慧海本續云：本自無有體，自性住如幻」。形而上的本體，是個假名，是表達用的，哪裏有個真正的體！如果有個體就不叫體了。比如海水，鹹味是它的體，海水提煉出鹽巴，鹽巴再化煉就變成空了，鹹在哪裏？找不出個固定的體，所以沒有體的。比如原子、核子，到了最後，是空的，中心是空的，沒有體。但是你說沒有體，它又有這個功能，自性本來常住在如夢如幻的境界中。

「住及斷常力，所現妄念幻」。我們自性本來就在，大家修道要想明心見性，你到哪裏去見？哪裏去找？你自性本來在你那裏嘛！但是眾生之所以找不到自性，是因為不落斷見，就落常見。我們的觀念總認為，斷了一切煩惱妄念以後，自性才呈現，這已經錯了。煩惱斷得了嗎？「抽刀斷水水更流，借酒消愁愁更愁」，煩惱一轉就是智慧，煩惱的自性本空嘛，斷個什麼？

煩惱又不會停留。你昨天生氣，到今天怎麼找不到那個氣了？昨天高興，今天也找不到那個高興了。喜怒哀樂煩惱都是本空嘛，不要你去空它。一般人學佛學個空，上座拚命要求空，自己去造這個空，不是「瓜」是什麼呢？所以上座個個都變成瓜了。你造一個空那就是煩惱，那個煩惱本身不停留啊！它本空的，你去斷它幹嘛？

那麼你說自性永遠在這裏嗎？無常啊！「昨日之事不可留，今日之事多煩憂」，煩的時候就是煩，不煩的時候就是不煩。那你今天痛快不痛快？不痛快；明天痛不痛快？不知道；昨天呢？昨天痛苦也好，煩惱也好，過去了。你留它幹嘛！還坐在那裏做工夫，拚命斷煩惱。你的煩惱鎖在保險櫃裏嗎？根本早就跑了。所以凡夫不是落在斷見，就是落在常見，不知道你現量所呈現的，如留下一念的妄念，本身就是虛妄。所以說眾生愚癡可憐，被當下的夢幻所騙，被夢幻所騙就是愚癡凡夫；知夢幻如空花，就是聖賢之道。

「是故生起圓滿次第為幻境界，應知一切亦如是也」。這句話把密宗「一股邋遢」就踢掉了，所謂生起次第、圓滿次第，一切不過都是如夢如幻。在這個道理上，應該知道世間法、出世法都是一樣的。

「智慧海本續云：佛身現空者，體幻離言思」。成了佛，這個佛真有個肉身嗎？佛的身體是空的，所以永嘉禪師說：「幻化空身即法身」。你真證了身空，那就是菩提，這個空的體，是幻，離一切言語思量所能表達的。

「性無別離邊，而形相不離」，它的自性沒有分別，離一切邊見，佛身是空的，但是，是有形相的，不過形相也空也幻。這個道理大家很不容易懂，比方說吧，我們大家有一個肉體，你以為這個肉體是實在的嗎？它本來是在夢幻境界，天天都在衰老、變化。可是雖然如此，在目前偶然暫時假的存在，它是「有」，所以說形相不離。

「悉能圓滿故，於諸一切法，善解等應知」。在這個「空、有」之間，由這個道理，我們學佛修持的人，對一切方法要善於了解，一切平等平等，都是如夢如幻。這都是講見地，明心見性方面，大家先應該知道。

「是故以緣之幻，無有而又表示明顯之一切法，已指其無實，為業幻三界令解脫故」。所以要了解一切都是緣起性空，因緣所生，自性本空。有人研究佛經講緣起性空，就問《中論》的中在哪裏？既然緣起性空，因為性空就緣起，中就在其中矣。中者空也，空者中也，不空不中，即中即空，還找個中幹嘛？又問《中論》講八不中道，那麼中在哪裏？這個問題問得好，不要看得簡單了。龍樹菩薩著《中論》，是用因明的辦法，破而不立，把一切都否定了，那麼肯定在哪裏？所有否定完了的那個，就是肯定，這個中間是空性的。建立一個肯定，已經落邊了，這個邏輯不是西洋的邏輯所能懂，這就是所謂因明，能破的即是能作，批駁了你以後，我的對在哪裏？我的都不對。到了沒有一個問題想得出來了，那時沒有對與不對，那裏頭就是了。

這個道理就是說「是故以緣之幻」，一切法皆是因緣所生，所以如夢如幻。凡夫的斷常之見，就會問：一切皆是緣起性空，中在哪裏呢？斷常之見總想去找一個道，你既然知道一切皆是緣生，因緣散了以後怎麼樣呢？散了又空，空了就是中，就是道嘛！道在哪裏？道就是一切因緣皆空，散了就算了是斷見，散了而不了，不了自了，這都是見地。所以緣生一切如幻，「無有而又表示明顯之一切法」，一切皆沒有，但是，這個沒有，不是唯物論的斷見之沒有，而是全體的有。

中文翻譯修道證果，解釋得很好，說果中有核，核為兩瓣，陰陽合攏，一敲開，裏頭是空的。但是樹枝、樹葉、果子等，都是從這個空來的，所以空即是一切有，真空就是一切。佛經上說，世上一切如夢如幻，如芭蕉，芭蕉的中心是空的。所以一切的生物，根根的中心是空的，證一個空什麼都有了。可是學佛開始，如果走迷信的路，走不正的路，最後的成果不會正的；所以空是那麼重要，一切無有才是一切有。同樣的，佛法如此，世間法也是如此，一切都沒有時，才覺得自己真是大富貴。錢越多越窮，越痛苦；地位越高，越痛苦，也是世界上最可憐的人。什麼人最痛快？窮光蛋，窮到只有一條命，天王老子來都不怕了。所以一切空，是人間最富貴的事，世間法也是如此，要看空，尤其是年紀大的，必須要一切放掉，一切空，才是真富貴。空的重要這個話，千萬要了解。

世間法「已指其無實」，一切如夢如幻，沒有一個真實的，凡夫在世上，為什麼最痛苦？因為把世上一切假有當成真實，總想抓住，所以就痛苦了。智者在這世間沒有痛苦，本來知道不屬於我的嘛！連我的生命在內，都是借住在這裏玩玩的。「為業幻三界令解脫故」，今天活著，到現在為止，還可以跟你們講話，說不定明天不講了，也走了。走了就走了嘛，散了，誰知道明天怎麼樣！既然如此，佛法為什麼叫我們解脫呢？因為凡夫在這個假有的世界，以假當真；佛叫我們不要被假有騙住，不受騙就解脫了。

「夫法之幻者，即修法及示無有實體之人等，與其後成就智慧幻之圓滿正覺等」。把這個見地搞清楚了，才好修。一切佛法如夢如幻，一切修證法也是如夢如幻，你說下午修數息觀修得非常好，可是現在又不行了。現在是現在，下午是下午，把那個境界始終留著，直到下午還好，那就不叫作一切法如幻了。所以上午白骨觀觀得好，下午觀不起來了，觀不起來不是更好嗎？那是空觀，如果你覺得空也不是，那更好，連如幻都沒有。那你在幹什麼？我在煩惱，好，煩惱即菩提，沒有哪樣不好。這些不是玩笑，真這樣你就解脫，你就悟道了。

你們都聽說過，禪宗說當下即是，為什麼昏頭昏腦時，不在昏頭昏腦上？叫你睡又不敢睡，叫你醒又醒不了，你說叫我怎麼辦？那就半睡半不睡好了嘛！又不敢。這樣也不敢承認，那樣也不敢承認，怎麼解脫嘛？所謂解脫，還真有一個解脫的境界嗎？物來則應，過去不留，這個茶涼的，嘿！我本來愛喝冰；燙的，我從來不吃冷的；不冷不熱，正合適；又冷又熱，怎麼辦？吹一吹，等一下涼了就行了。都好，就解脫了嘛！佛法就是如此，真做到如此，恭喜你，你就成就了，就怕你不能解脫。這是解脫法，這個是見地。

大家修氣脉、光明、空樂，甚至於無念定，這一切的修法，你不要執著，也是無有實體；甚至現在我這個人，乃至將來的成就，乃至一切智慧……一切皆如夢如幻。「為如是了解而教誡之」，所謂無上正等正覺三藐三菩提，也是如夢如幻，要有這個認識，這個見地。

那麼三界如夢如幻，誰在變化呢？是自我的業力在變，六道輪迴的眾生，無主宰、非自然，一切因緣所變。

「妙幻師請問經云：由業變化幻，是六種眾生，以緣變化幻，如鏡影像等，以法變化幻，是我周比丘，我乃真圓覺」。當我們在鏡子裏照到自己的影像，你不能說沒有這個影像，有，可是這影像不實在，如夢如幻，法都是意所生，我周圍的比丘也如夢如幻，乃至緣覺、羅漢，諸佛菩薩智慧之變化，也如夢如幻。

「智慧變化幻，如是故知取捨為修習幻之時也，應知一切法離有無邊」。這個見地認知了以後，你什麼法都可以修了，取捨之間很清楚，離開了有，也離開了空。

「如無二尊勝續云：此幻離有無，雖中亦不住，是皆為世俗」。這些都是對於世俗人而言，沒有辦法，只好那麼講。

「諸法亦不住，乃幻之自性，不滅境自生，此等之理趣，可廣看虛幻休息妙車解」。一切佛法都不住，了解了如夢如幻自性本空，到達這個境界，自然了解本來自性不生不滅。有一本密宗法本，講的是幻網法門，把幻網的中心扼要統統講了，大家可以看。

這裏就是說，不管前面修氣修脉修各種定境，先要見地清楚。剛才講是上等根器人的修法，同禪宗一樣，根本不需要修法，言下頓悟，一切如夢如幻，無所謂修法不修法。

「復次中等瑜伽士者」，下面講中等根器人的修法。

中根器的修法

中修調治清朗起，制心一處得正念，不散住樂明無念，散不住一是有過，剎那不散境中住。

中等根器的人，不能言下頓悟，必須要修定，世上有許多人，都把自己看成上等根器，道理懂了以為到了。換言之，他制心一處都辦不到，叫他打坐都坐不住，一天到晚在散亂中，隨時隨地在散亂，念頭都控制不住，還自以為在學佛，不曉得自己是在造地獄之業。那麼高的理固然懂了，但都是太用假聰明。我是否比你們聰明，不知道，但是我修法時，走的路子笨得很。

我讀經讀到「如芭蕉」，硬買芭蕉來剝，一層層剝光了，才相信。這個道理很笨，你們一般人不肯走這個笨路，所以我經常說你們不踏實，理懂了是個理，你要再求證啊！佛經說制心一處，無事不辦，我做不到無事不辦，那麼我先來制心一處吧，試試看。你們制心一處都做不到，還能夠談定嗎？什麼叫制心一處？外面的境界一動，你就東看西看，這叫什麼制心一處？這是什麼佛法？自己都不曉得反省，不曉得慚愧，還自以為是。過去的叢林，像這樣子的話，就打棒子，趕出山門。

老實的修持，中等根器修法，先要把心境修得晝夜在清明中，先要修到制心一處，得正念而不動。這很難了，要沒有散亂心，隨時在正念中。什麼叫正念？隨時在快樂、光明、無念的境界裏，正念而住。樂、明、無念不是念，而是境界，就是心理生理兩種現狀。比如你觀「光」，這時一念光明；你觀白骨，這時就是白骨朗然；你修止觀，心息定住了；如果念佛，念到這一念沒有散亂，也不昏沉，就是正念的念佛了。比如念咒，一念空境，晝夜長明，躺下也好，站也好，行也好，永遠在這個境界裏。上上根器言下頓悟的人，就是永遠在這個境界中的。你以為悟了道就沒有這個境界嗎？那還叫作悟嗎？沒有用！要制心一處得正念，不是散亂住在樂明無念中。如果散亂，不能制心一處，那就犯戒，有過錯；這個戒是根本大戒，比殺盜淫妄還要重。你們不管是否受過戒，只要一念發心學聖賢之道，如果你的心，不能正心誠意而住，已經犯戒了。我們天天要反省，一天有一念不在正念中，已經是犯戒了。等到你去犯殺盜淫妄才叫犯戒，那就太遲了。所以真修持的人，要剎那間都無散亂心，既不散亂又不昏沉，得正念而住；而這個正念境界是樂、明、無念，這才叫定。

有許多人以為，打起坐來，什麼都不知道就叫作定，那是大昏沉；有許多道家、佛家中人，都把大昏沉當做定，我已看了幾十年。不過你們打坐姿勢都不對，要身正而後心正，心正而後身修，身修而後家齊；身都不能調整，身子都不正，怎能叫作得定？現在佛法都告訴你們，不散亂，住在樂、明、無念，同時三種平等，這個才是正念定。所以佛在《涅槃經》中說「常樂我淨」，那才是真淨土，才是真正的我。

「觀修一切過失，皆由散亂而心不能制於一處」。觀白骨觀等等，要注意，你修觀時，已經在散亂中了，因為你要想到腳趾頭，或者玉枕骨啦，想這一念本身是散亂，觀是利用散亂的這一念，把念集中起來。比如一團麵粉散在那裏，然後滴一點水，把麵粉裹成一坨，把散亂心都裹起來，變成一團麵，把一團麵再變成一個饅頭，所以修觀的觀想，本身就是一念。不錯，這是以妄來治妄，那麼你說要空嘛！那你先把妄念治住了再說；佛也告訴你制心一處，制就是制住，但是你修法要先會調整。

為什麼不能定呢？因為我們散亂心多，如散掉的麵粉，被風一吹都在飛揚，我們先下一點定水下去。所以《楞嚴經》也講，你道理都懂了，講得天花亂墜，沒有用，了不了生死，那叫乾慧，像乾麵粉一樣，風一吹就沒有了。什麼才不是乾慧呢？要定水來滋潤才是。我們修白骨觀集中在一點時，就是用定水，先把念頭制服下來。有時觀不起來，也不一定是因為心散亂，很難講的，也可能因道理不懂。儒家講的，過猶不及，都是病，太聰明與太笨都觀想不起來；太用心反而觀不起來。說觀想時便觀想，輕輕鬆鬆定在那裏就好了，只是輕輕鬆鬆擺著，輕輕鬆鬆的制心一處；制心一處久了就叫作定，慢慢就有變化，程度一步一步深入。所以大家慢慢來吧，不要急。

「故生所依脉、氣、明點及能依心等之諸障礙也」。因為心散亂，不能夠制心一處，而產生氣脈、明點（包括精）的障礙，氣脈等都是「所依」的境界；「能依」的本身是心。物質世界也是附屬的，是「所依」，本身的主體是「能依」，是唯心。所以「主」是心，身體是「賓」。如果把氣脈、明點認為是主，你就錯了。一般學密宗、學道的，也多數都把這個觀念弄錯了。可是話說回來，你的心真能定了，就是「能依」能夠定了，「所依」的自然會起來。如觀足趾白骨，你「能依」的心定住了，「所依」的煖就起來了，「所依」的定久了，氣脈自然通。如果「能依」的不能定，「所依」的氣脈明點就起不來。明點硬是有一個東西，像彈珠一樣走動，在身體內部能夠化精、化氣、化神，它本身也就是精氣神，道家叫它丹。「一粒金丹吞入腹，始知我命不由天」，就是這個東西。

但是有了這個也不稀奇，這是所依的，不是能依。由於我們不能得定，因此氣、脉、明點不起作用，仍舊是有生老病死苦的凡夫，沒有辦法轉生老病死。如果你得定了，「能依」心明白了，「所依」的氣脈、明點發起來了，但不隨生老病死轉，反而能轉生老病死苦。所以修定很重要，不要玩嘴巴，自己沒有證到的佛法，不要亂講，講不得，亂講會有下地獄的罪。有一天你證到了這個境界，不管你怎麼說，都是功德，所以要求證。這一段完全是講工夫。

「若中等瑜伽者，應知有總及別二者之調治方法」。做工夫如何做到制心一處呢？有總的、差別的兩種，這還是大概分類，差別裏頭就很大。

這樣你自己修成就了，就可以作善知識了。所以要多修功德，來生再來吧！要了解一切眾生的毛病，以及各人的思想、業力、根器，才會曉得對治的方法。這是中根修行人應該注意的。

總的調治法

「總調治者，無論何障，觀照自性自清修法，則極清明修樂明無念之境。觀修過失，其體無餘出現」。總對治的方法就是放下、觀察。不管你修什麼方法，數息、白骨觀、準提法……在發生障礙時，只有一個方法，就是放下。我們在山上閉關時，隨時碰到障礙，一餐吃不對就難過，氣候不對時也難過，或者煩惱起來，這樣搞不好，那樣搞不好。管他的！算了！一被蒙頭萬事休，睡一個大覺再說。嘿！好了，那才真放下。修不成功，死了再來。萬一投不了胎怎麼辦？做孤魂野鬼也修，孤魂也當不成呢？隨便撞到那裏就是那裏修，都一樣。無論碰到任何障礙，你要觀照自性本來清淨，本空嘛！那麼就一切有為法都不動心了。所以你們萬一修法碰到障礙時，充其量不修就是了，放下，不觀了，自然清淨。十念中有個念死，當成自己死了，大休息，佛我都不想成了，行了吧？你說生死最可怕，老子死了算了嘛！我不成佛了好不好！澈底放下。

所以在峨嵋山閉關，幾個大法師都被那位護法（狐狸）趕跑了，他就趕不了我。我跟他明講，老子不修道，不成佛了，放一把火燒了你，你怎麼樣？你變魔，我變魔王，格老子比你還狠，他就沒辦法了。碰到這樣壞蛋，你越怕，魔就越兇。這個放下的精神，就是金剛般若波羅密，能斷金剛，一切放下。有什麼了不起！你說那來生還要再來，我本來就是生生世世要再來的。沒有這個狠勁，只能做個小乘聲聞；大乘菩薩就是勇，有道理的狂妄，這個也是勇。

對治一切的修持障礙，能先了解自性的本自清淨，既然本空，立刻放下，就成功了，就可以對治障礙了。能夠真把一切放下，清明在躬的境界就來了。其實道理很簡單，不知大家聽懂沒有？只要那麼一狠，本身真放下了，心中當然清明了嘛！還怕什麼障礙！就是這個道理。你們以為這是狂話，就是因為你們沒有這個狠勁！對自己這樣一狠，心已經放掉了；真放掉了，清明自然呈現了；清明一呈現，樂明無念的境界就來了。這是總修持對治法門，這個時候，自性體性沒有保留的，自然呈現。

「二觀察集云，如火灼燒者，還以火而治，如水入耳者，以別水提出」。這個方法很對，比如手被蒸氣燙了，不要拿開，趕緊再給它燙一下，就不痛了；如果手燙到了，用冰一抹，痛死了。耳朵入水，乾脆再倒進水，等水充滿了，它就自己流出來了。所以密宗的修法，想發脾氣的，給你一間房子進去，隨意大罵發洩，等你罵累了，就清淨了。

「如是所說，乃與法極相合者也」。這些對治法們，與法很相合；實際道理就是一個「加法」，一個「減法」。所以後世中國禪宗，對沒辦法悟道的，給你參話頭，給你加，拚命加；觀空就是給你減，給你吃瀉藥，講來講去就是制心一處，得正念，修正念而住。你們修白骨觀的，什麼是正念？你確定要修白骨這一念，就算是正念，因為你很清楚全天必須要修這個念。如果說今天要修念佛，念佛這一念就是正念；如果說你萬緣放下要空，你認定空這一念就是正念。你現在所要對治的法門，是把這一念變成你的正念，不能變動，就是這個道理。

比如說你觀想觀音菩薩，突然一想觀音菩薩離我太遠，我觀別的好了，那就是魔障；正念一變動就是魔障，認定一念就不要變，如此修去，就不會錯。制心一處時，你忽然覺得另一個法門比較好一點，這個已經不是制心一處了，是被第二念插進來了，這個第二念插進來，已經是魔障。所以制心一處，不能變動，那麼就無事不辦了。

下面講修定當中，與身體有關的事情，這裏主要告訴我們，修持要到制心一處，不管你修空明定，空樂、無念，都要制心一處；不要今天修這個法，明天修那一法，變來變去的，沒有用。有的說，這是想求效果快一點，這種解釋都是魔障的話。重要的只有一句話，相信佛說的，「制心一處，無事不辦」。一念專精，第二念未來，所謂專精不二，就是制心一處。

第十四講

「又於分別調治三種中，初樂邪調治者」。

要特別仔細的聽，其實不止是大圓滿，《宗鏡錄》也好，白骨觀也好，我現在所說的佛法，就是按照釋迦牟尼佛說的。當年阿難，聽見有人把佛所說「若人生百歲，不解生滅法，不如生一日，而得解了之」，東傳西傳愈傳愈錯，變成「若人生百歲，不睹水潦鶴，不如生一日，而得睹見之」。其實就是上普通的課程，都會被人聽錯，所以教與學都有困難，更何況我們所說的，還不如佛的說法。我發現這種人很多，不管顯教密教，很多的話都被聽差了，實在沒有辦法，這就在於各人自己了。很多人常常抓不住要點，抓住皮毛又聽錯了，佛法這樣就很糟糕了，希望大家注意。

不住於法

現在有人提問題，關於六十六頁小字第一行的第三句「而形相不離，悉能圓滿故」，這個是講「應知一切，亦如是也，智慧海本續云：佛身現空者」，成佛的有三身：法身、報身、化身。法身是本身空的，肉身修成了轉為圓滿報身，也到達了空。這個空有沒有呢？有。實際上像什麼呢？道家所謂的報身成就了，這個肉身「散而為炁，聚而成形」，一念之間可以散，沒有了，不是隱起來的，而是同太空的氣合一。要他凝聚的話，還是成為肉體，看得見。關於肉體凝聚起來，就要看《列子》了。

列子有個師父叫壺子，是有道之人。列子見到一個人會決斷人的生死，他就把這個人帶來看師父。看了以後那個人出來講，你師父都快要死了，氣也沒有，神也沒有。列子回報師父，師父笑了說，我是表演「地氣」給他看，等於另一個境界，你再叫他來。這次再見，他說你師父，好了！又會活下去了。列子又告訴師父，師父笑笑說，這次給他看的是「天氣」，你再告訴他來看看。結果再來一看，立刻就溜掉了，因為根本看不出來了。這個道理就是說報身修成了，是散而為炁，聚而成形的變化。這個化身更是如此。「體幻離言思」，所以說三身成就的佛身如夢如幻，不是沒有，是散而為炁，更要有聚而成形，不可思議的境界，要有要無，任意自在。「性無別離邊」，這個自性無分別，離一切邊，絕對中觀正見，空也是邊，有也是邊，非空非有。「而形相不離，悉能圓滿故」，要活著的話，還是像人世間這個形態，這個形態並沒有別離自性，甚至自己一念之間演變，要變欲界天人三頭六臂，就現三頭六臂。所以說形相並不離，因法身、報身、化身三身悉能圓滿故。

這頁小字倒數第四行，「如是故知取捨為修習幻之時也，應知一切法離有無邊，如無二尊勝續云：此幻離有無，離中亦不住，是皆為世俗」。所以一切法修成功的人，諸法也不住，《金剛經》上說不住一切法。我平常都跟你們講過，一般人看了佛法以後，抓住雞毛當令箭，一做工夫，就要「不住一切法」，你早住了，你住在不住一切法上面。「諸法亦不住，乃幻之自性」，一切法本來不住，一切法本來自性如夢如幻，雖然如夢如幻，但能起一切作用。幻並不是沒有，幻有就是境，空也是境，「不滅境自生」，不滅一切境，自性生而不生，不生而自生。

第六十七頁第四行「則極清明修樂明無念之境」，用功修行，在定的境界，是樂的，大家現在卻是苦的，腿子麻，全身難過。真得了樂，樂、明、無念，是平等的，這是進入成就的方法，就是在修樂、明、無念境界的成就。「觀修過失」，觀一切修法的過程，太貪求樂則落欲界，太貪求光明落在色界，太貪求無念落在無色界，所以要知道調整對治才是。「其體無餘出現」，你曉得樂也好，明也好，無念也好，都是分別幻的變化。也就是上面的一句話，這些都是境，一切「不滅境自生」，這個體本身涅槃無為，無餘涅槃，雖然是空的，能夠生起功能，生起樂、明、無念的境界。所以在樂的時候，太住樂境，或光明境偏強了，就趕快要轉入無念。

還有氣脉修久了，光明修久了，毛病會出來，身體上還會生病，等於飲食吃太飽，太過分了。所以告訴你，「如火灼燒者，還以火而治」，如果是被火燙傷的，就要拿火來治，吃太飽時，就拿米麵來治。中國人麵食吃飽了，再拿麵烤得焦焦的，然後碾成粉末喝下去，就是藥。哪樣東西吃傷了，就用哪一樣來對治。大圓滿整個都講了，不過，因為以前很多人搞錯了，就走入錯誤的觀念，所以說密宗流弊很大。這個懂了以後，並不是說就可以修雙修了，如果有這個錯誤的觀念，自己聽錯而去造不好的業，到時候自己下地獄去！所以千萬不要搞錯啊！

這個法門，我把這個見地和修持的方法，都告訴你們了，你們重點絕不抓的，都是喜歡抓錯誤東西。注意第一點，由於禪的見地不透澈，而修這個法門有誤，流弊百出。第二，白骨觀如果修好，這些法也是多餘了。換句話說，這次講這個，是為了你們真能把白骨觀修好，這些密法都在其內，這個話我是講過的吧？好在有人點頭說有。你們沒有聽清楚的，那你們活該，因為自己聽法沒有專心。若真要依佛法的戒律，你查查看，聽法時若是聽錯了，是犯戒的，犯很嚴重的戒律。可惜大家不懂戒律，出家受了戒的人，也根本不懂戒律，不要以為磕兩個頭，到戒壇搞一個月，就是受了戒。在家的戒律也不懂，大家聽法時，上師那句法聽不清，聽錯了的，是犯戒的，這是真受過戒才知道的。普通在家人教書，世間法搞錯了也很嚴重，何況出世間法錯了，那更嚴重了。當學生的能把老師的意思搞懂，有高明的見解出來，那就是好學生。現在已經都交待你們了。下面看正文：

受陰境界

於精漏者金剛瓶，其內由吽（ཧཱུྃ）而燃火，焚燒身內之諸精，觀無餘狀即解除。病漏、魔漏亦要奧，壞滅執樂而觀空，注觀貪欲本體心，調滲住

無疑慮中，貪欲去現空樂智。心不適壞明點過，於此燃滴修樂定，沉重清濁不分過，復此身要端直坐，合口持氣自心中，由光充滿滿現有，觀想空樂即解脫。

這是關於漏丹的問題，所以不要說雙修了，連遺精都是有罪的。密宗所說的十四根本大戒，不管男女，「漏失菩提」是犯大戒的，這是很嚴重的。男性漏失菩提，當然第一是性行為，第二自慰也會漏，第三是遺精。男性的遺精，有時候嚴重的，小便都會遺精，我見過很多人，還自稱是修道呢！還有修道家的，專門搞這方面的，還在遺漏；至於女性更是如此，對遺精根本就不懂。

附帶有一個問題，就是在靜坐的時候，常常覺得樂、明、無念，一直在身上各部位同時發生，而且有互不牴觸的現象，彷彿好像樂、明、無念各得其所。這位道友提出了問題，問這個時候如何再求進步。這個問題之中另有個問題，就是在靜坐的時候，你覺得樂、明、無念不分部位發生，那是剛剛有點現象。樂、明、無念的發生是同時，也是不分部位的；如果腦子很清靜無念，覺得樂在下部或中心，而其他的部位沒有樂感，那是初步給你體驗的，有進步了。

所謂樂、明、無念，整個身心都是樂的，話都懶得說了；樂到最後，自然清明，自然無念，而境界則是光明，但無光。所以樂、明、無念是不分部位的，你的情形是在進步而已，這與真的樂明無念不能混為一談。你所說的同時在部位的感受上，覺得樂是樂，光明是光明，無念是無念，互不牴觸，好像各得其所。當然，你這個好像是真的樂明無念，其實這正是受陰境界，這個地方，你就要參了。

你們注意啊！大圓滿的修法，我沒有講到結論，如果我講到結論，我會把這個本子批駁得一塌糊塗。我現在也沒有精神，我要有精神的話，我就把密宗所有方法的錯誤之處，都講出來，他們執著的，同樣是受陰境界。所以你所講的情況，和一般人受陰境界統統一樣，屬於受陰不得解脫。事實上，由於修行者對禪宗的禪沒有修好，所以對於所講的，樂、明、無念，一定會走到外道的路子上。為什麼？因為他不曉得，這就是《楞嚴經》上所講的，落在受陰境界，不得解脫。你要知道，樂也是感受，光明也是感受，都是受陰境界；受陰不得解脫，五陰都不得解脫。

至於說這個樂從哪裏來呢？是地、水、火、風的變化而來，是受陰境界。

所以從前一講密宗，對那些大喇嘛，我就一條一條的，把他批駁得一塌糊塗。這個法本的修持方法，像我們後世，我倒也滿提倡，因為如果做工夫不踏實，根本談都不要談，更不要說見地了。但是工夫踏實了以後，如果被工夫所困呢？那就統統完了。

所以學佛是大智慧的解脫，你們懂了嗎？現在回轉來再說工夫境界，剛才有句話，樂、明、無念若到了圓融，人就變成一團了。這話是形容辭，形容身心融化了，用莊子的話簡單來講，就是與天地同根，萬物一體；是渾然一體，沒有部位是分開的。樂、明、無念，因為真發了大樂，到了極點自然光明，懂了嗎？不分部位的。這個時候拿感受來講呢？當然先感受樂，自己身上感受到了，動都懶得動。所以我經常跟你們講，在這個時候才有資格閉關；這時的閉關不一定是打坐了，也許是脫光了睡個把禮拜；其實不是在睡覺，是在這個境界上懶得動，連手指頭都懶得動。

所以我對你們講過，我連一張紙都拿不住，這不是病，你拿一張紙給嬰兒，他也拿不住，這是到達嬰兒境界了，就是老子所說：「專氣至柔，能嬰兒乎」。那是專氣至柔，一身軟到極點，好像骨頭都沒有了，會到達這個境界。這個時候必須要閉關了，再不然就是沒有章法的打坐，也許脫光躺著，鉤攏起來也好，反正要躺著，什麼都懶得動；要不吃什麼都不吃，要吃吃一大堆，一切都無章法了。但是一切也無罣礙，也沒有不好的反應，這是反過來另一個體驗，這個時候才是真正的樂、明、無念。

實際上，以中國文化來講，這正是修道進入一個基本的程度，叫作平等，真的平等。所以莊子說：「中央之帝為渾沌」，渾渾沌沌的，那麼南方、北方之帝，為了要感謝渾沌對他們的恩德，就一天給他開一個竅，七天開了七竅，「而渾沌死」，就是這個道理。「渾沌」，是七竅六根，原來不動，靈明自在，這個時候才是百丈禪師所謂的「靈光獨耀，迥脫根塵，體露真常，不拘文字，心性無染，本自圓成，但離妄緣，即如如佛」。所以有一次我跟馬一浮先生見面時問他：你著作上講「靈光獨耀，迥脫根塵」是果位上的事。我一問話他立刻就曉得了，他說：唉！我都後悔，很想把我全部著作都燒了，這是一大過錯。當時他如果答覆時仍堅持原意，我就告訴他，「靈光獨耀，迥脫根塵」是因位上的事。所以前輩的老師們的答話多高明啊！那就是馬一浮先生。他如果是跟你們談話，恐怕嘴都說破了你們也不懂。

現在再談到，在這個時候，這個平等境界時，「靈光獨耀，迥脫根塵」，你說一定是因位嗎？不是因位，已經入果位了；你說是果位嘛？果位也是幻呀！即使成佛也是幻呀！所以因果同時，也無所謂因果了。這是給你們講成道的因果，這不是你們所能懂的啊！果也是如夢如幻，但是確有其事。所謂確有其事，剛才所謂的其體自性「不滅境自生」，就是這個道理，所以你們不要聽錯了，認為沒有因果。

關於精漏

現在又回轉來講精，有些女性也漏精，這個資料很難找，尤其中國的女性不大肯講，但是在修道、醫學上有這些資料。女性的漏精有像男性那樣的，但數量較少，不過女性漏氣比漏精還厲害。如果身體不健全，氣就不充滿；氣不充滿則精、氣、神都不全，這個人根本就是破漏之身，像破瓶子一樣。像破瓶子的人，如果想這一生修成就，要很努力了。所以叫她發願求往生吧，一心念佛，求佛力加持，他生來世轉身再來吧！

所以要各方面都充分了解才行，先把氣凝轉來，把身體先調整好，像這些問題，一兩個鐘頭也講不完。對於這方面，你們諸位要知道，沒有中西醫方面的常識是不行的，要仔細研究。大家對於身體的調治，和氣脉這一門學問，太欠缺了，這一門不簡單啊。現在簡單的結束了，告訴你們，精漏者趕快要修九節佛風、寶瓶氣，我都教過你們，不過沒有一個人真搞清楚的，都是做做樣子，鼻子吹兩下，好像為了老師，不得已，真可憐！所以精漏的時候，要修寶瓶氣，然後瓶氣修了要修脉，要觀想內在中脉的中心根上「吽（ཧཱུྃ）」字。其實也可以不觀想這個梵文的字。

某某小孩！你有時來有時不來，你考完試沒有？參加聽這個課不能那樣自由呀！不要妄作聰明，要好好修，要來就每次都來。這樣玩聰明的人，世法、出世法一無成就，你就是很愛玩聰明，作人做事要踏實呀！要聽的話，就好好一起聽下去。

內在漏了精或者遺精，特別要注意，第二天就要做工夫。換句話說，第一天遺精了，第二天要重新來過，你所有的打坐定功都不算的。當然大家常常漏精，一輩子都這樣，哪裏有不漏的？那你說：我都不漏了，我行了！那你是根本發不動。至於獨身的人，包括出家的修女、神父、和尚、尼姑、道士、道姑，乃至包括有些菜姑，獨身絕對不漏的人，沒有一個。只有七八十歲以上的人，那是衰老。問題來了，有人雖不漏，他氣脉沒有成就，精沒有化，有什麼用呀！甚至那些人多半有癌症嫌疑。那麼你說有漏的就對嗎？那又錯了。所以修行這門學問，沒那麼簡單，不要以為寫寫佛學，嘴巴講講佛學，就是學佛了，那是開玩笑。所以我經常說，修道是一門大科學，而且是綜合性的科學，包括了中西醫學、生理學、心理學、哲學乃至政治學，沒有哪一樣不懂，不是兩個腳一盤就叫作學佛。所以大家要注意，漏精與不漏精之間，講起來細得很。

假使漏丹，第二天就要打坐，生活飲食都要注意，所以在家有夫婦關係的人，一點調治不對就出問題。比如你看某某，他不在乎，可以公開拿來做榜樣。當時我還在蓮雲禪苑，也是夏天，他一個人自己開車來，跑上四樓見我，臉黑了，腰彎起來，那個時候才四十多歲，臉上汗珠一顆顆像豆子那麼掉，這麼嚴重。他說到醫院檢查，照X光了，醫生說是「腎結石」，要趕快開刀，醫生也開了藥，他不放心說，老師，我還是要找你。我說這樣呀！我開幾樣藥你到中藥店去買，煎煮後先喝了，晚上再喝一次，夜裏舒服了，明天再去搞清楚，我看不是腎結石。第二天來跟我講，舒服了，好了。

好了以後，他問我這個是什麼病？我說是你跟你太太的房事，他說對！五天前。我說就是這樣來的，夏天到了，你們又不懂衛生，窗子都開著，風寒鑽到腎裏頭，那是男女性關係不知道守戒，久了就彎起背，病就是這樣來的，那幾味藥是散風去寒的，把腎裏的風寒趕出去就好了。

這個道理說明，修行不是那麼簡單，一點不懂就不行，以後如果再受寒受涼，當下就要注意飲食、男女的問題。有些人找我看病，十之八九都是從這方面治好的，其實都是精漏的問題。另有些吃我的藥好了的，大都是肝出的毛病，不是肝發炎，而是生活緊張用腦過度；再加上一個鬼聰明的人，肝用得太多，神用得太大，愈用腦子的肝愈壞，用藥把肝氣調順就好了。所以學佛學道不懂醫，就不要談了，慢慢去摸吧！

現在這個法本，講得那麼簡單，其實不是那麼簡單的，漏精以後第二天就要做瓶氣，用氣功調治。既然做氣功，飲食就要注意了，吃壞了不好，營養不夠不好，吃多了不好，太少了也不好。然後再觀想丹田，女性是觀想子宮部分，先由明點火力的燃燒，一團光一樣在燒，其實你們懂了白骨觀作用以後，比這個更好，這是我傳給你們的密法啊！照密宗規矩又要拿供養了，又要磕很多頭了。這我不是跟你們說笑話，這個話是吩咐你們，自己要曉得慎重，敬其師、敬其法。其實你懂得白骨觀，這個時候最好修白骨觀，然後白骨火力一燃燒，把一身燒熱了，百病皆除。密宗用的這個方法，比我剛才講的還差一點，可以用，那就要麻煩一些了，要觀丹田火光起來。

「焚燒身內之諸精，觀無餘狀即解除」。火光在三脈七輪燒遍，就把熱力貫通了，把每一個毛孔都充滿了熱力。然後在定中觀察自己身體中的感受，沒有毛病，也沒有任何部分難過，或漏了的過錯，漏後的神態也沒有怎麼樣，雖然漏了也沒關係。這是第一步就開始修了，可是今天修了，剛剛進步，明天又倒退了，那就又從頭再來了，所以修持，一百個人修，沒有一個修成的。

「病漏、魔漏亦要奧，壞滅執樂而觀空」，關於遺精這一部分，佛在戒律上，從生理、心理、性心理各方面分析，他那個學問之淵博，真是歎為觀止。現在西方人談這些，都想不到他老人家兩千年前，就懂得那麼多。關於漏精，吃得過飽會漏，餓了會漏，棉被太熱也會漏。仰著睡會漏，受了涼會漏，所以想男女性關係的漏，只不過是所有漏當中的一點。看了戒律，你才曉得佛之偉大，那是個大教育家。在佛經上你沒看到他罵人，但看看戒律，佛晝夜都在罵當中，多煩啊！你看，那麼多弟子，每一樣事情都來問他，連女性弟子如何洗澡也問他。因為說洗澡要這樣洗，那樣洗，不懂這樣洗只懂那樣洗，結果比丘尼都搞得不洗澡了，夏天一兩個月住在一起不洗澡，那怎麼受得了呢？然後佛說我教你們洗，這個大教育家，煩不煩呢？他曉得漏丹，有弟子因病而漏，有的因魔而漏，那是被他力所感，像給鬼迷住了，被妖怪迷住了，比丘尼之中有這種事。不過我們現在接觸範圍不廣，看到的好像少一點，你要是到醫院精神病科看看，那不曉得有多少！有許多精神病人，說看到鬼，分析他心理，是精神出的毛病。

所以漏有病漏、有魔漏，怎樣對治非常奧妙，這是修持的第一步，就是修色身，要觀想白骨。所以我再三告訴你們，要修白骨觀，一修白骨觀就把病漏對治了，魔漏更沒有關係了，魔要你，你觀白骨，變成了白骨，最後白骨空了。要是變成鬼，跟他一樣；你是魔，我也是魔，有什麼好怕！所以白骨觀用來對治魔漏、病漏，最為奧祕。

知時知量

「壞滅執樂而觀空，注觀貪欲本體心，調滲住無疑慮中，貪欲去現空樂智」。這個時候不要貪圖這個樂境界，要觀一切白骨，一切如夢如幻，都幻滅了，幻滅得樂空的境界。這等於參話頭，許多年輕人修道，貪男女性的慾望，這一念，要轉到這個理上來，理性上覺得不應該，知道這個貪欲的本體是空的，就住於無疑無慮中。其實修白骨觀就容易除去這個貪欲，照他這個路線走，「**注觀貪欲本體心**」是空的，把這一念調整滲透，住在無有疑慮的境界。這時貪欲之念，性的壓迫這一念去了以後，顯出了空樂智。

「**心不適壞明點過**」，有時候是心理受影響，比如大家不管在家出家，有幾天心理很沉悶，有些年輕人一天到晚，烏雲橫掃，糊里糊塗被遮住，心裏不痛快，不爽朗不開心。我們成年人，有時候也會有兩天很煩悶，馬上反省，那是生理影響，還是心理的影響？「**心不適壞明點過**」是精漏，這個精漏不是遺精才是漏，在其他的情況之下也會漏。比如人精神耗用過度，像我吧，平常一坐幾個鐘頭看書，兩個腿子發脹還坐在那裏，貪圖再看一點，心想最好馬上看完。其實精也在消耗，神也消耗，這個精神過分的消耗，也會令人沉悶，所以精不能化氣，氣不能化神，這個叫明點過。

「**於此燃滴修樂定**」，這時候就要修燃滴的樂定——不要搞錯了，這不是雙修。其實我經常說，已經教給你們最大的法寶，你們不注意，如果會了《禪祕要法》，則修燃滴、灌頂法，乃至加行修法都有。但是在座恐怕大多數的人，《禪祕要法》再沒有看過，有的錄音帶也借去了，聽了半天，錄音帶歸錄音帶，書本歸書本，我歸我，不要說白骨觀，連黃骨都觀不起來，那有什麼用呀！不知道多麼浪費時間，浪費生命。

對於這個世界的苦難眾生，可以觀白衣觀音菩薩，拿著淨瓶，灑下淨水，消除眾生的苦難，然後白菩提下降，丹田暖和起來，水火既濟，就歸於發樂溫暖。這在我講《禪祕要法》時都講過，修得好的人都會注意。你們都聽了，可是都沒有用，他生來世有緣碰得到，算是種一點種子。

「**沉重清濁不分過**」，所以這個時候，修這個燃點，程度輕重不要過分，就像吃藥一樣。比如修氣脉，如果晝夜都觀想海底，晝夜沉在海底那還不漏嗎？講個修白骨觀，大家天天就抱住腳趾頭啃，那你不如去菜市場買點白骨來啃。《禪祕要法》叫你腳大拇趾頭一觀好，就觀五個腳趾頭，五個觀好就觀一雙腿，一雙腿觀好，就是觀全身。所以這些都要懂得「知時知量」，隨時調整「易觀」。結果你們自己不研究，還要來問，老師呀！我那個腳趾頭觀了半天怎麼辦？等於一個藥給你吃了以後，藥量過分了又出毛病了，所以都要清楚明白，不要過分。

「**復此身要端直坐**」，還有打坐的姿勢要端正，我發現大家經常來這裏靜坐，花了那麼多精神時間，沒有得益。首先大家坐墊都沒墊好，恐怕在家裏也沒弄坐墊，為什麼要墊高？為什麼要坐墊？尤其是女性靜坐，小肚子不能挺出來的，坐墊要墊得適中，把屁股向後面一翹，腰立直起來，那個白骨模型就放在這裏，你去看嘛！就知道腰的骨節一節一節的。結果大家打起坐來，腰骨這裏是彎的，我給他改姿勢時，我一動，他就自己亂動起來了，然後我說不要挺腰，他又彎起來了。你這樣一挺腰呀！把這個骨節拉開了，這樣的話撐不了幾分鐘。所以叫你不要挺腰，不要故意拉開，可是一節一節還是逗攏來的，然後兩肩胛骨這裏張開，人就端正了，這就是最標準的姿勢。

結果你們自己坐在那裏，都是貪圖習慣舒服，屁股坐到一點點，脊椎骨這裏很多人都不對，突出來了，學了幾十年，我懶得再改。實際上，我叫你們盤坐起來，兩手伸直向前趴下去，慢慢坐正起來後，兩手在後面一對抄起來，就是軍人的稍息，這樣一抄後面腰一正，尤其是女性這個腰，自然端正了。一放下，一沉下去，這樣一坐，很快氣脉就通了。你們每人勾腰駝背，不曉得調整合適，也不曉得研究，等於我是那個媽媽，端著每個孩子的屁股，叫他這樣擺好，一離開了，這個孩子又玩起來了。一個打坐姿勢都不曉得研究，都沒有搞好，氣脉不會有進步的。然後每個人小腹就挺出來，因為腰沒有搞好，尤其是女性，肚子一挺是不對的，這樣一來，子宮有點向下垂，所以都要嚴格的研究，此身要端正坐。

「**合口持氣自心中**」，你們工夫到了，自然告訴你，修寶瓶氣，工夫在舌頭，舌頭上舔，舌頭下收、舌頭後退，舌頭前繞，就是這樣巧妙的運用。你看那個殺豬的，把舌頭這麼一提，這個食道管下面胃、心、肝五臟六腑，一直到肛門，一串連著，所以舌頭的位置一擺對，五臟六腑正位了；舌頭擺不對就位不正，坐在那裏沒有用。

「**由光充滿滿現有**」，就是心脉這個部分要光充滿，和整個虛空合一，然後在這個裏頭觀想空、樂、定。空樂定不是和欲樂配起來，不是雙修那個欲樂，真空自然會發樂，白骨觀修好了自然就會發樂。《禪祕要法》不是告訴你嗎！觀好了就會發樂。比如這幾天，有些同學有一點懂了，但是你們還沒有得大樂，沒有得大樂是你們空得不大。

「**觀想空樂即解脫**」。得了空樂，自然一切就解脫了，先解脫了世間一切，再解脫出世間的一切。你在這個臺北都市裏住著，看到這些人、汽車，一天到晚忙忙碌碌，就像住在一個螞蟻窩裏，一堆螞蟻在那裏亂玩。看過城市的境界，真是又可憐又可笑，自己心情自然超出，得解脫。這就是補充第一步定，知道了嗎？

執著歡喜

「觀空樂時，所修法五過者，由貪歡喜而執着所生也」。修空樂定的時候發樂，貪圖那個樂境界生出來的歡喜，會使你留戀，會過分的執著這個喜。

「即觀察喜時之自面，成空明之境即解除」。那麼這個時候就要用禪宗的方法了，回轉來參這個快樂感受，這一念歡喜的根本是什麼，本空，也就是觀察喜時自己的本來面目，成空明的境界，當下就解脫了。

「五所棄者，若貪欲自生，即注意其本體而觀之」，青年人精滿了，身體的自然變化，過幾天慢慢精又生了，生理荷爾蒙刺激欲念也又來了，很可憐，也是依他起。所以我經常說，以我看這個世界，在這個觀念上，一部人類歷史文化，都是荷爾蒙造出來的，就是生理週期性的成長變化。發生壓迫感時，你的意志毀喪了，有貪欲的需求。這時當然叫你注意這一念的本體，因為你這個欲念受壓迫，發悶或者是難過，那個覺受就是你的一念，這一念要空得了很難啊！這一念空不了，只有你意識上一個想到的空，那有屁用！那是自欺。當然照這樣修法是很難的，我之所以再三叫你們修白骨觀，當你那個生理荷爾蒙成長變化，欲念一來，一修白骨，再把白骨化光，這一觀，可能超過了樂明無念。樂不要住，已經轉化氣脈了，成就報身也就更快了。

「貪欲自解而現大樂」。他說照他這個修法，貪欲空了解脫了，現出大樂的境界。

「若精漏者，於金剛瓶，由藍色吽字燃火」，精漏，在男性的金剛瓶，女性的子宮部分燃火，因為你漏了這一部分精，神經系統萎縮，虛了，所以要你注意本體觀想，「由藍色吽字燃火」。為什麼「由藍色」呢？觀藍色（天青色）是與中脉的關係。「燒一切種子後，想成空即解除」。由藍色的吽字明點火燒，種子指精乃至每個細胞，燃燒火光，把一切種子燒後，觀想化空就解脫了。於是漏精以後的過失，身體虛弱，難受發悶，精神差，這些現象就沒有了。我告訴你們，修白骨觀要注意呀！飲食要吃得好，要補充營養，這個時候補充得好，由白骨觀很快就進入定境了，這是非常重要的條件。如調理不好，不但修不成，有時反而有妨礙。所以有幾位同學，燉牛肉吃，因為牛肉補中益氣呀！再不然你就要曉得用藥調整，他們也不懂藥，只好用食物來治療，就是這個道理。

「若昏沉甚者，以前修氣之方法解除之」。有些人上座昏沉太厲害，趕快修寶瓶氣，停止呼吸悶住，乃至氣功沒有做好，悶得臉、頭腦都發脹，然後呼出去，這樣幾次後精神就來了。我以前不是告訴過你們嗎！拚命打牌不睡覺的好方法，是打牌沒有打完，還要再撐下去，就把鼻子捏著，閉一下氣，脹得臉都發紅，精神就來了，其實就是這個道理。你以為寶瓶氣這個氣，是靠外來的嗎？只要你沒有死，父母生來本身這一點元氣，還有一點能源的話，就會燃燒，如果這一點元氣都沒有了，就死亡。

「若心不適者，作明點上提，由臍之短阿（ ）字燃火，觸頭頂杭（ ）字，降甘露充滿全身」。心裏太悶時，就是把下面明點觀起來，向頭頂沖，注視虛空，注視光明。由肚臍當中丹田，觀一個火光，這個火光由中脉向上到頭頂，那就是明點，到頭頂降下甘露，就是水火既濟。剛才我講了，如果你修白骨觀，就是《禪祕要法》的灌頂法。還有，告訴你們年紀大的老年人注意，要多修灌頂法，可以長壽的。密宗的長壽法，就是灌頂法裏變出來的，都是佛菩薩灌頂而來。還有白衣觀音的淨瓶水，注到全身，這是長壽法的修法。在密宗的規矩，傳長壽法要磕頭又要供養，我現在什麼都傳給你們了。

「降甘露充滿全身」，其實再傳你們一個密法，萬一有漏丹的情形，你最好修甘露灌頂法就救回來了。你們年輕人眼睛近視，一修光明法，眼睛一定好起來。天天嘴裏說學佛，道理講那麼多，功力上一點見不到效果，不去實踐的話，世界上何必要這個學理！所以要努力用功，不要光幻想。

「復於毛孔中燃火，一切精皆清淨後，想身中一切皆樂充滿」。再觀想煖氣，《禪祕要法》裏有火大觀嘛！所以我那麼跟你們講，你們自己都不研究，你說犯戒不犯戒？這裏說修暖火的成就，一切精清淨後，身中都是樂，快感充滿了。《禪祕要法》是白骨化作火，觀一切欲皆焚化，焚化清淨。如果修成功了，最後走時，一入定，自己用三昧真火把白骨化成火光，這就是真本事了。

「如二觀察云：由臍燃拙火，如是之謂也。又桑布扎云：唯全髮尖上，如千電光閃」。這本法本講，在丹田上臍內火發起，開始只有星星之火，在髮尖上一點火，然後到身上十萬八千毛孔，人都放光，「由毛孔而出，即住於十方，威爀佛非佛」，這時觀想都由毛孔出來。假使有病感冒，這個熱氣一觀，統統把它趕出來了，即住在十方空定，光明赫赫，這個威光這個光明「佛非佛」。什麼叫「佛非佛」？是觀想成就，我即是佛，我也不是佛，有一個佛的念就執著了。「又明邪調治者」，下面解釋調治。

開眼閉眼　上升下降

執明、修大不執力，明邪、昏沉觀清心，掉散、合目於心內。觀光、或字、蓮花劍，及十字等徐徐下，其線由心漸漸長，觀想下降金地基，此無不除決定要，嗔恨、掉散，當下住，空明鏡智中解脫。

「**執明、修大不執力，明邪、昏沉觀清心，掉散、合目於心內**」，執著光明中修四大，色陰境界中修光明，不執著在光明定當中，不住光明，任其自然。可是你沒有光明，任其自然就不好了，是要有光明而不住。光明太過，氣太充足，容易起散亂；無光明精氣不足，容易落昏沉，這個時候要觀一念，容易散亂的人，要閉眼打坐。

「**觀光、或字、蓮花劍，及十字等徐徐下**」，觀內心一片光，觀佛像，觀心中蓮花，或觀一把寶劍，或者觀一個十字，這個十字並不是基督教所創的，這是從古老文化傳下來的。所以研究人類文化，如果不分東方西方文化，未免太奇怪了。劃一個十字慢慢降下來，在心中則一片光明。

「**其線由心漸漸長，觀想下降金地基**」，這是對付散亂心，這一點光明，下到地下，穿過了地球再到地下，地下又地下一路下去，慢慢則不會散亂了。實際上是對治散亂心，就因為人聰明，散亂心重。有人到中年以後容易血壓高，多用腦，氣都向上提，把它相反的沉下就對了。但是，欲念重的，如下沉欲念愈大，必須要上升，所以修持用功不是那麼呆板的。

「**此無不除決定要**」，不曉得對治調治，聽了以後把雞毛當令箭，或者參禪的，《指月錄》一看以為都懂了，開悟了一樣，那叫作自欺欺人。這是一步一步的工夫，一點一點的對治，若氣質不能變化，身、口、意三業不能轉過來，那有什麼用？如果那叫作開悟，那麼世界上開悟的多一個人，就多浪費一個人。要注意啊。

「**嗔恨、掉散，當下住，空明鏡智中解脫**」。嗔恨心大，脾氣大，一切看不慣，就是氣在散亂，沒有養氣的工夫，所以就要修下降。嗔恨心同散亂心，氣散不能寧靜，就是氣太在上面了，必須要下降；但是相反的要知道，昏頭昏腦，智慧開不了，就要觀上升。這樣明白了，就不要再講了，不然老師講了一個趾頭，就在那兒啃趾頭，講了一個頭髮，就在那兒梳頭髮，那怎麼辦？智慧是活的，要自己去變，佛經上都講過了，所以要在空明的境界智慧解脫。下面看小字解釋。

「貪欲得殊勝所修法五者，觀察能認識此之本面，則無境自然遣去」，這個貪欲是狹義的，由生理性荷爾蒙的變動所引起的，本身把它轉了，得殊勝所修法五種，要認識觀察，這個是受陰境界。

「五所棄者，觀察嗔恨之本體即解除也」。五種所棄是什麼？比如今天我脾氣非常大，非常煩躁，看一切都不對。這要注意身心兩方面了，或者是氣脉不對，但這是籠統的說法，實際上，是你消化不良，脾氣會大，也會沉悶，或肝臟不好，精神或睡眠不夠也會，受了風寒也會，這個學問大得很，不是那麼簡單的。換句話說，你受了冤枉從心理引起的也會，當然你「觀察嗔恨之本體」，曉得本來這一念，是空的嘛！我們凡夫明知那是空，到那個時候你就要檢查，這是怎麼來的，用什麼法門對治。

「昏悶者，觀以清明而治之即除」。昏是昏，悶是悶，頭腦昏昏，心裏沉悶，你觀想三界即空，連天空無雲的觀念都要除掉。其實昏悶多半因消化不良，飯吃飽了不便打坐。你想把它想成天上飛，飛不起來：感冒了更容易昏沉，生其他的病，精神馬上沒有了，精力衰敗。修行有時心裏非常悶，所以你們動輒講閉關，不要輕易講這個話，因為在大陸，我看到好幾個閉關死了的。真閉關的話，等於天天要在禪修，你們哪個看過禪堂？哪個看過叢林？哪個看過真的關房？以為關了門就叫作閉關，這樣說的話，現在任何公寓房子都可以閉關，有那麼簡單嗎？真閉關什麼都沒有，整個房間裏，只有一個蒲團，書本也不准帶，佛經也不准看。所以「不破本參不入山，不到重關不閉關」，那個重關、閉關是專修呀！但是很多人閉關，要出毛病都是在第一個一百天。因為把你丟到一個什麼都沒有的地方，三個禮拜你都會悶死了，不是空氣把你悶死，是你心裏就把自己悶死了。

我到香港看朋友，他隔壁就有個和尚在閉關，一到下午，就聽到那個閉關的和尚在裏頭「呼」「砰」……。我問這和尚在做什麼呀！朋友說，人悶起來痛苦得很，實在受不了，只好摔打東西。我問那何必閉關呢？他說不閉關哪來的供養。所以你們天天在學修行，當然在這種環境裏不叫專修，雖不是專修，你們感覺悶了，就想出去走走，修行哪那麼簡單啊！悶起來會悶死人的呀！尤其是女性，愛講話，讓她多講話，那是莫大的功德；你不讓他發揮，那不得了，人會悶死的。你們現在覺得須要清淨的地方修行，真把你悶在關房，你就曉得，自己都關不住。據我看來，今天我們青年同學有資格閉關的，有兩個人，嘿！你們曉得的，一個沒有來，一個走掉了，其他誰有資格閉關呢！

「氣粗者，合目觀心內佛之字即除」。氣太粗了，氣粗了就是念頭。比如你聽呼吸，修數息觀，愈修到專一，則愈粗愈緊，不知道放鬆一點，根本不在做數息觀，是在騙自己，在那裏造業啊！真到了數息觀觀成，氣就不會粗了，所以夜裏越睡不著越散亂，越散亂呼吸氣會越粗，這就叫氣粗。我平常鼻子都聽不到呼吸，打起坐來氣粗不能定，氣細，一細自然定呀！

氣粗時，他教你對治法門，閉著眼睛觀心中的佛，氣就可以細了，不然哪有這個定力呢？這都是對治方法而非究竟法，可以用可以不用。有時候你氣粗了，愈觀想愈粗，那怎麼辦？去運動，把身體累得最後要睡覺了。你氣粗時，因為念太厲害了，你就練習兩腿站著，站到兩小腿發脹好像變成木頭了。你以為打坐才能成佛嗎？阿彌陀佛、觀世音菩薩不是都站著嗎？

「心極散亂而不住，觀想由心內蓮花或十字金剛等下有柄或繩，漸漸變長，乃至降于金地基上」。太散亂就一直沉下去，沉到無底的深淵裏。其實也不一定，有些人睡不著時，觀想腳底心一個黑點，慢慢黑點愈來愈大，就睡著了。一開始還可以，搞久了以後同樣睡不著。什麼理由呢？反正你們也不懂，答不出來，這個我們也不急著講，因為你們對這方面都沒有研究。

你看我這些話，每句話成本都很大，這種知識，都是幾十年的經驗累積下來的，這不是跟你們說笑話。我問你，人真正睡著是從哪裏睡著？你們一定講從腦子，實際上是從腳趾頭睡起，下面腳趾頭睡了，同死亡一樣。你們有沒有注意，人醒了腳趾頭先動兩下，腳就有這樣重要。所以老年人兩個腿要注意，今天走路不太靈光，感覺重重的，要趕快修，因為下面沒有元氣了。

「心堅固緣念之境中，極長時觀之即除，此真實緊要也」。散亂太重了，不要向上，要向下沉，你要長時期的沉下去定，這是補充空明定的輔助辦法。「又由無念而修調治者」，下一次是講修無念定的輔助辦法。

第十五講

大圓滿無念的修法，非常簡單，要修到無念境界太容易了。當然這是講境界的無念，與教理所講的「無生法忍」不同。無生法忍是悟到了生即不生，不生即生，生而不生的道理，同時也有境界，那是般若，也是境界。普通講無念，是念頭的清淨，沒有雜念妄想。

再說修無念法

無念境修不執要，認識癡心諦觀照，剎那自滅現界智。昏沉即若無想者，觀光由心到梵穴，一弓空處懸掛住，心定於此離作住，此為更深要方便。

無念境的修法，一切不執著是要點，依諸法而不執著，就很容易達到無念，修法是「**認識癡心諦觀照**」。人為什麼不能達到無念，不能清淨呢？就是因眾生的心理根本，無始以來的癡心妄想。其實妄想不斷就是癡心，愚癡，大智慧的人，妄想不會那麼多。寒山詩說：「人生不滿百，常懷千歲憂」，人生活不到一百年，而思想煩惱卻達到一千年以後去了；實際上這就是癡心，癡心又生出妄想。要仔細觀照癡心，認識自己的一切心思念想，它本身就是癡心。再看這個念頭來去，看念頭的本身是個什麼東西，你一看就沒有了。就像我們一返照自己現在想什麼，一找自己想什麼，這個念頭當下就沒有了。這個念頭的本身剎那自滅，念頭本身當下就空了。「**現界智**」，呈現了當時的現量境界，這個智慧就出來了，因為這個念頭本身是個空相，就是空的，所以無念很容易，只要你對一切念不執著。所有的念，不管是智慧的念頭，凡夫的貪、嗔、癡、慢、疑的妄想念頭，只要仔細看它本身，它就空了，當下就是無念了。

「**昏沉即若無想者，觀光由心到梵穴，一弓空處懸掛住，心定於此離作住，此為更深要方便**」。但是修無念定容易墮昏沉，由於無念就是沒有思想，等於睡眠睡著了，進入昏沉境界。當昏沉一來，好像自己什麼思想都沒有了，實際上，沒有思想這個是細昏沉。想要去掉昏沉，只要觀想一點光明，起念頭觀想心裏一點光，一直由中脉沖上來，沖到頭頂，就可以除去昏沉。又在昏沉沒有時，趕快把光的境界拿掉，不拿掉繼續觀下去，氣會上來，血壓會高起來，甚至於不想睡眠了。所以心已經定了，這個境界就不要了，這個是方便的方法；不要再用心，坦然而住，這是更深的方便法門。換句話說，真正到達無念以後，馬上觀心光在頂上住，停住了，心中也無念，停住以後再散掉，把這個觀的一念也散開了，散之於虛空，與虛空合一；虛空即我，我即虛空，定住，這就是無念。

「修無念時，貪著所修法五者，觀察其自面即解除」。修無念時，也會貪著，因為這是大休息，很清淨，所以會貪著，喜歡修這個無念法門，所以有五點需要注意。想要解除這個貪著時，只要觀察本來面目就解除了，自己觀念頭。換句話說，當你貪著修無念法，這也是個念，你把貪著修無念這一念，它的本來面目一看，就解除了，不會貪著了。

「五所棄者，觀察唯愚癡心之自面」。有許多人問如何除妄想，其實他已經在癡心妄想中了，這就是愚癡人問話。當然，當老師的只有捧捧他，說妄想怎麼去……講了很多方法。實際上方法本身就是愚癡，可是佛為什麼有那麼多教人愚癡的法門呢？因為笨人非要笨法捧他不可，不拿笨法捧他，他還不甘心呢！而且不相信，所以八萬四千法門，都是哄笨人的。一切眾生本來是佛嘛，要那麼多法門幹嘛？連樂明無念都是多餘的，都是唯心所變，所以要想除去貪圖無念的這個貪，就是要觀察愚癡心的自面，才得去除，因為貪圖無念這一念，也是愚癡。

「得無念自清明時，於法界智解脫」。連無念這個境界都不著，也不貪，住在這個境界就是貪，這也就是一念。這是自己的法界智，認識了本來如此的面目，當然就得解脫了，就不會貪戀這個無念了。

「昏沉無想，於修法前，使自心清明亦可解除」。至於如何避免昏沉，在修無想定，在修這個法門前，或打坐以前，先要使自心很清明，自然不會昏沉。或者睡眠充足了，腸胃也清淨了，也就不會昏沉。吃飽了容易昏沉，太衰弱也易落昏沉，太營養了也容易昏沉；而且有時是心裏的昏沉，有時是身體的昏沉，要自己分別清楚。總之一句，你必須要先使自心清明，就可以解除昏沉的毛病。

「或由心射出如蛋之光，懸掛於上如一弓空中，心即定之，即解除也」。一弓就是差不多一肘，手肘一節長，萬一昏沉厲害，就觀高一點。

「此名為示明朗自性法，為大上師勝喜金剛之語訣也。又總歸之」。這是上師勝喜金剛的口訣。

總之諸無執極要，離彼疑慮障悉除，空明心性清湛性，離心形相無作住，障及危途定解脫。

總而言之，修行要達到無念清淨，就是一切事情不執著，不但對世法不執著，對出世法也不執著，對於修行也不執著。不要認為修行執著是好事，拿菩提道果來講是壞事，不過，以初修人的進德修業來講是好事。所以執著佛相，執著法相，執著戒定慧相，都是不成功的，應該一切都不執著。其實無念境界的道，是很容易悟的，為什麼大家悟不了？因為你求悟，所以悟不了。大家修行不能成道，因為一腦子都是佛法，而且天天執著那個道，那怎麼修得成功！

修行人總是煞有介事那個樣子，如果拿菩提道果、聖道智來講，沒有什麼是不平常的，每樣都是平常的事，四大威儀無處而不是。喜怒哀樂未發也是，發而皆中節也是，無一不是，這要大智慧去「了」。所以古德說：「了因之所了，非生因之所生」，道是了因之所了，一切了，了了就了了，不然就生因了，生生不已。你以為是生起功德，生起道，生起定慧嗎？道是本來有的，所以證得菩提是「了因之所了，非生因之所生」，大智慧的人一聽就懂了，當下就悟了。總之，一切不執著是最重要的。

中國禪宗祖師，一輩子只講三個字，人家問他什麼是佛？莫妄想。什麼是法？莫妄想，一個人真做到莫妄想就到了。但是在凡夫聽了信不過，信不過就是疑，離開一切的疑慮就是無念。有人說，我已經無念好幾天了，也沒有智慧發起，又沒有神通，也沒有法。這都是自己在那裏搗鬼、疑慮，真的無念清淨，好幾天算什麼！為什麼要求智慧？可見是妄想。為什麼要有神通？還是妄想嘛！都在執著，這些都放下了，離開一切疑慮障礙，則此心無往而不自在，自然在空空洞洞，明明了了之中。其實不必去找一個空明、清湛，只要我們無思無慮，自然清清湛湛。所以宋明理學家認識了這個道理。《中庸》上說「上天之載，無聲無臭」；孔子在《易經．繫辭》上說：「天下何思何慮」，不需要思慮，就到達了。人為什麼不能成道？因為自己智慧信不過。所以離開心，離一切形相，不著相，無作無住，講無念也不要住在無念上。有人說自己已做到無念了，你做到了無念，住在無念，就有個境界了，又執著了。比如我在講，大家在聽，彼此都在無住，本來無念，聽過了就沒有，可是都聽到了，還要找個無念嗎？本來無念，本來無住啊！所以明白了這個道理，什麼魔障、危險都沒有了，如此定下去，自然無所謂定，無所謂不定。哪裏有個定呢？有個定已經不叫作定了，這樣才自然得解脫。一法都不住，一條大路就是如此。

「若認識魔障及美惡等，除自性而外無有他者，唯以自性無執，住空明而解除之」。是非善惡也是魔障，人事魔經常障礙你，其實魔障哪裏來？都是自心造的，除自性以外沒有其他的魔障。魔也是佛，佛也是魔，像大家被佛法困住了，何嘗不是魔障！只要自性無執，當下就空，當下住空明，就明白了，有相的光明是亮光，無相的光明就是明白了。

「篤哈云：貪著於何置於彼，若成證悟彼皆是，如是云也」。篤哈大祖師說，一念起貪著，貪著境界，這正是你的魔障，也正是你的業力。但是你悟到了魔障也是自心所造的，那魔障也變成佛了。無所謂魔障，魔障都變成你的善法了，外界的魔障都是自性的顯現功德，這是中根器修樂、明、無念的補充修法。

鈍根的修法

「第三義下根者」。再其次，下面講鈍根的人如何修。我們不要自以為是上根或中根，你可能連下根都「根」不上，落在後面成了慢慢「根」。

下根調治其次第。看法、物品、緣起、三。總看法者毗盧法，跏趺、目定、氣徐緩，定印、壓喉、舌抵顎，眼看鼻尖氣心均，生不昏掉無謬定。故諸過由亂身要，亂氣、明點、脉、所生。精勤不亂定等住，其德由氣脉明點，三者不動要所生。是故應勤悟此要。

下根修是有次序的，先要學會目光專一，看一點，比如看佛像，佛像剛好與眼睛平，尤其看佛像的眉間，或者胸口，眼神先看定了。或者看一點亮光，先要看，眼光定住在一個東西，這叫緣起法，把印象先留著。接著要跏趺坐，兩眼先定住，目光不定而想得定是不可能的。所以有定無定，一看目光就知道了。目光定了，呼吸慢慢……慢下來。再說喉管壓好，喉管壓不好是不會得定的，一個人氣脉有沒有通，有沒有工夫，一看喉嚨就知道。第一看眼光，第二印堂，第三喉嚨。真修定得定，氣脉就通了，脖子不論年齡總是圓的，這裏（師指脖子）會充滿，渾圓的，不會成雞皮。工夫好了以後，喉結會慢慢的下沉，頸部有圓圈，像掛念佛珠一樣。

普通人年紀一大，喉結漸漸上升，升至一定點，喉鎖住了，氣斷了。這個地方是玄關，像一把鎖，鎖打開的人已了脫生死，這些東西騙不住人的，所以有沒有工夫，每個地方都有象徵的。壓喉不是低頭，腰要靠坐墊墊好，不要硬撐，坐墊如果墊對了，姿勢腰部自然彎進去，不要硬挺，背脊張開，氣脉很容易通。大家所以氣脉不通，是因姿勢不對，自己不研究，還非要別人來改。姿勢不對，肚子越坐越大，坐對的人，小腹是充滿的，但不會挺出來。頭部參看骷髏模型，脖子一擺好，腦下垂體就自然的分泌，自己在坐墊上研究，有一點不對的話，要隨即調整好，姿勢一對，自然穩如泰山一樣不動搖。

眼看鼻尖，不是真拿眼看住鼻尖，是眼簾垂下，約略可視鼻尖，半閉全閉皆可。氣調勻，心調勻，在這境界上不要昏沉，不要掉舉，但要緣修一物，或者白骨；然後第二步換成佛的像，意境中始終有著白骨，或佛的影像，既不昏沉，也不散亂，不動搖。

「故諸過由亂身要，亂氣、明點、脉、所生。精懃不亂定等住，其德由氣脉明點，三者不動要所生。是故應懃悟此要」。不能得定，不能繫心一緣，是由於生理方面；身體不對，氣脉不對，一切散亂，而不能得定。雖是生理問題，但不是普通生理氣脉的關係。身體是四大組合，身體裏頭還有一個內在的真身體，就是氣、脉、明點三樣。氣脉明點就是精氣神，煉精化氣，煉氣化神，我們不能得定，就是身體的氣脉明點沒有修好，所以永遠不能得定。因此先要修身，煉精化氣，煉氣化神，要精勤的修；大家學佛沒有成果，就是犯了這兩個字的毛病，不精勤、不定時、不定量、不繼續努力。所以專修者，是專一境界而修，心不專，外形專沒有用，心專就是精勤一念叫專修，精勤不亂，定就到了，平等而住。修氣脉、明點修通了，得了這個要點，定就出來，定生一切功德。氣脉明點除了傳授你外，還要你自己領悟，不悟也不行。明點很難，都是精的一種，精修成功了，變成有形的明點，照遍大地，靈光獨耀，那是真明點了。所以精與明點有連帶關係，也可以講，精就是明點。精漏失了以後，身體也會不舒服了，又容易昏沉，因為精也是明點。這個反復討論很多次了。

「是故若無增長與魔障者，乃由不知調正氣脉之身所生」。所以一個人修道，如果自己每天沒有進步，沒有增長，魔也很勢力，你沒有道，他還不理你呢！魔還看不起你呢！這是真的。所以道高一尺，魔高一丈是真理，如果你沒有魔障，進步必不大，所以密宗與道家一樣，注重修身調身。

「因功德亦由妙隨身調要所生故」。想要神通、功德、福報；還要修道環境好，無煩惱，都是與身體有關係來的，要身上無病無痛才好。病痛也是魔障，你工夫好一點了，明天就給你病一場，後天你說我又好了，吹不得牛的，說不定魔障又找你一下。一自信，一傲慢，一大意，他就找你了。大意不得，一大意它就來，所以修行不是好玩的。這中間一點傲慢不得，一點大意不得。功德包括神通一切等等，都跟著你的身體來的，是調身來的，福報也是跟著你身體來，今天我還活著，有這個色身，就需要一點福報，功德也是這樣。所以修身、修氣脉最重要，注意調身，身就是氣脉明點。

「由金剛之身，氣、脉、明點三者之聚散，遂生出善惡之行，而現苦樂境界及功力優劣故」。

由凡夫的色身，修成功為金剛之身，金剛之身不在肉體，在肉體的內部氣、脉、明點三樣，也就是精、氣、神。精氣神修到定，凝結了，就是道家所說煉精化氣，煉氣化神，修到以後，就是金剛不壞之身。這個色身成就了，在這個肉體內生出另外一個生命，散而為炁，聚而成形。換句話說，普通人的生命，是靠男女兩性的欲，成就一個色身的人。但是，只靠自己的氣脈明點，在自身以內陰陽結合，可以產生另外一個生命，也就是像色界天人的生命一樣。換言之，我們在欲界中的身體，也可以經由自身修煉精氣神，而產生這樣的生命。

所以，你修持得好不好，由你這個色身這一點上，就看出你的善惡之行。今天起心動念某一件事情，善行功德到了，氣脈明點不修卻突然打開，這是意想不到的來了；要是做了壞事，氣脈明點馬上閉塞，就有那麼怪。看起來似乎有一個他力主宰你一樣，實際上就是你的生命本來具備的功能。所以你的頭腦打不開，笨笨的，智慧不夠，身體一天到晚難過，甚至越坐腿越麻，腰越瘦，心中煩惱，用不上功，也談不到定。像這些等等，都是由於金剛之身的修持，氣脈明點三種，和你善行功德不夠之故。

講到這裏就非常嚴重，你修行的成就，物理的組合，硬是要配合你的功德、善行的，這樣成就的功力就快，所以想修成，就要真的發利他之心。什麼叫利他？就是不自利，也就是老子說的「後其身而身先」，念念為天下、國家，結果最後成功的還是你。我們一般學佛的人，連一點小事都沒有利他之心，為什麼修不成？不要說讀經典不夠，因為道理不通，所以智慧不夠，智慧也是由功德修成的啊。《金剛經》講福德，福德到了，智慧就開了。

七支坐法與無念

「昔有獨覺，見一群猴，至於仙人聚會山前，見諸仙或臥或依，猴乃調正身要。彼仙見其作毗盧遮那七支法，甚驚奇之，遂學其調正身要等。未久則由此得四禪定並五通等。此廣如律論中所云也」。這是講打坐姿勢的重要，獨覺眾見猴子的七支坐法而學之，而得禪定及五通，所以一定要把七支坐法的姿勢研究好。每個人打坐姿勢不同，文殊、普賢、地藏、觀音各個菩薩，姿態都不同，羅漢們也是各個不同，這是要自己悟的。不過聲聞眾，聽到了這些理，也有不奉行的。這是講坐姿和氣脈關係之重要，以及坐姿和修定的重要，在律藏中說得很詳細。

「是故身端直，跏趺坐，眼不動，手定印，舌抵上顎，喉稍屈，氣舒徐，眼下視，唯以此七法，則能生禪定境」。這是眼不動和看光的道理，也是平常要你們注意的。喉嚨脖子要壓住兩脉管，至於眼下視，就是內視，回轉來向裏面內照，打坐姿勢研究好了，擺正了，你雖不管身上的氣脈明點，但氣脈明點也會發動。

「而自然自主於氣脈明點，自性自住於己位故也，如上之時」。這就是《大學》之道，心正而後身修。換句話說，身修而後心正，你這樣身體端容正坐，此心就不亂，自性就不亂跑，自性自住在自己的本位上，基礎好了，是成功的一半。

運動調身與他同，特要徐細而不亂，柔細而以粗者助，粗以細助為緊要，應和身部極精懃。

所以運動調身很重要，還要做一點體功，要調整自己的氣，有時柔和，有時稍粗一點，呼出去就粗，吸進來則柔細，身體保持和平快樂，修身也要精懃。

「調身亦為氣脈調正之助伴，無死運動，三十二種等，與其他氣脈相，惟特別用之使身不亂，緩細而行為緊要也」。身體調正好，也就是調正氣脈的助道法，瑜珈術也是其中變出來的，等於密宗拳，也叫亥母拳。

專練那種拳法可以長生不老，據說可以不死，共有三十二種，要專門去練。用這些特別拳法，可使身不亂，氣歸元，要緩細而行，這是要點。

「夫氣若細氣以粗氣補之，粗以細氣助之。又二者之氣，乃以中和氣作瑜伽之助，是為緊要」。有時靜坐坐好以後，氣如越趨柔細，有時要作一種粗的氣功來補助身體；氣太粗猛時，要以細的氣功來調正身體。不管粗氣、細氣，總要調和得恰到好處。寶瓶氣最好，不呼也不吸，這是講修氣、修脉、修明點的大原則。「又分別說樂明無念三者之身要」。下面是講修樂、明、無念與自體有關的方法。

別說樂者、手抱肘。目垂、心持、於樂要。於明、兩手壓於膝，氣徐、眼諦視天空，無念、七法自然住。

有的人坐死了也不會樂，因為樂發不起來。樂是個什麼東西呢？要注意樂是生理的，今天既沒有傷風、感冒，又不疼痛，一切健康就叫作樂，如果在這之外還有個樂的話，那就是病態了。至於說進一步由健康快樂的身體，發起內在的樂，那要氣脉、明點通了，才發得起來。我們大家沒有樂，不是腿痛，就是腰痠，總有毛病在那裏，有個不舒服就不叫作樂。樂是絕對舒服，六根都舒服，絕對健康；如果牙齒痛啦，腰痠啦，眼睛有毛病啦，胃打嗝啦，有這些狀況還想發樂，怎麼樂得起來？身體都沒有健康，怎麼樂啊？身體無病又健康就是樂，進一步的樂要健康以後，慢慢氣脉明點修通了才樂。發不起樂不要用七支坐法，用六灶坐法，兩腳交叉，右邊腳交到左邊，兩手肘抱著膝蓋頭，女性膝蓋要挾緊，容易發樂。有胃病的人吃過飯這麼坐，幫助消化，對胃比較好，比叫化子蹲還厲害，同時丹田的暖氣容易發起，這叫六灶坐法。「**心持**」是觀內在，這是發樂重點。

想發光明的修法，散坐，兩手壓於膝，舒展開，慢慢的呼吸，眼瞪得大大的，看天空，像達摩祖師一樣。這個坐法，在山頂上可以修，甚至還可以獅子坐，像狗的坐法，就是兩腳底對靠，看晴空萬里，然後空與地也忘掉了，這是大概，準確方法須另學。至於無念法，不需要另外加，用七支坐法，一切不執著的去修，自然容易達到無念。

「觀樂時，由七法中，兩手交叉抱於肘，覺受樂及調正精氣為要」。七支坐法兩手交叉抱於肘，這樣一坐，不過要注意，如精氣一發動，不能配合上欲念，心法就要靠你自己了，如果配合上欲念，尤其年輕人，會漏丹的。

這裏有個訣竅，當精氣一發動時，眼睛張開倒轉向上，就灌上去了，然後空掉，可以還精補腦，長生不老。當然還有很多的幫助辦法，目前先講到這裏。

女丹煉法，月經前的兩天半，正子時（夜裡十二點至凌晨一點）開始揉兩乳一百零八下，月經後四天半後正子時，恢復煉形，可以還精補腦，長生不老。其實男性也可以，也同樣起作用，揉後空念，起來打坐，功效奇著。男女同一根，太陰煉形法就是調整精氣，尤其年紀大的女性，精氣已衰敗了，硬是要把它調回來，只要一口氣還在，就可以把它調起來，起死回生。

「觀明時，頸稍許向外，手壓膝，氣舒徐，眼諦視定住於光明自然境中為要」。觀明點時，頸稍微外翹，氣要慢呼，眼睛瞪得大大的，並不是看，而是與外界的自然光明合一而定住。當然白骨觀觀起來的人，隨時在一片光明中，張開眼也在光明中，那就更好了。

「無念者以七法本儀而成就也」。七支坐法本來就是修無念。

調治魔障

「又所修法不正之魔障，以物品調治者有三」。下段講修法有障礙時，以三方面調治。

物者合時處、飲食，伴、等凡益道皆依。

修行人除了法財侶地以外，還要外界的其他物品，如醫藥、營養品，各種維他命等等都要。飲食要調配得好，修行人飲食很重要，飲食調整不好修不成的，所以許多人的功力不進步，是因飲食調整不好。尤其是吃素，修白骨觀一定不得力，吃有營養的東西就對了。換句話說，有些人修行了很久，氣脈明點發不起來，是因為飲食不對，飲食不對的話，氣脈明點怎麼能發得起來？木訥祖師苦行那麼多年，最後須靠好飲食，因為這個身體畢竟是肉做的。當然伴侶也很重要，招呼你的人，如果不懂，當你坐得正好時，他泡一杯牛奶要你喝，拿個營養品塞到你嘴裏，那也糟了。所以凡是有益於修道的，都是我們所依靠的。

「樂之物者，如稍許具滋補之類，或藥蜂蜜丸之食品，或依具相手印之伴侶。明之物，如清涼食品、及高處所，或境界廣大等」。具相就是有好的道伴，並且還要有好食品，好環境，地方也要廣大。

「無念之物，住處宜溫暖，而有遮障處。飲食熱者，行動要舒徐等是也」。修道初步，氣脈還沒修成功以前，最忌吃冷食，要熱食，當然外國習慣了的，也沒有關係。「功力以緣起調治者有三」。

緣起而於精漏者，少女紡線三股、咒。繫於腰間護明點，念馳栴檀及格嗇，用大油丸成無念。若有昏沉用紅花、冰片、菩提心等丸。成就三昧本續云。

修道有些進步的，或者做夢，或者無夢，明點經常漏失。對治的方法，以男性來講，要經期未來的少女搓三股粗線，請上師念過咒，拴著在褲帶上，就不會漏丹。不過，我問過許多喇嘛，還是照漏不誤，並不那麼簡單。實際上，倒是有些藥吃了不漏，不過有些吃了藥，根本是陽不舉了，還漏個什麼！所以漏丹是個大難題，多少老修行，三年五年不漏丹，後來還是漏了。這是個大問題，究竟漏丹的問題，是否為修道的重要關鍵，又是個問題。所以真講修道用功，問題多得很。

念頭太散亂的人，用檀香及蘭軋嘎格嗇（花名）對治。這個說法靠不住，靠藥物無念，那不行。我認識一個和尚，他吃白蠟入定，被徒弟當作是死了，埋掉了，你看冤枉不冤枉。還有一種藥，等於是大麻醉藥，吃後的身體，連割他、刺他都不痛。另有一種藥，吃了可以死七天，犯人也利用了。這些藥都可以使人無念的，但不是工夫，要不得。大油即人油，這些都是落後地區的方法，靠不住。有一種禪定藥，龍樹菩薩傳的，吃兩三天可抵三個月的禪定功力，但它不是麻醉藥，那才真是禪定方。

「**若有昏沉用紅花、冰片、菩提心等丸。成就三昧本續云**」。這裏說昏沉可用紅花、冰片、菩提心等做丸來治。紅花補血，未必只有吃紅花才補血，多吃點當歸，再不然吃牛肉，或打補血針，各種賀爾蒙等西藥，用得好都有用。菩提心就是精蟲，或者經血，西藏地區落後，缺乏藥物，可以這樣用。所以密宗供養佛有人肉、精蟲、月經、大小便……還有一種佛像，一隻腳踏的是毘盧遮那佛，一隻腳踏的是釋迦牟尼佛。

以中國人的眼光看，頭髮、牙齒、油、汗，沒有哪樣不是藥。我們吃的蜂蜜，沒有一點人的汗水，那個蜜就做不成，像做豆腐一樣，沒有一點石膏就凍不攏來。蜜蜂把蜜採好了，再拚命來咬人，其實牠只想沾你身上一點點汗，好做成蜂蜜。結果人怕牠咬就打牠，牠給你打急了就咬你。

兩隻腳都踏著佛，是表示你還有佛的境界，還成得了佛嗎？能成佛，也能成魔，最後魔、佛都不要，超過佛的境界才能成佛。你被道困住了，能成什麼佛？所以禪宗踏破毘盧頂上行，在佛的頭頂上走路。修道修久的人，自然會懂醫，當然你要看醫書，因為醫書看通了，對於修道有大幫助。所以，這本書是要成就三昧的修行人，都要知道這些。

第十六講

這些所講的是助道品，對於修行成道悟道方面，多半是有為法。上次講到發樂打坐的方法，但要注意，不管是顯教或密宗，要想真正修持，在戒律上，修禪定，修密法上，營養是要非常注意的。當然營養不一定要吃肉，而是注意營養，更要懂得醫藥。歷代祖師們的傳記，乃至中國古代神仙傳記，幾乎沒有一個不懂得醫藥。至少修持久了，經驗一多，自己也會懂得。結果你們講修持，搞了半天，醫藥方面不研究，一切都是伸手依賴人，那就不對了。菩薩要通五明，醫方明、內明、工巧明、因明、聲明（即文字）各種學問，哲學思想、醫藥，各種技能都要會。我們現在學佛，什麼都不明，搞得成五暗，那是很滑稽的。

藥物與修行

「樂壞而精漏者，以處女所搓之線三股，即觀為忿怒相，唸威猛咒」。樂壞精漏，觀金剛亥母相，外形是很兇的金剛相，唸金剛部的威猛咒，以金剛能斷一切念。

「作為七結，搓其線而束於腰間，其一頭繫於密杵根上而臥則可以也，若念分散而明力滅者，用白栴檀及蘭嘎格嗇，和人油所成之丸，空腹而食之，可以成就三昧」。當念頭散亂，而在糊塗的境界裏時，比如大家用功，多半在夢中糊里糊塗，這是因為「明力滅」，或因精漏。其實每個人都在精漏，六根在散亂中，精氣神都在漏，所以預先用藥物來補充。這裏說藥方是用栴檀香等等，在我認為，這方子並不高明，這是在當年的印度，以及比較落後地區的辦法，藥力並不好。中國內地醫藥進步，有的比這個好的。不過有一個道理要知道，一般人念頭容易散亂，所以「明力」容易滅。換句話說，這是體能不大對，不健康，所以容易散亂、昏沉，雖然沒有病，如果一用功，就有這些境界，就曉得身心已不健康了。先不拿法身的道理來講，只說一個人色身存在，這個報身還是要身心健康才可以。這時可以用藥先幫助自己，用藥用對了，可以成就三昧，可以得定的。

「昏沉者，乃散失無念之力，則用冰片、紅花、紅白菩提之丸服之即除」。散失不是散亂，因為無念，身體的能量消耗太大，所以念頭不容易提得起來。事實上不是那麼簡單，有時是腸胃不好等等，總之身體內部五臟六腑有一點點不好，你念頭就不會清淨了。雖然我們成道成佛不靠色身而來，但是，這與四大的色身關係十分重大。在印度西藏則用紅花、冰片，不過現在市面上所賣的冰片，是用樟腦提煉，很少有真的冰片。紅白菩提是男女兩性的賀爾蒙，現在有各種維他命、賀爾蒙，可以調整自己。

「幻網本續云：栴檀格嗇及人油，自性心寂成三昧，冰片紅花菩提心，等空菩提金剛物，不動而依瑜伽者，能成鎮伏老與死，如是云」。這些初步講來，是承認藥物可以影響身心，同中國傳統道家一樣，靠外金丹，靠藥物使自己能夠保持永遠的健康，乃至長生不老，甚至於不死。密法的修持，比如迦葉尊者還在雞足山入定，賓頭盧尊者還存在於世上，一般人不大容易相信。今天剛好有位同學談到關於禪定祕密，《大藏經》裏頭有學禪的各種定，用什麼方法，哪一種氣功，治療哪一種病，法本中還有的是從賓頭盧尊者來的。事實上這些方法，在修持有成就，有了經驗，都會曉得。在理論上，人可以保持不死，但是你說靠兩個咒子，念一點長壽法搞搞，就可以活上幾千萬年，那是做不到的，那還需要各種學問，因為這是智慧之學。如果一天到晚昏頭昏腦，一點什麼都不知道，也不想學，只靠一種宗教性熱誠和迷信，是不會成功的。

「第三義，為增上樂明無念之智慧故，有總與別二種。初總者」。不過，這些有為的方法，已經落在第三義了，是粗淺中之粗淺者，可是有幫助，可以增長了解樂明無念智慧的道理。有總論和別論兩種，下面先以總論來說。

緣境而修

樂明無念無過長，所緣心皆定勝咒，初不捨緣境而修，其後無緣境頓成，此要乃更深勝者。諸應機等須靜持，謂捨有相乃愚道，應遣無覺受惡理。

不管哪種根器，要想修到樂明無念的境界，也沒有什麼特別之處，只要專心一緣；比如唸準提咒、藥師咒等。準提咒的修法、觀想都很清楚了，專心一致，一念不亂，乃至念一個佛號也可，但是要念念不間斷，不能散亂，要緣在一個境界上，繫心一緣，緣境而修。比如修白骨觀也是「有」法，但不能散亂，一散亂效果就差了，只要心念緣境而修就行了。如果決定修「有」法，就不要「空」念頭，有法修成功了，在密宗的次第叫生起次第，硬是生起來了。最後「**無緣**」，就是把所緣的境界一念放下，那就立刻進入空性的境界了，這才真叫作空。

我們大家打坐，坐起來什麼都不想，又怕妄想，偶爾碰到清淨無妄想，有一點點清明的境界，認為這個是空，其實那個正是有。那個是意識境界，是自己覺得是空，但那個就是有。你能把那個境界定住也好，可是你又定不住。大家就在這樣矛盾之中，號稱修行，忙忙碌碌，莫名其妙的過了一輩子。所以說，最初先要緣境而修，大、中、小乘三乘修法離不開這一步，修成功「有」的境界了，最後才「空」，「**其後無緣境頓成，此要乃更深勝者**」，這是修法當中更重要的方法。

「**諸應機等須靜持，謂捨有相乃愚道，應遣無覺受惡理**」。應機設教，比如自己念佛比較相應就念佛，觀想相應就觀想，一切相應了，須慢慢靜靜的修去。一般修行，一上來認為緣境的修法，不能著相，但這是愚癡凡夫說的「空」。所謂空，你空個什麼？對於佛法教理都沒有了解，開始就想達到空，然後就想把身體也空了，還要無覺受；這是「**惡理**」，是邪門的理論，根本不應該用的方法。一上來就無念，哪裏能無念？即使給你做到了無念，那也是意識境界，還不是真的無念，這是非常嚴重的道理。不錯，禪宗上來就叫你放下，一切放下了，當下清淨，那個清淨就是第六意識的現量境，要緣這個而定止。你光說放下，況且第一、放不下；第二、你放下了，無念還是做不到；再說雖放下了，清淨無念而定之，根本就定不住。那只是空洞理論，很糟糕的。你看多少古人的修持經驗理論，很多都在矛盾、莫名其妙中，過完一生；乃至因修行而墮落的，還有很多呢！理不通會有如此嚴重的問題。

「大空樂之所依緣，乃明點燃滴」，身上發起大空大樂。一般人修行得不到空境界，念頭達不到空靈，身體上又不能得樂，一天到晚都是病，什麼道理呢？就是因為六根都在漏，明點在漏失，尤其不能煉精化氣，煉氣化神。所以我們必須要知道大圓滿三脉七輪的道理。哪個輪是大樂輪？是腦部頂輪。腦是一身的諸陽之首，全身的神經、思想、智慧、記憶，乃至保持輕鬆都靠它，就是中國道家講的，還精補腦，長生不老。不能還精補腦，當然不能得樂；不能得樂，大樂輪打不開，所以心境的空靈也做不到。大家打坐姿勢都沒有對，所以最近我糾正你們很多，姿勢沒有對，脉輪是打不開的，都被壓住了，這也是要訣。大空大樂所依賴的條件就是明點，煉精化氣，明點以後「燃滴」，就發煖，就是拙火「燃」燒起來了，氣脉變化到了大樂輪，頭頂的甘露「滴」下來了。所以我叫你們走白骨觀的修法，比較是個捷路，容易「燃滴」，這是因為走氣脉的路子，大家沒有工夫專修。

「空明之所依緣，為氣之顏色」，如何能夠容易達到空明的境界，在一片自性光明之中呢？這要靠修氣，氣修通了，而且氣有顏色了，發虹霓之光，開眼閉眼都看得見，這是氣的修成，也是煉精化氣以後，氣快要化神了，才能達得到的。而這個氣的顏色是有表色，硬是七彩的光明，這就是「有」法了。你說這不是著相嗎？當然要著相，你先能夠修成功，要修到這個程度才有這個相，相修成了，有了以後再把它放掉，叫作不著相。你一開始就來不著相，你根本也沒有這個相，執著個什麼啊？就像說你不要錢，當你口袋裏空空如也時，有一億美鈔送給你，眼斜都不斜一下，那才算是一個不要錢的人。現在你一點修持的成績都沒有，一點相都沒有修到，動不動就說不著相，那真是笑話！

「無念所依緣，為不散亂而心注視於清淨天空」。無念所依的緣，始終是以不散亂的心，「注視」清淨天空而定。開眼而注視，不是用眼視法去「看」，是面對萬里無雲的清淨天空而「定」。當然利用這種修法，在城市裏做不到，小山上做不到，要到中國西北高原，或者西南雲南昆明一帶，晝夜都是這樣天氣的地方，才可以去修。這時注視無雲的天空，一切妄念自然消失。

「其他諸妄念，消失於此中，彼等之法，不作意頓然於樂明無念境中而住，此乃由甚深義緊要中所示故也」。修持達到樂明無念，綜合起來，真達到樂明無念的成就境界，是要「不作意頓然」而住；是不作意的，自然而然的，在成功的那一剎，才是頓悟。開始還是漸修，初步硬是作意的，慢慢去練習，由練習做到了以後，不作意了，頓然而住，定在樂明無念境中，定下去。

「莊嚴藏論云：凡有所緣者，心則等持住，修一切皆無，後亦極應捨，如是之義也」。比如我們念佛號，開始是有所緣，聽呼吸則緣呼吸，參話頭是緣參話頭，這時候心境要等持而定。修一切法最後到達皆空，所以最後連樂明無念的境界都要捨除。

時，痛苦萬分，因為腦袋六根漏得太厲害，都是接近死亡的凡夫，要把接近死亡的破漏的腦袋修補回來，那是很痛苦的。到眼睛，到耳朵，各種痛苦都來了，但是你真痛過了，好像管子打開了，明點硬是上去，溶化了，頭腦也像打開了。為什麼智慧高者前額會高？帝王隆準龍顏，日月角起，天庭飽滿，地閣方圓，都是前生的業報，智能特別高，氣血又充沛。我們普通一個人，由後天的修持，也可以做到，所謂「只怕工夫深，鐵杵磨成針」。

「**明點上提溶入頂**」，然後在頂門上空境界，再進一步，上面由寶瓶氣呼吸停止了，下面大小便孔不走漏，即上下皆用寶瓶氣保持著。保持到精化氣，意念住在心念的中心，心念的中心是空的，一念不生的境界呈現了。所以天台宗用的調息法門，那還是最初步的，調息到了最後，是寶瓶氣的境界，上下呼吸可以不動了，這才是真正的息。當然寶瓶氣境界修到這樣，丟到水裏去不會淹死，可以在水裏打坐，要下去就下去，要上來就上來。寶瓶氣真做到時，呼吸絕對不漏，連毛孔都不漏，從大火中走過，周圍一尺內，大火進不來，就有這樣厲害。也就是入水不溺，入火不焚，都是煉精化氣的成就。如果刀鋒過來，你以寶瓶氣用手一轉，刀鋒馬上鈍了，變成頑鐵，那是真的修持成就。換句話說，這部分就是講我們生命功能的奧祕，我們大家活了一輩子，不要說生命精氣神的大神通功能沒有，自己連拙火都沒發出來，這就是凡夫，如此莫名其妙的生來，不知所以然的死去。如果把四大的功能發起，已經有這樣大的神通了，可是還談不到證得菩提，還沒有悟道。不過生命是有這個功能的，這個法子叫「**住樂明離戲境**」，還精補腦，各種機能都健康了，恢復少年，晝夜在光明清淨中，沒有戲論，也就是在沒有妄念的境界中。所以小乘戒律先要持戒，先要不犯淫戒，四禪八定才能做到。

進一步，你雖不犯淫戒，精滿不能化氣，氣滿不能化神，仍是大凡夫一個，有什麼用？必須要把自己的生命功能，精氣神發起。我們這個生命功能偉大得很，可惜凡夫忙於世間的俗務去了，把自己的無比功力埋藏了，這就是凡夫。

至於說到提煉，有形練氣功的方法，提煉精氣，還精補腦，光是提煉上來回轉，還不夠，還要懂得武功才行，比如密宗拳，也是練氣功。

中間動搖獅子力。降、提、引散、及任運。運動所緣依傳行。

氣是閉住的，密宗的金剛亥母，三十幾套拳路，坐在位子上就可以打拳，一身都運動到了，每個骨節都鬆開了，有時降，有時提，有時引散開，最後全身的氣充沛了，任運而住，不動了，絕對清淨，身心皆清淨。當然運動方法要老師親傳，夠得上法器才會傳你。

下降相合之手印，搖身上下如壓下，所緣由杭（𑖮𑖽）引菩提，降密處時緣樂住。

只用兩隻手支撐，整個身體立起來，這叫孔雀式；身體平面的立，懸空了，會了這個動作，再加上氣的訓練就不同了。這時所緣的杭字，白菩提降下來，降到密處，是引起樂境的方法。但是如果有欲念就糟了，那是凡夫境界。所以一點欲念都不能有，有欲念，氣變成了粗氣，不能用，而意念也走入畜牲道去了；要沒有欲念，但是要發樂，巧妙就在這裏。

提者則為向上引，兩手胯上海合岩，提起下氣舌抵顎，眼白上翻頭縮慄，所緣明點如蛛絲，收起相溶合於頂。

海合岩就是髂骨這裏，所以打坐叫你的身體立直，一定要挺起來，等於身體內部整個張開了，肚臍向內縮，自然的提起下氣，舌頭立起來，眼白上翻，乃至眼閉著望頂上，一片光明。喉頸收攏來，這時所緣的明點慢慢回轉來補腦，煉精化氣，如蛛絲網一樣，慢慢散佈，回轉來到頭腦去。南極仙翁的頭那麼高，因為還精補腦，腦袋越來越長高了，這是個表法。凡夫精一充滿了就下降，損失了，放射了；如能反轉來，就是修道的路子。等於地球氣充滿了，它的功能使地氣上升，碰到上空稀薄的冷氣，就變成了雨。在正統的道家學術之中，我們身體功能，這一部分的理論，說明得比密宗還要清楚一些。我們這個身體功能，同天地的法則完全一樣，要做到這樣（還精補腦），才能夠進入身心健康的境界。

又散布者、動手足，如張弓式舌抵齒，「嘶」聲吹氣而外出。

在有精氣的時候，才用此法嘶聲吹氣，由此就了解，天台宗的六字止觀法門，並不是平常練這六字用的，是到某個時候才用到的，但在大、小止觀中，都沒有說明。所以後世的人，修止觀練氣永遠學不好，因為不懂。為什麼智者大師不說明呢？一旦說明，就怕後世人落在有為法上，變成氣功去練了，這是他的苦心；可是沒有說明的結果，反使後世對修止的方法，一點都不懂了。

任運仰臥氣心徐，一切無念皆不執，自性離戲境中住，無障大樂菩提成。

最後，躺下來，攤屍法，枕頭都不要，任運仰臥，死人一樣躺著，氣也不管，念頭也不管，慢慢的……一切念頭都不執著，自然住在自性的離戲境界當中，無障無礙，大樂的菩提成了。這是講修身的部分，樂的境界。

剛才講的，等於中國傳統的煉精化氣這一部分，也是助道的要法，現在由煉氣達到化神的境界。「又第二」，下面是第二步。

粗氣細氣　心住於氣

明者氣助其上法，粗於細者相互助，特於內外持相助，緩細等要勤相合。數、及顏色、觸、形相，亦云學習諸種法，此乃一成眾要門，如是學習調要王。

修光明成就，必須要煉氣輔助上面的方法（煉精化氣法）。所謂粗氣，就是以九節佛風與寶瓶氣為基本；細氣就是修止觀，由粗氣而到達細呼吸，由細呼吸而到達息的境界，就是不出也不入的這個境界。粗氣與細氣兩個相互為輔助，特別要在內功、外功修持上互相幫助，乃至包括各種運動，都有連帶關係。以修氣的原則來說，吸氣多，呼氣少，是長生之道。吸氣的原則，細、長、緩，但修九節佛風時，呼氣時相反，而是粗、短、急。當然在修氣的工夫方面，問題也很深、很多。比如，由半夜開始到第二天上午前，屬陽氣，多修入氣，而且多用左鼻子；下午一到，屬陰氣，就不需要多修入氣，應該稍修一點呼氣，就是把裏面的粗氣排出。原則講是這麼簡單，中間方法多得很，所以佛說修持方法八萬四千，沒有錯。

修氣的方法很多，數息也是一種，每種數息的形態，能夠支持多少息？多少分鐘？或半個小時，或一小時；還有意念的觀想，也要配合各種色相，以及其他形相。比如藥師如來的觀法，阿彌陀佛的觀法，以及身體的感受，到了那一步有什麼作用，什麼形相，最後修成功了會變形。意念跟氣一配合，如果意念想一老虎在前面，前面就會出現一隻老虎，實際上是幻化的。也有一種說法，認為煉氣是幫助修定的，所以要學各種法門，現在講的是成就很多法門的總原則。照這樣去學，要隨時曉得調整，所以修白骨觀，佛所吩咐的：第一飲食要好，第二要知時知量，做工夫到了多少時間，到了什麼程度，馬上要易觀，趕快變個方法。「調要王」，這方面自己要曉得調配，那才是最重要的，完全依靠善知識是沒有用的。

「若修細氣之後，則持粗氣能生新功德，修粗氣而細氣亦與相同」。在練習修細氣之後，一上座就是止觀的路線，那就不管氣了，只聽自己天然的呼吸——細氣。但是因為你練過粗氣——外氣功，而使止觀定慧境界，能產生另外新的境界。這是修粗氣以後，再修細氣的功德。同樣的，先練習細氣，再練粗氣，也能產生另外的功德境界。

「若氣內住，則外稍許定之，外放時，內亦稍許留住，此要乃至上也」。當氣內住時，完全達到天然的寶瓶氣境界，不呼也不吸了。能夠氣住到不呼不吸，你的念頭制心一處，心緣一念，初步可以不散亂了。心之所以散亂，當然就是氣散亂了，所以孟子講，養身養氣是連著的。氣內住時，則稍稍控制，暫時閉氣不吸外氣入內；氣外放時，相反的，也暫時閉氣止一下。

「又因心不散亂而住於氣之一呼一吸數，或心住於五大色之氣，或心住於覺受寒熱，或心住於氣不同之形相」。修氣綜合起來，有很多方法，比如心不散亂而做數息觀，定在一呼一吸的境界上，這是一種；或者呼吸不往來，心裏計著數字，自己觀察能夠不往來的氣，能定多少時間；或者吸氣進來時，心住於觀想，或一邊念咒子，一邊吸氣進來，觀想吸進來佛身的七彩光明；放出去時，出一切的濁氣，一切生滅的濁氣都放掉，這當然是意境上觀想出來的。

這就是密法的修持，比較難，為什麼難？因為大家心在散亂不能專一時，再去做更多的觀想，就做不到了；如果心念定於一，一念之間就可以同時做很多的觀想，所以一念之間可以觀想千手千眼。普通人觀想一隻眼，一個指頭都觀不起來，因為心散亂，氣散亂了。還有一種方法，心住於覺受，身上哪裏發熱了，比如修白骨觀，有幾個人就有很多經驗，寫他身上冷的、熱的、脹的、麻的，各種都有。這用不著驚奇，當然是有覺受的道理，你身上內在有病，自然有覺受。有個癌症病人問我，他是否應照鈷六十，我說這個要你自己決定，修白骨觀修得成功的人，自己光明一來，比鈷六十還厲害，可以把癌細胞照化了，那也是心念的功能。或者心住於氣，氣與佛相、菩薩的相，與意境配合觀想，方法多得很。你們出家人只曉得嘴巴上唸「法門無量誓願學」，結果沒有一個發願去學，這不是造口業說謊嗎？犯妄語戒。學佛的人念到每一句戒，心都要發抖的。

「如所說之諸助法，皆唯令心住所緣故」。重點來了，我們都要知道，這一切都是唯心造的，都是要我們制心一處，心緣一法。八萬四千法門也都是要先做到制心一處，心緣一法。智慧淺，能力淺的，你就一門深入；智慧大，功德大的，你就多門深入，這些都是助法。

「然不能相契於法爾之真實也」。但是你要知道，上面這些都是助道品，並不是證得菩提，不是大澈大悟；只是幫助你，使你容易證得大澈大悟而已。不要把這些有為的法門，認作是自己本性的那個道；若如此想，你就錯了，那你就叫外道了。所以六祖說：正人用邪法，邪法也是正。你懂了這個理，乃至於世間法，也都變成佛法了。

「故此時所示者，乃以一調要使氣束歸入中脉，顯現法爾无盡之方便」。上面所講修樂即煉精，修明修氣即煉氣，要曉得這些都是調和，也是助道品，幫助我們把氣歸到中脉來。中脉一旦打通了，就與天地合一，與法界合一了。到了那個時候，本性本來就是佛，顯現法爾，無盡無邊的方便；但在沒有到達以前，先要修有為法。現在氣的方面還沒講完。

修氣另有的方法

身調如前眼不動，氣由口鼻三徐放，自然解脫境中鬆，心要不執自性行。其後仰臥伸手足，厲聲念哈心注空，無散、離、合、頓然住，氣心自解住樂境，無障顯現無量德。

當你身體的氣脉調和好了，眼睛注於空境界，像達摩祖師一樣，瞪起兩眼，不要用力，停住在那裏，根本沒有看；眼不動，念頭也不動，如果眼睛還有注視力在看，那就不對了。這時嘴巴要微微張開，氣微微放掉，完全放鬆。前面講的是收氣進來，像寶瓶氣，身體內部變成一個氣袋子。現在這裏講，把你身體的氣放空了，但是要慢慢的，這又另是一個法子了。這樣一吸一放之間，氣自然放完了，空了，眼睛也瞪開了，心念空了，自然的解脫，一下就沒有念頭了。

在解脫的境界裏，身心一切放鬆了，也無妄念，也無執著，管他有啊，沒有啊，氣啊，感覺啊，都要放鬆，不執著，在自性境界中，自然而行。不過，也不要老是用這個法子修，不能老是抓著雞毛當令箭，不曉得調整是不行的。

修行到底是靠智慧，所以你們有什麼資格專修呢？連自己都搞不清楚，何時該修空，何時該修有，你有擇法眼的智慧能力嗎？怎麼能去專修去閉關呢？所以法門不是呆板的，要曉得調整，調整好了，就在這個境界上，馬上躺下來可以睡了。下面講攤屍法：

「**其後仰臥伸手足，厲聲念哈心注空，無散、離、合、頓然住，氣心自解住樂境，無障顯現無量德**」。仰臥手足四肢散開大大的，並大聲的念「哈」，大聲的嘆氣，然後心注於空，這時不散亂，離戲論，不空也不有，合於法爾自然的境界。這時不是漸修，是頓斷妄念，等於我們打七，香板拍下來，妄念頓斷，這時候氣與心自然解脫，而且生起無比的樂境。不痛不苦不煩不憂就是樂，還貪什麼樂？若另有個樂，就給你樂死了。可是人生一天到晚都是不滿足，偶然有一個境界蠻快樂的，自己卻煩惱起來了。為什麼煩惱？這境界好是好，就是不樂，愚癡眾生，顛倒莫甚於此者。這個時候，如果身心一擺脫，一鬆開，身體都不要了，隨一念之間，無量功德，無障礙顯現無量功德，自然就是解脫了。既然無障礙、無病、無痛、無惱，很平安的過一天，不是已經很解脫了嗎？又要去找個什麼解脫，找個什麼快樂呢？

「身坐如毘盧遮那七法，氣由口鼻三孔極徐而放出，心無念剎那而鬆懈者」，這時候的工夫方法呢？慢慢的放氣，一上座，一切弄好了，剛一坐，就這一剎那心無念。但是再等一下就不清淨了，因為凡夫習氣來了，又去抓一個道，抓一個空，抓一個境界，又完了。你要永遠保持剛剛上座那一剎那就對了。孟子也說：「學問之道無他，求其放心而已矣」。

「氣有定數，是時氣繫於中脈中」。當然這時氣是有一定的數，要均勻，笨方法是計數，最好是不管；氣這時自然鬆了，讓它自然，則氣自然在中脈中往來。雖然還有生滅法，沒有達到不生不滅，但能讓它自然，如此慢慢練習，做到此心於任何地方、任何境界，都可以隨時達到無念，無念不是昏沉。

「心於何處皆得無念時，為使氣心本淨任運故，伸手足仰身而臥，目視空中，厲聲唸『哈』三聲，氣外住」。因得到無念，即仰臥，唸「哈」三聲，不吸進來，停止了呼吸。你內在的「能」在裏頭動，當然不吸進來，同時也不呼出去，道理就是達摩祖師所云：「外息諸緣，內心無喘，心如牆壁，可以入道」。

「心住於本境，剎那頃遂現出於何處皆無分別執著之智慧，法爾盡者之密意，是名為頓成大圓滿金剛界之壇城，得到法身普賢位也」。這時用外息諸緣，內心無喘這個方法，氣調好以後，一躺下，心住於空，然後身也不管。本來就無分別，也無執著，你自性的智慧自然呈現，就懂得這個原來是無量、無邊、無盡的自性功能的密意，這時候最容易體會見性的道理，這個是頓悟入道的法門，可得法身普賢之位。此時不談報身，報身是氣脈內在的問題，而此時這個是法身境界，你見到的是普賢境界。這是講煉氣的道理，由煉氣可以化神。「又示如是常習，即得出現功德理趣者」。

身輕、不動（指氣）、妄念、息，心明極清現神通，神足、色潤、生三昧，氣入中脈相皆至，是深調要極祕密。

練習久了，身體越來越輕巧，慢慢可以騰空起來。前天報上刊登澳洲有個青年，專修幾十年催眠術，表演高空跳傘，不用傘，證明心靈的力量，在高空中可以慢慢的下來，像在水裏漂浮一樣，證明心靈的確有這個功能。不過他講最困難是離地三尺時，想漂浮就很困難，道理是地心的吸力太強了。所以人有神通可以飛空，神仙也可以飛，這些並非不可能，氣功做到了就可能。當然大家為什麼做不到呢？沒有信心，又不肯專練下去，一曝十寒，今天做兩下，明天就不修了。

這種修持功德，第一可以身輕，第二氣不動了，可以不靠空氣而呼吸，所以美國太空人的訓練，先要學瑜珈術，練習閉住呼吸，這是必修科，人家科學已經把我們的東西用上了。閉住呼吸練久了，妄念自然沒有，再進一步練久了，心裏永遠清明，當然不需要睡眠了，腦子也絕對清醒。換句話說，腦子絕對清醒，腦電波就有神通了，等於無線電，可以收到他方世界的電波，慢慢有神足通，可以騰空，皮膚光滑，如嬰兒般的細嫩，可以生出各種定，返老還童了。這時，氣入中脉的現象，有如佛的三十二相，八十種好之中，起碼有一半的功德，而外相並沒有變。

為什麼說三十二相？中間的功德祕密還沒有告訴你，顯教經典只講外相，你懂了以後，這些相好功德都來了，氣自然進入中脉，一切的現象都來了。所以學佛修道，哪個人悟道，哪個有神通、無神通，一望而知。如果一臉的晦氣，說他有神通，那是騙人的。因為一步工夫有一步的功德呈現，今天大家有沒有用功，是退步、進步，當然會一望而知了。氣入中脉後，一切的功德都呈現了，這是祕密法門，不要亂宣傳，尤其要守戒，不要以這個尺碼去毀謗別人。人家要吹牛也好，要吃飯也好，讓他去吧！不要揭穿，可是對自己要求嚴格，嚴以責己，寬以待人，絕不可以玩嘴巴。

「身輕如棉，氣不覺有動相，妄念立止，心清而明」。此時身體柔軟，連身上骨頭都軟得像棉花，而且內在的氣不覺得有動相，呼吸還在往來，呼吸是外面的，內在還有一個呼吸不動，等於與天地的氣相通，妄念立刻停止。不過外面的呼吸有時還是需要的，因為這個肉體與外界的關係還要調整。心中光明清淨，腦子也清明了，這時智慧不求而自來，頭腦像照相機一樣，一照就知道了，看書一目十行，眼睛一看下來，就是一篇過去了。

「出現微小神通，如馬快速，色潤澤有光，新生三昧，出生如見清淨烟等之十種驗相也」。這時要曉得，出現的神通不是大神通，是微小的神通，不要得少為足，這與悟道沒有關係。「如馬快速」，這是比喻，你要證得那個神通妙有境界，立刻就可證得，很快。如果這時你執著神通，一高興就著魔了，你就進入了《楞嚴經》五十種陰魔之中了。什麼叫魔？執著了就叫魔。你認為這個就是道，你入魔了。所以不要得少為足，氣派大的人成就就大，這時臉色潤澤有光，重新生出各種三昧，開眼閉眼會出現十種驗相。有時自己懷疑，眼睛恐怕有白內障吧？怎麼前面有一片光？眼睛有毛病時也有這種現象，要當心。但是有眼通發起時，也是一樣，甚至於看到人如煙如霧如光……種種狀況，也是必然會出現的。換句話說，你的氣還沒有到腦，沒有化神，所以在到達這個境界時，所呈現的也是病相。如果真是病相的話，陰境界痛苦得很，在生理上會有障礙，有煩惱；而這時是工夫到了，所以沒有障礙，沒有煩惱。自己與別人的光有多大都知道，這幾天會不會有災難、病痛，光的顏色馬上告訴你。這裏所說十種驗相，並沒有明講，在《大乘要道密集》中有說明。下次講「第三義」。

第十七講

危險的修法　內外的修法

無念如空之助者，身心鬆懈注於緣，一方不散而注視，諸念消入彼境中，彼所依緣念亦息，出生雖顯不執空。

「由毘盧遮那七法後，特別專凝視於佛身像等時，其他念慮皆消入於其中，即念身像之念，亦自然止息而出生現空無念之智慧，最重要歸束者」。要念空，可以用看佛像的辦法，當然辦法有很多種。

此法調要他同習，時緣外執而吹氣，外住若干生無念。有時內住無上下，唯一所依不散住，時無所依心自住，境顯無執狀中住，此乃無念法身意，依要自然由內現。

這個方法比較危險，所以要有護法的人，而且最好由有成就的人幫忙，因為修這個法，是勉強使他認清楚無念的境界，這是個方便，當然不是無生法忍。一般學密宗，把這個當成無生法忍，那就變成外道法了。比如前面擺一個佛像，就觀這個佛像，或者注意上面的亮光，或者住於虛空，住久了以後，「**外執**」，執著這個外緣，忘記了自己，而且注意呼氣。吸進來時不注意，這口氣呼出去以後，就停住不吸進來，也是寶瓶氣之一。不過，這是內空，向外空掉，外住若干時，可以進入無念的境界。

但是這個法子很危險，要點是要有護法，因為這樣修久之後，很容易死掉，自己可以早走。這個人的生命，就是憑這一口氣，寶瓶氣是內住，內住可以長壽，可以袪病延年。這個外住的方法，是為求達到無念，只注意外呼就可以快走；但是內住氣，氣脈還沒有修通的人，是可能因閉氣而死的，也可以快走。所以像密法的修持，有許多內住氣的修法，如果身體實在不行了，最後考慮結果是趕快再轉胎，往往自己解決了自己，希望再投胎時不迷掉。我稱他們這個學法是學自殺法，也是憋口氣，就可以把氣封閉，走掉。後來貢噶師父是不是這麼走的，不知道。所以這個法門要「**他同習**」，就是要有護法，這是第一個嚴重的話。

其次，我們這個妄心、妄念空不了，是氣的問題，氣質變化不了，所以每個人性情乖張，貪嗔癡慢種種不能斷，就是不能變化氣質，習氣也就是這股氣的作用。所以我一直告訴大家，《孟子》關於養氣大有道理，〈公孫丑〉和〈盡心〉這兩章，非細讀不可。孟子之所以成為聖人，的確有他的道理；還有莊子的練氣，都有他的道理。做工夫先要養氣，氣不能變動就不行，氣質沒有養好，工夫是白做的，所以由此你就曉得，氣向外停止就可以無念的道理了。同時我們的失眠，也是因為氣的關係，人在失眠時，呼吸越來越大，都是這一口氣的變化。

「**有時內住無上下，唯一所依不散住，時無所依心自住，境顯無執狀中住，此乃無念法身意，依要自然由內現**」。有時一口氣——內在的寶瓶氣，保留著，不上不下，這時念頭絕對的不散亂，當然也不昏沉了。氣進來，充滿了，絕對不昏沉；氣向外住，不進來，也是不會昏沉的。但是靠不住，這個法子很危險，非有過來人，有經驗者護法，不可修。這要隨時隨地心念做到無所依，因為我們的意識念頭一動，氣就跟著動。寶瓶氣調工夫，非到了氣住（不呼不吸），非到了脈停，不能算得定。但平常大家沒有氣住脈停的定境界，算不算定呢？也算是定，但那是因地上的定，不是果位上的定。果位上的定，是非要氣住脉停不可；如果還有一點呼吸，氣還在動的話，你微細的念不會斷的，所以叫作「習氣」。「習」是心的作用，「氣」硬是氣，這個心念的「習」，完全靠「氣」在活著，所以道家主張煉氣，有他必然的道理。現在大家打坐，呼吸自然，心念能夠空，馬上可以得到一點輕安、清淨的境界。但是達到真無念，絕對定下去，做不到，因為氣沒有養好，沒有調好。如果氣能夠修到自由控制，你的生命也就可以自由控制了。這時候的境界很明顯，一點執著都沒有，在這個境界裏坦然而住，這是定。這個方法是「**無念法身意**」，進入性空的境界，這是密宗大圓滿的看法，但是並不徹底，實際上這還是第六意識清淨面的現量境，接近於法身，還不是究竟法身。

所以我不大肯講密法的東西，因為一講起來，我就會把它批駁得一塌糊塗，可以說，是翻譯及傳法的人，沒有弄清楚。不過，依這個法門的要點去修，可以做到此心自自然然的無念。比如今天呂老太太日記，她可以在夢境中，心內外一片光明、無念，她是自然修去，比這個法門又高明一點。大家要注意。

「有時氣外住，凝視於地石山岩等而生無念」。要達到無念境界，有時就張開眼睛，氣外住當然要開眼，觀虛空，一切都忘了，心散之於虛空。

注意呼出去的氣，不注意吸氣；要長壽之道則入氣多，出氣少。所以常生病的要多吸氣，如果要想短命則注意出氣多，入氣少，臨死的人都是出氣多，入氣少。所以年紀大的朋友們要注意，自己每天醒來，要注意自己隨時的呼吸，如果出氣偏長，吸氣短少，就要趕快反轉過來多吸氣，才可以長壽。在快生病時也是這樣，氣入得很短，而且氣只到胸部為止，下面就不大通了，這就是將病的現象。所以氣有如此重要。

有時候氣外住，眼睛半開半閉，當然會看到地面，草地、泥地或柔和的水晶地也好，不必故意眼觀鼻，鼻觀心。或對著山岩、石頭等，面壁而坐，或凝視地面，前面沒有障礙，慢慢忘掉眼睛看的作用，忘掉氣的進出，甚至於停在外面，就很容易進入無念境界。這有什麼難啊？只要把念頭轉少一點，這很容易，但不是真正的達到無念。

「有時氣內住，心定於四輪三脉種字或光，或佛身皆可得而成就」。有時氣住在裏面，內住的氣可以長生不老，心定於裏面的三脉四輪，可以轉變全身。心也可以定於一個字母，其實不必是梵文，中文也一樣，或佛或光，或肚臍中一個蓮花，蓮花上一個佛，很小的佛，一個指頭那麼大，光亮的。或觀胸口卍字，或蓮花、佛也可以，都會有成就的。

「有時無依之心無執坦然而住，生起不斷平等智慧」。有時一切無所依，既不聽呼吸，也不修白骨，也不參話頭，也不念佛，就是那麼無依無住，連放下都不必放，當下這一秒，一剎那間可以得無念境。這個時候如果悟道了，就可以得無生法忍；沒有悟，就是工夫境界，還是意所造就。你修這個法就可以轉第七識，生起不斷的平等智慧。不斷——非斷非常，即唯識所謂轉八識成四智。

「後結者」，下面告訴我們修道三要點，樂、明、無念。

修道的三要點

樂明無念總助者：積資、除障、修生、圓，深道師瑜伽、勝咒，此乃究竟要之訣，應機欲超誠受持。

空樂、空明、無念三種綜合起來，自由出入，不住三界，自由自在的定。現在講結論，要修到這三個境界，第一步是要累積修行資本，多做好事，六度萬行戒定慧，積集福德資糧，如果福德不夠，就不要談了。另外是智慧資糧，要求得智慧，不是在那裏等，更不是在那裏打妄想，而是要修智慧才能得，所以福德與智慧兩種資糧都要聚積。第二步除障，身體不健康則靠醫藥或做工夫，把身體障礙除掉，外緣的障礙也要除。有了福德資糧、智慧資糧，沒有障礙了，所謂法、財、侶、地都具備了，再開始修生起次第。比如念咒子，準提咒十萬遍或五十萬遍、一百萬遍，如果根本都沒有念滿的話，這個最初步的集資都沒有做到，怎麼可能得到生起次第的成就！何況還想悟道成佛，那是開玩笑！要知道，佛法是多劫勤修，勞苦功高來的啊。

怎麼叫生起次第現前？要光就有光，要氣在身上怎麼住就怎麼住，要它不動就不動，要它無念就無念，要它有念就有念，乃至有所求都能夠呈現時，才是生起次第現前。隨便你走空樂定也好，空明定也好，無念定也好，都是要積資、除障，再來修生起次第，然後圓滿次第。這些次序是呆板的，最深的道理是要依止上師修，修上師相應法，經常觀想上師在頭頂上等等，心裏要持咒，這些是究竟的要訣。要想超脫、成聖、成佛，跳出三界外，應該很誠懇的學習修持這些方法。

「是故已作福德之業，而悟非福德者故，積資淨障為道之助至深奧也。如來多行經云：積有福德等，所思獲成就」。所以說到福德資糧，去惡為善最為重要。你們大家學佛，為什麼智慧不開呢？因為福報不夠。福報是做什麼得來的？是要捨己為人，利他而來的。「諸惡莫作，眾善奉行」，起心動念隨時注意身口意三業，不造惡業，這還是消極的，積極的就是利他之行。所以大家沒有成就，不能開悟，就是因為功德不夠。如果自己福德不修，光想求開悟，剛有一點善行，做一點點好事，人我是非就來了，福德怎麼會成就呢？不可能！如果福德資糧夠了，你所想的沒有不成的，你的智慧也就成就了。

「第三義示亦無謬誤，修成證悟本性之道者」。下面講如何證悟本性。

如是所修現證悟，遍滿為一無差異，如三方來聚一處，如諸河異匯一海。凡修樂明無念法，自性不生空之性，念心極寂而溶入，有無戲論菩提心。光明本住日內現，頓成光明無遷證，等空如來藏之性。

上面所講的樂、明、無念定三方面，空樂定是修身的，轉色身報身；空明定是修氣、修脉；無念定是修神。換言之，空樂定由精來，樂由精生，精力充滿了，自然快樂。如果這裏病那裏病，氣脉不通，這是精不充滿，精不能化之故。精不是精蟲的精，精蟲不過是精的一部分，精充滿了，自然得樂；精能化氣就得明；氣能化神就得無念。如果一天到晚呆呆的，沒有智慧，就是腎氣不足，沒有充滿，是精的問題。

所以這樣所修樂、明、無念這三步，最後都修成功才能悟道，證悟菩提。但是這三個東西就是一個東西，空樂定修到了，轉化身；空明定修到了轉報身、色身；無念定修到了轉法身。實際上法、報、化三身三位一體，所以有些大叢林的大殿上，塑了三尊佛一模一樣，就代表了法、報、化三身。道家是三個太上老君，一模一樣，叫作「一炁化三清」，上清、玉清、太清，也就是三身的道理。這三位是一體的，遍滿為一，沒有差別；換句話說，這是一體的變化，也等於一切的河流匯於大海。

「**凡修樂明無念法，自性不生空之性，念心極寂而溶入，有無戲論菩提心**」。凡是按這個次序修樂、明、無念大圓滿的，到了最後，都要進入自性無生的境界，樂也不管，明也不管，無念也不管，一切都不管，也就是《金剛經》的「無所住」，無著、無住、無願。如果一天到晚執著樂明無念就是道，那就變成了外道，就錯了，執著了有。執著有或空，都是心外求法，就是外道，不能明心。自性本來無生，哪裏去求個空？此之為性空自在。這時候不管空樂、明、無念，任何的念心，最後都歸到寂滅清淨境界，無所謂即空即有，也無所謂非空非有。工夫到了這個境界，悟到了這個境界，就是明心了，證得菩提心。

「**光明本住日內現，頓成光明無遷證，等空如來藏之性**」。當你修到了自性本來清淨的菩提心，自性光明像太陽一樣，自然呈現了。不過要認識光明，比如我們工夫做得好時，內外一片光明，但這還是子光，是有相之光，還不是真光；就像兒子要回到母親那裏，是要透過子光才回到母光，也就是無相之光、常寂光。什麼是常寂光？就是明白了，在光明自性中，坦然本住，內外呈現。可是見到自性本性光明母光以後，還有沒有子光呢？有，就是所謂的子母光明會合，自性的清明與有相的光明會合，內外一片。這個時候「**頓成光明**」，所以諸佛菩薩都住在光明中「**無遷**」，永住而不會變遷，已經證到了空性。證到了是成佛了嗎？等於佛，等覺妙覺，是普賢、文殊的境界，「**等空**」，這個時候才是見性，如來藏之性，你就明白了，也就是六祖所悟的：「何期自性本自清淨，何期自性本不生滅，何期自性本自具足，何期自性本無動搖，何期自性能生萬法」，這是所謂明心見性。

「如由不同方向而來，其義亦會於一處」。達到一個目標有很多條路，從不同方向來，最後的終點就是這一個，也就是說方便有多門，歸元無二路。

「樂明無念之法，各各觀修」。初步修時會分開來修，照程序來，因為你不是上根器，當然什麼時候修空樂，何時修明，如佛說的要知時知量，是自己曉得，不必問老師，這要自己有智慧。

「但證悟之體，惟送於空明通達赤露之一處」。各各觀修，最後歸元無二，求得明心見性，證得菩提，明心見性，自然在一片光明中，無所不知，無所不曉，一悟百悟，一了百了。這個時候，赤裸裸的，自然到達，既無境界，也無身心之可得。

「然其體者，非他所成，自性周遍不斷，光明清淨，自證無遮障，自然明朗也」。到達這個境界，悟到自性之體，是一切眾生本來有的，不是佛給的。這時了解了自性周遍不斷、不常，無所不在，圓明清淨；自心證到了無遮、無障礙，自然明明朗朗。

「此乃常時而有，以上師加持，有時自證行境，而其體者，自明而無境」。而且並不變去，若今天修才有，明天不修就沒有，那是生滅法，是意識境上做工夫的道理。真悟了自性，想把它變去也變不了。變到哪裏去？悟了道以後，再也不會迷，永遠在樂明無念中，掉不了，二六時中，就算在六道輪迴中滾都是一樣。有些同學以為自己已悟了，但是認為老師素來不給人印證。那麼你就自己測驗測驗看吧！未悟言悟，未證言證，那是造了地獄意根的業，嚴重得很，那是無間地獄的業，只能等在輪迴道中滾夠了，吃盡了苦頭再回頭了，這不是開玩笑的。

不過，有時是要靠上師加持幫忙的。比如這幾十年當中，跟我學的，從大陸到現在，哪一個不是靠我游泳過去硬背過來的？然後一上了岸他就忘了，以為是自己過來的，其實是靠上師拉的。現在我不做這種事了，要拉一把很容易，但是這一拉，你自己反而感覺好像就悟了，反而很誤人。「有時自證行境，而其體者，自明而無境，深明而不依於緣」，有時好像證到了這個境界，而事實上是幫忙你晃了一下，你沒有實在的境界，沒有踏實進去。真正開悟了，明白了光明，是不依一切外緣的，更不是靠上師拉的。

「本明非忽然而生，此義乃名為光明智慧」。自己真正開悟，自性光明呈現了，不是忽然來的，是要漸修而後達到證悟的，沒有漸修工夫，何來頓悟？頓個什麼？固然很多祖師頓悟了，說明他們前生不是白修的。如果現在還不曉得開始用功，真是自造地獄業。這些才是光明智慧的真正道理。

「般若八千頌云：於心無有心，性之性光明，如是之謂也」。什麼叫明心？明心就是達到心而無心，無心之心，這個是到最高處，同禪宗一樣了。也就是永嘉禪師說的「恰恰用心時，恰恰無心用，無心恰恰用，常用恰恰無」，自己本性本來光明清淨。

「然彼光明為何者」，現在下面再說光明是什麼。

光明是什麼

是時一心清明淨，止觀廣大之定海，離方無執緣無性，悟諸法體而雙運，顯現如幻空無執，雙運不別意空廣，由要所生光內顯。

到達悟道時，心而無心，出世入世都一樣，在六道輪迴中，也到處是清涼淨土，一心清、明、淨，這是真正的止觀定境，這時才曉得什麼是如來大定。最近聽說有人傳如來楞嚴大定，外面有人來問，我只好閉口不響，要我怎麼答覆呢？

這時才離開一切方所，一切沒有執著，一切無修無證了。你們現在打坐的可憐，想想不知道哪一天能達到無修無證，一定一天，也不盤腿打坐，多舒服啊！當然無修無證，不打坐也等於打坐，無往而不定。你如果認為無修無證好像做工一樣，揹了百斤東西，到目的地這麼一放下，格老子這下什麼都不幹了，以為那樣就是悟道成佛，那你全錯了。悟到自己法性之體，只有「智不住三有，悲不入涅槃」。「智不住三有」是智慧成就，隨時在解脫，不住三界中任何一界，當然早跳出六道了；但是「悲不入涅槃」，大悲成就不入涅槃，當然還在六道中。所以真正的智悲雙運道，也叫雙修法，是悲心修福德，般若智心修智慧。你們小悲都沒有，碰到一點事情就氣得不得了，這怎麼修福修悲心呢？小悲都沒有，況且還不悲呢！

悲心不是用手段，有人用一些小忠小勤，小手小段當悲心，那是害了自己，不可以的。一個人真有大悲之心，真正隨時隨地在悲天憫人大悲中，福德沒有不成就的。普通凡夫如果真抱著悲天憫人的心理，這個人的身體都會好起來，而且十方聖賢，一切菩薩都會加被他的。但是並不是說，一天到晚喜歡流眼淚就是悲心，那討厭死了，那叫愚癡心，因為愚癡才會掉淚。悟了道以後起修，是悲智雙運道，可是在悲智雙運中，自然曉得一切如夢如幻，所以永明壽禪師每天做一百零八件善事，他說是大做空花佛事。悲智雙運二法沒有差別，智就是悲，悲就是智，兩個要同時，這時候意境越來越大，功德越來越圓滿，所以菩薩有大菩薩、小菩薩之分。前兩天有同學問我，佛都還有分別嗎？我說：對啊！他們都是悟了成佛的。佛替瞎眼的比丘穿線，佛說我在培養福德啊！智慧是無量無邊，求之不盡的，這是佛的現身說法，親自的教育。

「海清澄而現影像，但僅水外無有別者。然明現影像及水二者，又非一非異故」。這時候只好用比喻來說了，比如大海一澄清下來，外相都現，都看得見；又比如大圓鏡子，擦得乾乾淨淨時，萬象森羅影像全現。海水澄清，波平浪靜，統統是海；可是沒有波浪時說它是死的嗎？不然，萬象都在大海影像中出來，等於鏡子完全擦乾淨了，映照一切萬象。再說水的本身能夠照一切影像，一切影像也是水的功能所呈現。所以悟了道時，自然智、無師智開發了，不懂的東西自然就懂了，如大圓鏡，一照就清楚了。

「雖顯現而無實執，自心清澄之體者，雖現各種顯現，然境顯不染於心，心亦不執境顯」。自性澄清這個體性，雖然有各種境界顯現，但一切的境界來，不能染污此心，此心自然也不會貪著，這是講悟後起修的道理。有些人假使認為自己是悟了的，更要把這些道理都搞清楚。

「又雖現於根識，而未被執所壞，如彼幻自住而明故，一心自住之止，及自明透顯之觀，二者之體住於一時」。這時候六根八識一樣的起作用，同凡夫一樣，但不是凡夫，因為他永遠不會執著，不會住在那裏，不會停留。等於一切幻相的本身，雖然有幻相，但不是時常明顯呈現的。「一心自住之止，及自明透顯之觀」，此心真正一心不亂，自然住無所住，這是真正的止，以及自己明白透顯之觀。成了佛的人，止與觀任運同時存在，所以能夠照見三千大千世界，無所不知。

「雖現境顯，而本體之心不執故，故雖現可名為無自性光明」。起用的時候，一切境界明顯，而本體之心永遠依然不動，如《易經．繫辭》云：「寂然不動，感而遂通」。這個時候雖然起用，用而不用，不用而用，所以叫作自性光明清淨。

「因明定量論云：一切諸識由心引，若內末那無動住，如眼見色由根生，如是云也」。一切八識都用心引發，心動才呈現出八識，八個識就是心的作用，把它分成八部分。比如眼睛見到一切色塵，呂老太太（金滿慈）日記中說：「我了解了這個識神的作用，太可怕了，無形無相，看不見，心裏頭動一個什麼念，識神就乘機搗鬼，看不見的，自己若不警覺這個念頭，就會被識神牽走，識神就是業力，等它一形成力量，要想停止它，已停止不了」。我看了非常佩服，也非常高興，她一個人在美國獨自修，只靠一本《楞伽大義》《禪祕要法》，天天摸索，天天看，自己那麼體會著，那麼修進來，那真是了不起，是真用功，真體會。

大家的起心動念自己不知道，有許多人在妄念、結使習氣上轉，自己還認為沒有這個習氣，因為他被識神、業力騙住了。正如呂老太太講，這個力量開始發現，如颱風剛發現一樣，如果空不了的話，一旦形成了力量，再想空掉，則是千難萬難。等於眼睛看到一切色相，就因為有眼神經起的作用，依他而起，看慣了，就是識神形成了一股業力。所以如果眼睛壞了，而你意識上想到：當時有眼睛時看到那個才好看呢！於是影像就呈現出來了，那是意識境界的假相，可是你卻真看到了，這就是業力。所以說，夢是怎麼來的？因為你心動了；你說自己從來沒有動過心（因為自己不知道心動），你如果曉得自己心動，你已經明心了，所以難就難在這裏。

「然由誰之力而顯現者」，這種力量是由誰而顯現呢？從好的方面來講，下面有說明。

上師加持自然智，離文言思時可見，如是之時所見者，無三時、別、與

非別，及前後、名波羅密。亦是中觀能息苦，離戲論、及大手印，真實法性、大圓滿，本盡、本住、之實性，光明心性自然智，安立多名義一體，法爾離思菩提心，是為染淨不二空。

首先密宗、禪宗須先依止上師而修，上師加持的力量，使你得到自然智；當然我們的根本上師是佛，再者是一切聖賢。《金剛經》云：「一切賢聖，皆以無為法而有差別」。「一切賢聖」這句話，譯得好，不分教別、宗派，一切有成就的，都是上師。由於依止上師，得上師加持，使你悟道的那個是自然智。那是人人本有的智慧爆發了，所以叫自然智，自然智是離開言語、文字，不可思議；再到文、言、思不可見時，就見道了。見道時無所謂過去、現在、未來，今天你悟了道，你同釋迦牟尼佛一樣，無所謂先後，也無差別，功力同釋迦牟尼佛一樣。說無差別嘛，有差別，別與非別都不談，本體功能只有一個，也沒有前也沒有後，本來如此，叫作法爾自性。這樣悟了道的智慧，「名波羅密」，叫作到彼岸。

「**亦是中觀能息苦，離戲論、及大手印，真實法性、大圓滿，本盡、本住、之實性，光明心性自然智，安立多名義一體，法爾離思菩提心，是為染**

淨不二空」。這樣也叫作中觀正念，也無一個中字可得，也叫離戲論、大手印，也叫真實法性，也叫大圓滿，也叫本盡、本住，也叫實性，也叫光明心性、自然智。也可以叫本來、神、上帝、道、元始天尊、佛、如來。《華嚴經》講的佛，不只十個名號，有些地方叫主宰、上帝……等等。實際上就是這麼一個東西，禪宗叫它「這個」，或叫乾狗屎，反正安立多名，你們不要被名相，被那些有範圍的觀念困住了，那樣一來，智慧就永遠不會開了。因為這是自然境界，法爾難以思議，就是菩提心。到了悟道的境界，無所謂出世、入世，染也可以，淨也可以；六道輪迴，跳進紅塵滾滾中去，儘管滾，染不上，這才真叫作淨土。如果真有個淨土，淨也不染，叫作不二法門，「**是為染淨不二空**」，也叫空，修到最後才成就。

「由至上上師加持，獲見自心光明本體。如篤哈集云：上師所云誰心記，如見其掌中寶藏」。上師告訴你一切口訣，那是上師的經驗，我們要重視，就如手捧寶貝一般。

「又見自性不可思議如空之時，了悟無前後判分，離遮遣成立，由諸纏縛中而解脫者也」。明心見性，見到空時，悟到無時間的差別，這時無遮也無遣。像我們現在修持，既有遮也有遣，像說：「你們不要來吵我！」

這就是不要外緣來，把它排遣了；然後妄念不敢動，把它遮起來，在那裏做工夫。道成功了的人，無所謂遮遣，所以叫作無遮法會，沒有遮攔的，四面八方都打開了，也不排遣這樣，排遣那樣。要在一切結使纏縛中，做到自然解脫，不要你去求法解脫了。

「現觀莊嚴論云：於此無遣除，亦無少成立，極觀真實性，見真實解脫，見彼心性本住之義故，謂為智慧到彼岸」。彌勒菩薩說的，到了這個境界時，無須遣除什麼。我們現在要修道的話，只得把世間法丟了，才能修這個道；如果要入世的話，一定要把佛法丟了，才能做世間事，所以總是落於一邊，有遣除。真到了悟道，無所謂遣除，可以入世、出世，一切自由。這時候證到什麼果呢？一點東西都不證，這時現觀莊嚴呈現了，自性本來就如此，真實不動，才真正解脫了。所以說，除了悟道，明心見性外，不算真正解脫，因為悟道時，才見到自己心性本來如此，本來無一物，何處惹塵埃。

香港有一個學生寄來一封信，說禪宗被六祖一首偈子害死，現在我們把它改了，改成「菩提本無樹，明鏡亦非臺，本來有一物，何曾惹塵埃」。意思是說，這個東西，從來也沒有沾過塵埃。我看了信高興極了，連夜給他回信，他說的完全對，真是孺子可教也。他的職業是一天到晚在地獄中混，總算在外十幾年，沒有空過。

的確，學禪的人，都誤在六祖這首偈子上。其實大家都拿雞毛當令箭，一講禪就提這首偈子，忘記了六祖後來徹悟時說的，「何期自性本自清淨……」這一段。第二點這個學生說，一般人都認為神秀不及六祖，神秀的時時勤拂拭，如履薄冰，其實這兩個師兄弟，六祖與神秀是一模一樣的。

怎麼叫無念

「中觀、能寂、大手印、大圓滿等，無論所安何名，然義乃一體，即自性菩提心遍行如空者也」。證得菩提，菩提本空。

「如是語，遍行云：遍行我性唯一者，諸眷所欲而安名，或有名為菩提心，或有名為天空界，或有名為自然智，或有名為是法身，或有名為圓受用，或有名為變化身，或有名為一切智，或有名為一切法，或名四智或三智，或有名為五智者，或名法界或名慧，皆名菩提自然智」。

《遍行》中說，自性一切處無不充滿，無一不在，不要被以上這些名辭騙了，佛也是它，般若也是它，本來有一物。

「於我自然所見云。又於證悟大離念攝其義者」。再詳細說，怎麼樣叫明心見性？真正離念了。

不執方分離宗綱，絕念無二大等圓，佛意離邊廣空中，諸瑜伽者當應知。

怎麼樣叫無念？你以為沒有思想叫無念，那是學外道，一切不執著就是無念。物來則應，過去不留，所以《金剛經》說過去心不可得，現在心不可得，未來心不可得。既然三心不可得，你何必怕起心動念？但是你們沒有悟道不要亂搞，在這個境界不執著，無所謂「**方分**」，無所謂四方，或到了證自證分，這時經教都不要了，離開一切宗，一切綱。什麼叫樂明無念？我本來就樂明無念，何必另外求個樂明無念。就是永嘉大師講的「絕學無為閒道人」，絕念無二，無所謂念與不念，空與有都不住，不二大圓滿，這是十方諸佛的真意，「**離邊**」，也離廣大，空不空，中不中。

「見實性之體者，以宗乘之思維，不能證悟，離語言文字之境故，絕信解修持之概義」。你們要想明心見性，如果學了佛學，就抓住了佛學，學密宗者抓住密宗思想，學禪宗抓住禪宗思想，保險你一輩子也了不了道。

要離一切名相、文字，然後自性才能成就。這時候信解行證，以及教理，一概統統丟，要丟得乾淨，連佛也丟，連你也丟，就悟道了，很簡單。

「離念無二如空不可思議故也」。離開一切念，惡念要離，善念也要離，佛法也要離，這個不二法門「如空不可思議」。

「然如何而知？如遍行云：若欲悟其義，譬如空而觀，法爾義無生，悟心性無滅，於如空法爾，如空喻表示」。怎麼叫作不生不滅呢？本來生而不生，一切萬有生出了那麼多，生了又沒有了，所以生而不生。如拿滅的一面看，都死亡了，滅掉了，但又生了，滅而不滅，這就叫作不生不滅，無生滅，一切本來是空的，法爾如此，所以拿空來比喻表示。

「如是等義，若攝其要義而行持者，自心無作無雜之境中，去疑慮精懃，自明直通赤露而定」。再以行持的要義來講，要注意悟道的妙法，隨便你坐著也好，躺著也可以，什麼都不管，也不造作，也不練氣，也不空觀，也不什麼，在無雜的境界中，我就是佛。既不懷疑，也不憂愁，也無所謂用功，也無所謂不用功，當下就是，直截明白，一條大路直到菩提，是名直通，本來赤裸裸地，來去無牽掛，就是這個東西。

「遍行云：吉、摩訶薩欲成就自心，無所欲者乃為成就故，不作住於無念平等性，無有所捨境中自性住，無有動搖境中自然住」。諸位菩薩，恭喜你們，大吉大利。你們想明心見性，想成就嗎？心裏頭一無所欲，坦然而住，已經成就了嘛！兩腿盤著，你在幹什麼？我在打坐，打你兩個耳光，因為你有所求，有所欲。你打坐幹嘛？學佛，再打兩個耳光，因為你有所欲。一切無欲，坦然而住，無欲亦無求，有求皆苦。我不造作，自然無念，念頭是你造作出來的，你不造，自然無念。我又不空掉，又不放下，有一個放下的心，有所捨那就糟糕了，就有造作了。無所捨中自然而住，這個樣子一擺，兩個眼睛一瞪，這個時候過來給你改姿勢，歪著也好，沒有動搖的境界，擺好了以後，不動也不搖，自然而住，就到了。為什麼不能到？你自己擋住了，就這麼簡單。

「心者，乃為如所有之體」。如所有性，所以有人來問禪師：道在哪裏？道在你的嘴上。在哪裏？你嘴問道，就有道了，這不是在嘴嗎？如所有性，起心動念都是性。所以百丈跟著馬祖，那麼多年不悟道，野鴨子飛過來時，馬祖問百丈那是什麼？把他注意力引到那邊，他說那是野鴨子。馬祖聽他講完了，把百丈鼻子用力一夾一扭，他痛得要命叫出聲，馬祖說你再說野鴨子飛過去了！這裡都痛死了，還有時間說野鴨子飛過去了嗎？百丈一下就悟了。那時看到野鴨子，心在野鴨子那裏，心裏有野鴨子，現在痛，痛過去了，怎麼不叫痛了？因為痛過了，聲音也沒有了，「心者，乃為如所有之體」。

「一切諸法皆其性中成」，那個能起作用的，不動，「如所有中而不作修治」。你打坐，坦然而住。問你幹什麼？修道！我就不打你了，曉得你真懂了。修道就修道嘛，如所有性。你說我定不了，呸！要它定，就定了嘛！自己對自己都沒有辦法，你看修個什麼道啊？對自己都降伏不了。再不然打自己兩個耳光，格老子！你想個什麼屁？他就乖了，不想了。

不靠外力

「唯此體性，無有他成者」。世上任何一件事情想成功，都要依他力因緣湊合，才能成功，唯有悟道不靠外力，唯有獨尊，是自己成的。

「雖佛若求法界中無得，本自己作，今者不須作，本自己成，今則不須成，無念何所無意平等住」。你說我修了半天一無所得，你真的一無所得，我就恭敬你了，就怕你不是真的。你叫釋迦牟尼佛講講看，得了什麼道？一無所得，本來一切都是自己在那裏搗亂。現在不搗亂了，本來自己有成有敗，現在我也不須要成了。你成什麼？成凡夫？我本來不是凡夫，一切自然，就是無意，平等住。

「吉、摩訶薩諦聽，過去諸如來，心外無他法，如是未嘗作」。過去佛，心外無他法，就是現在，作而不作，動而不動，你何嘗動過什麼念頭！聽了這兩個鐘頭的話，等於沒有聽到，本空嘛！

「三昧未念修，自心無念成，現在及未來，無念平等成，如是云也」。什麼叫三昧？本來無一念，念而無念，就是三昧，自心本來無念嘛，你已經成功了的。現在、過去、未來心不可得，本來無無念嘛，要你去修他幹嘛！這是直指的法門，如果直指都指不進去呢？那大概心肌閉塞有障礙，我也沒辦法了。

「第四義示果者」，你真懂了悟道，是因上成佛，如何是果上成佛者？

如竟到達果次第，樂明無念今雙運，眼及神通無量德，究竟摩尼三身成，法及自他二利圓。

悟了以後起修，如何達到果呢？——隨時隨地都在樂明無念之中——剛才把樂明無念批駁得一毛錢都不值，現在又拿回來了，在悟道見法身時不要談它，見體之時如此，起用時非它沒有功德。樂明無念雙運，智悲雙運道都成就了，眼睛等五神通都有了，無量功德都具備了，究竟摩尼珠、如意寶珠無不通達，三身成就，自利利他，功德圓滿，這是果位上的佛，是有成績，證果了。

你剛開始讀書，道理就懂了，那是因上，可是你還沒有拿到果位，這時候拿到果位了，果不離因，因必須要證果。所以聽了前面一段，你很高興，認為這個你也悟了。不過那是「誤」，所以你要注意，如果真悟了一點因緣，就是有了一點果位，有一點因就有一點果。等於天亮一樣，等於一張紙一樣，你刷白了一點，這個黑就稀少一點，你把全面刷白了，就是根本悟了。因為這張紙本來是白的嘛，我現在曉得它塗黑了，才知道永遠在黑桶裏，這是理上面的。但是話又說回來，非上面之因，不能證後面之果，如果沒有明白上面念而無念這些因的話，縱然有樂明無念，縱然有悲智雙運，縱然有神通，縱然有功德，都是外道、魔境。因為不明法身其體，不能明心見性，那就是外道，就是魔道；有神通就是魔道，而神通越大，魔境就越大，所以戒律上不准你修神通。因為沒有悟道以前修神通，神通發起一分，把本性的光明就障礙住一分。那個（神通）只是用，成就了就沒有關係，反而需要有這個，就是這個道理。

「於道以次妙修，今時成就樂明無念三昧，即得眼及神通等，究竟成就圓滿正覺，三身四智等，盡輪迴中而作利他」。得了果位成了佛以後，你在哪裏？還在六道中，這個是有意在六道中打滾，進輪迴中而作利他之事。所以你們諸位何嘗不是前生已得道，不過現在迷了，故意來的；來久了忘記了回去之路。

「又法身如虛空境，色身如日月顯現而作利他」。色身肉體修成功，氣脈明了，一切光明，人家一看，自然喜歡，而肅然起敬。如果你說自己悟了道，一臉烏黑，三天兩天在生病，病得比別人還厲害，別人會信你嗎？當然你是有道，沒有錯，你法身沒有動，可是它不起行，所以色身需如日月一樣顯現，而且有利他的行為。

「莊嚴藏云：諸佛三身義，是能所相依。無上本續云：由法身不動，變化性諸種，生現前世者，遷轉具喜處，投胎或降生，工巧處成慧」。一切佛都要再來，但是在輪迴中再來，他不怕，法身不迷、不動，一切變化自在，有時還投胎再來，變成禽獸，因為要度禽獸，只好投胎變狗。當然自己喜歡生哪裏就生哪裏，一切學問智慧通達，本性不迷，所以智慧大。

「后妃眷喜受，出家作苦行，往菩提道場，伏魔圓菩提，轉法輪涅槃，遍不淨剎土，盡輪迴示現，如是所云」。如釋迦牟尼佛一樣，生為太子，被后妃一切眷屬喜愛，但捨棄家庭，故意出家了，修一切苦行，給他人作榜樣……。我們卻只想念阿彌陀佛到淨土，不曉得學釋迦牟尼，他偏要到不淨的剎土世界裏來，這是他的大悲心。只在淨土裏算什麼本事？

「現觀莊嚴論云：若人盡輪迴，以諸種利眾，等同所作身，能仁化不斷，如是盡此世，業亦無有盡，如是之謂也」。假使有人「盡輪迴」，輪迴不會停止的，諸佛菩薩的願力，同輪迴一樣不會停止，以諸種種利眾，就是能仁，是佛的教化，大慈大悲的願力，所以佛的功德是無量無邊，同這個世界一樣。這個世界一切眾生的惡業造不完，諸佛菩薩善業也修不完，相等的。所以一切眾生不怕你業力習氣大，業力習氣妄想越多，悟道的智慧就越大。你們算什麼妄想？一本書都不讀，真打妄想的人貪心大，遍學一切學問，都障礙修道。但是你真的遍學完了，一悟道以後，業力有多大，智慧就有多大，放下屠刀，立地就成佛了。你們放下什麼屠刀？拿把水果刀給你都嚇得發抖，況且還沒有看過刀呢！聽到刀已經發毛了，所以成佛自然難一點了，沒什麼稀奇。

第十八講

今天大圓滿是最後一次，等於把大圓滿作一個顯密的比較研究，後面還有很多修法，以後再看機會。

「今本論悉皆圓滿，又示末尾義，初善回向者」。很多人問起「回向」兩字究竟作什麼解釋，回向就是回互作用，這個宇宙的法則都是圓的，怎麼樣去，怎麼樣來，就是回報、回轉；回向也包括了圓滿周遍的意思。不過在顯教或密宗，學佛人的第一步，或禮佛，或念咒語，做任何一件善事，多半就做了回向。理論上說，就是禪宗所謂放下，自己不要，而布施給一切眾生，或者給某一個人，這個是回向。簡單一句，回向就是電感的作用，你這個開關一按，你心念的力量注意某一個人，就回向某一個人，他就可得到感應，如同電感，這叫回向。如果你心電感應向一切眾生，使一切眾生可以成就，或脫離苦難，這就是回向的道理。大圓滿講完了，有回向文：

如上理趣靜真義，深廣演說之福利，眾生得一上菩提，獲得無邊摩尼德。

這一本法本，文字翻譯得不好，文字價值很成問題，大概意思是，上面這些道理，使你真得到正定的境界，這些福報功德的利益，回向一切眾生，使眾生得福德、智慧種種圓滿的無上菩提；不是為我，是使一切眾生獲得無邊的摩尼德，智慧的光明像如意珠一樣，無所不知，無所不曉。

「以妙著述希有理趣之福德，願一切眾生，獲得圓滿正覺無邊智慧與福德所莊嚴位」。一般學佛，第一步應做到修一切法的願力，不為自己而修，而是要使一切眾生，都得圓滿正覺，也就是成佛，獲無量無邊的智慧與福德莊嚴。作者在這本書的最後講，自己縱有功德，願回向一切眾生各個成就，自己不要。

「又說由何人於何者建立如何法之理趣者」。下面又說，是什麼人傳的這個法，法本又從哪裏來呢？

傳法的人和事

此乃佛子無垢光，集自行要攝精英，為諸後來明白演，妙造頹格雪山旁。

佛子無垢光尊者為傳法者，這個法本集中他自己一生修持的經驗，另外顯教和密教的精華，也都具足在這本法本之中，為後來諸眾生，明白說明修持成佛之路。此法本出自西藏，也有人說，這個法本當時出在北印度，就是西藏南部的高山上。

「具德烏金大上師蓮花王之法子，多聞智慧無垢光明尊者，得自性大圓滿法要」。蓮花生大士的大徒弟，無垢光尊者，已經成就，自己證得了自性大圓滿的法要。

「於要門精英，攝集自行所證，為諸後來者，妙造於山王頹格雪山者也」。他把自己的修持經驗集中，作了這本妙法本。當時正當中國禪宗開始興盛，因為蓮花生大士到西藏時，正是唐高宗時代，也是中國禪宗，由五祖到六祖之間鼎盛時期。所以我經常從世界的文化史、宗教史，看出很妙的事情，東西方文化，在這個世紀當中，東方出個老子、孔子、釋迦牟尼；西方正當此時，也是一個文明時期，出了蘇格拉底等，在哲學、宗教立場上，也有像中國一樣的文明，這是全部人文文化的事。像東方印度，出了英雄，明王阿育王，與西方的那位名王（亞歷山大），差不多是同一個時代。

不過比較起來，中國的文化像雨傘，所以是上面大，上古以來的諸子百家，到後面便成雨傘柄，越來越小。西方是雨傘倒轉來的，上面小，到了十六世紀以後，工業發達，各方面都大了。這兩把雨傘把它逗攏來，就是一個車輪，這個時代的歷史，就是這樣由車輪推動了。我本想寫有關這方面一本書，但始終沒有時間動手，精神不夠，沒有助手也是個原因。

現在縮小範圍講密宗，講東方。中國禪宗在此時期興起，而西藏的佛法，正是密宗建立的初期，雖有修法，理論還正在初步。阿底峽尊者在西藏傳《菩提道炬論》，後來宗喀巴的《菩提道次第廣論》，就是根據這本《菩提道炬論》而作。我們了解了歷史背景，然後可以研究大圓滿修持的方法。說起來非常妙，這個時候密教的修法，同中國正統的道家，有許多雷同之處。注意！我說是正統的道家，因為道家有旁門八百，左道三千，都是所謂的道家。

當我在西藏研究密宗時，覺得很奇怪，所以我曾與貢噶師父，交換過許多法門，他說太奇怪了。我說：師父，我不好意思說，當文成公主嫁給西藏松贊甘布時，蓮花生大士還沒有進西藏，而當時文成公主帶到西藏去的，還有幾位道士，所以西藏儘管是佛教地區，喇嘛們卻也用八卦的卜卦方法。我懷疑密法的修持，可能也與這些道士有關。

西藏也有關公廟，這不是很奇怪嗎？文成公主當初下嫁時，帶去有和尚、道士、儒生，有意推廣宗教。松贊甘布第二個妃子是尼泊爾人，與唐公主兩個都信佛；文成公主還帶去釋迦牟尼的佛像，成為西藏文化的國寶。後來松贊甘布受了這兩位夫人的感化，派大使到漢地來，要求把漢地的文字傳到西藏去。唐太宗已經答應了，但是宰相房玄齡不同意。他說這個野蠻民族，素來是中國邊疆之患，現在稍稍安定了，如果他們也懂了文字，有了文化的話，將來會成大患。房玄齡是歷史上一個名臣，學問、道德、政治，樣樣好。但是你們看！我們學佛講見地第一，他這些話真是狗屁見地；如果當時曉得文字統一重要的話，後世一千多年來，西藏就不會是問題了。因他這一個決定，唐太宗一聽也對呀，就送給松贊干布很多東西，但不給他文字。松贊甘布沒有辦法，才跟尼泊爾王妃商量，派人到印度，根據梵文造藏文，迎接阿底峽尊者到西藏來教佛法，後來又迎接蓮花生大士到西藏教化。

這一段歷史中，由各種研究看來，修法的部分，跟中國小乘的禪定，和禪宗的漸修方法的禪定，以及正統道家的所謂上品丹法，很多都相同。所以我們可以得一個結論：人類的文化，最高的精華都是相同的，不同是下面的人搞偏差了。這個修法我們把它講完了，首先介紹這一段觀念。

「又以別義教誡精懃者」，對勤修者再加以教誡。

欲求解脫等精懃，如此文字作行持，暫時究竟二利圓，速成喜樂大樂洲。

我們一個凡夫要想得解脫，精勤修道，只要依照這個法本修持，不管是暫時，不管是究竟，自利利他絕對能夠圓滿，很快能夠成就。

「後來成就解脫者，當精懃修習於此文字之義」，要努力修這個法門，「晝夜行持，速成自他二利，圓滿正覺，得殊勝菩提，而喜樂者也」。這句話特別注意，真正要想成佛，為什麼自己修行不見功效呢？「晝夜行持」，就是這句話，看自己做到了幾分。在家居士學佛沒有成就，都是因為把人世間的欲望放第一位，佛法的行持放第二位，真正要想佛法有成，就是修持放第一位，其他都是第二、第三位了。出家的同學，既然出家了，要想成道，必須晝夜行持，發願快快做到自利利他之行持，得到殊勝的菩提之果，自然得大喜樂的成就。

「寶積經云：精者住菩提，不精住非是，如是云也。示到究竟義已示竟」。什麼叫精進？念念在修證菩提，這才是精進。什麼是不精進的人？不精進者念念在妄想中；換句話說，不精進的人，念念在是非中。

「尾偈云：如是妙說大雲德，無盡眾生滿虛空，圓滿二義利樂雨，無邊現前成菩提。由惡道中決定出，淨車金剛真實義，入此深廣至上法，願眾到達解脫城」。「淨車」，這個字翻譯得不好，車就是大乘、小乘的乘，我們要走淨土的大乘車子，走金剛乘，永遠顛撲不破的真實義，祈願一切眾生都得解脫。

「本法理趣千光日，教解要門妙輪圓，解除無盡意空暗」，理是理，趣是趣，趣是歸向。受蓮花生大士的教導，了解修持的法要圓滿周遍，使得我們一切無明能得到解脫。

「乃同菩提蓮花開，於昔多生作如是，極淨智眼於此理，此生經續要門義，得力無盡解深義」。多生累劫的修持，為了得到極淨智眼，學佛的人先要修好自己的法眼，因為法眼是智慧的眼睛，才能把正法、非正法看得清清楚楚。

「戒律無垢清淨空，由現智慧之尊日，諸種廣大蓮盛開，自解廣境現十方」。這是密宗的方法，密宗分三乘道，菩薩道叫上士道，緣覺叫中士道，小乘叫下士道。「誰於往昔上士理」，上士理就是大乘的菩薩妙理。「隨學真實獻王後，自然蓮師所加持」，「獻王」是對西藏王來講。「頹格雪山旁妙造，淨車金剛尖之範」，這是一切法門的頂尖。

「造句義燦極莊嚴，乘此解脫道勝者，應機眾聚生歡喜」，如果修這個法門，很快可成就。這是應機說教，一切眾生聞此法門而修，心生歡喜。

「此名稱大圓滿禪定休息清淨車解者，乃多習於深廣義理大瑜伽士隴清燃將巴所作圓滿。吉羊、吉羊、吉羊」。車解即法要，圓滿吉祥。

修習心念五步

大圓滿禪定休息精華撮要引義

現在我們討論這個修法。

「敬禮光明智，心之至上者，說此無垢性」。凡是一切聖賢，十方諸佛，十方悟道明心見性的聖賢，都在這個敬禮中。華嚴境界也是這樣，一心頂禮，十方三世一切佛，十方三世一切諸大菩薩，十方三世聖賢僧，那還是帶宗教性的。無上密宗同禪宗是一條路線，脫掉宗教的外衣，赤裸裸的呈露出來，也不頂禮佛，也不頂禮菩薩，也不頂禮僧，而是「敬禮光明智」。一切自性智慧成就了的，明心見性成了道的，都在頂禮之中。

「清淨修習心」，一切眾生自性本來是佛，本來沒有塵垢，一切成就都在內，這就是無上密法，也就是無上顯教。頂禮自性光明智慧真菩提，自性光明智慧是唯心所造，是心之至上者；這個心性之體，本來不增不減，不垢不淨。如此清淨修去，修習自性成就之路，都講完了，如果不懂，不悟這個道理，那麼就從下面的次第修法做起。

「初示加行者坐安樂座」，初步告訴修持的人，打坐的位子自己要整理好，坐得舒服。不只是光講究舒服，你們打坐那麼多年的人，連姿勢都沒有坐對，頭低一點、仰一點、偏一點、差一點，都有大妨礙。結果你們幾位在這裏修持的人，我花了三天時間修正，老是糾正不好，怪不得沒有成就。所以不管顯教密宗，「坐安樂坐」，坐下來要身安，有一點覺得不對，屁股翹一點，腰發脹一點，你就要研究是否是墊的地方有問題，墊高一點，低一點，每個人體形關係都不同，所以要安樂，坐起來舒服。

「觀壽無常（一）」，人活了幾十歲，等一下死或明天死，都不知道，壽命無常，黃泉路上無老少，來不及了，抓住時間趕快修。

「厭離輪迴苦（二）」，一般人儘管講修持，觀無常的心情沒有，叫他厭離，才不幹呢！學佛的人很多，真肯放下修的人沒有，了解輪迴之苦的也沒有。有許多人對這個世界留戀得很，雖說淨土好，我也沒去過，還要七天七夜一心不亂，否則辦不到入境證。現在我們這個世界有冷氣，也有電視，很好嘛！絕不會起厭離輪迴心。

「於諸眾生，心生起無量悲心（三）」。我們學佛的人，要對一切眾生，真正生起無量的慈悲心，愛人之心，慈就是仁，悲就是義。西方文化慈是愛，悲要做到合理。這三點，對不起，我們在座的人，恐怕都做不到。換句話說，我們可憐在什麼地方？不要說對一切眾生沒有發無量悲心，就連對自己都沒有發起無量悲心，可憐到這個程度；要是自己真發起無量悲心，就會努力要去修持。所以說，自度自救的心都不生起，怎麼學佛啊？以為一天念兩次咒，閉眉閉眼，裝模作樣，就叫作學佛，那真是開玩笑！理趣都沒搞清楚。

「現有生起為無上明朗剎土，自身生起為金剛薩埵如虹色，執金剛杵及鈴，誦百字明（四）」。以修密法來講，生起次第，即空即有，一上座，這一念之間就變了，就是轉這個念頭的力量，一念就現成，生起無上明朗剎土。也就是說，你一上座坐好，發了大悲心，不是專為自己而修，是為利益眾生而修。然後一念之間，自己把身心放開，空了，就在無念、清淨，一片無比光明的境界裏定下了，當下就要如此。然後在無比光明的境界裏，觀想自己變成虹霓之身，自己就是佛，七彩光明的身體，中空的，無皮無骨，只有生起無比的光明，自己變成金剛薩埵（普賢如來）一樣，手拿金剛杵、鈴；或者不拿法器，只結手印也可以，隨便你。這時候，我即是佛，念誦《百字明》，或念《心經》、大悲咒也可以，但是不能不念。初學者心念不住在一個咒語上，或者佛號上，很難得止。如果你說，就止在這一片光明裏頭行嗎？不行，這樣下去就容易落於偏空。所以即空即有，即有即空，要馬上轉，這就是轉識成智，變化業力。這是第四點。

「頭頂蓮花日月中有總攝上師普賢如來父母相，藍色。金剛跏趺坐，結平等印。放射無量光明，盡天空界，皆觀為報身剎土。想根本及傳承上師本尊空行等相互溶入。啟請於心生起法性了悟（五）」。觀想自己頭部頂門中心，像蓮花一樣打開，與法界交融，在太陽月亮一樣的光明中，有我們真正的根本上師普賢如來。普賢菩薩本身總攝是普賢如來，他與觀音菩薩、文殊菩薩，這幾位大菩薩早已成佛了，無數劫來都比釋迦牟佛成佛早。什麼叫普賢？就是無處不在，到處都顯現，現量境界。什麼叫佛母相？是雙身陰陽男女之相。換句話說，你可以觀想普賢佛在頭頂，也可以觀想毗盧遮那佛或釋迦牟尼佛，大家各有因緣，十方三世一切的佛，隨眾生心，應所知量，看你的緣而觀想。

不過，大圓滿的法門，走的是普賢如來的法門，觀想普賢如來藍色——天青色，中脈通時，一定都在天青色中；「報身剎土」就是現世的物理世界。密宗的修法都是用觀想，精思入神，觀想根本上師；在此土的根本上師及傳法上師是釋迦牟尼佛，也就是本尊，所以觀想本尊，就是觀釋迦佛。比如修亥母法、喜金剛法、準提法，準提佛母等就是你的本尊。空行、一切佛、一切菩薩，一切已成就者，百千萬億身體都從我的頂上灌進來，變成我一個身體，此乃大貪心也。

在理上，叫不叫作貪呢？叫作自他不二，「無邊剎境，自他不隔於毫端」。本來我之體性與佛之體性不二，我與十方三世一切諸佛，一切體性無二無別，因此融會了。這時候你觀想起來了，求什麼呢？不要求佛，因為已經觀想十方三世一切佛，都同自性光明融會一體，一體就是我了。所以「啟請於心生起法性了悟（五）」，求人不如求己，啟請自心，也就是求一切諸佛之心，趕快明心見性悟道。這是第五點。

「是諸次第各三晝夜即成半月於心修習也」。這樣一個一個觀想的修法，每個法門，晝夜精勤修三天，生起次第這個境界會出現。三天以後，慢慢構成心的念力，隨時隨地，半個月下來，在行住坐臥中，此心隨時都在修持，都在壇場中，沒有動亂。如此行來，就會有一點成就，還不是大成就。

每個人上座修持的第一步是這樣，上面等於是修持加行，也等於啟請十方諸佛，乃至普賢如來的加持。第二步修持正行的修法，先修樂光明，由自性光明境界得樂的方法。

正行修習三重點

「次正行有三：初樂光明者，身跏趺，兩手掌壓於膝上，氣外呼已後，即徐徐內吸」。散坐並不須要結手印，外呼氣時注意，這裏沒有說清楚，藏密沒有傳，東密有傳，差不多如《小止觀》告訴你的「呵噓呼嘻吹呬」這六字一樣。一上來靜坐以後，坐正了，手隨便放，尤其要注意，頭部一定要擺正，低一點、仰一點也不行。這個姿勢一定要擺好，腦下垂體在這兒，大家看白骨就懂了，否則把大樂輪腦部的氣都壓住了，精不能化氣，就很難修成功。

修行沒有成就，是氣脉沒有通，有修持的人，一看頸部這裏就知道，自然有圓圈，佛經說圓光三層。人老化了，就「雞皮鶴髮」，所以真正不老，脖子是硬朗的。實際上，頭這樣擺正後，氣自然沉下去，所以你們打坐仰著頭，或頭低著就糟了。你看人越老，脖子越這樣伸出來，後腦頸項凹下去，氣脉通了的人不會這樣，所以喉的關係非常重大。我改你們的姿勢，沒有一個人的頭是擺對的，所以坐了那麼久，得不到效果。

頭擺正了後，有心臟病的人注意，不出聲的呵氣，最後連口水一起嚥一下，這叫「呵」，嘴巴是呵字形，丹田儘量向內收，呵完了氣，接不上來了，嘴巴一閉，再用鼻子吸氣，再做。「噓」是肝膽，「嘻」是三焦，「呬」是肺，「呼」是脾胃，「吹」是腎。這幾個字是這樣呼的。前年在「佛光別院」特別提出來講過，把氣一口呼完了，乾淨了，徐徐內吸，用鼻子吸氣。但有一個原則，和九節佛風，寶瓶氣修法一樣，呼氣時粗、短、急，把它呼完；相反的，吸進來時要緩、長、細。然後跟著氣，念清淨了，再忘掉身體，用第六意識觀想。

「明觀三脈四輪，由臍中紅（ཨ）阿字燃火焰，觸頭頂白杭（ཧཾ）字，繼續降甘露，流入心中青灰色（པཾ）謗字，樂明朗朗生起也」。現在吩咐你們祕訣，本來有三脈七輪，為什麼只觀四輪，其他那三輪，要在四輪成就以後才觀。什麼理由？因為「海底輪」不能經常觀，如果經常觀，男性容易遺精，女性容易患血崩的毛病。再說頭輪叫大樂輪，包括了整個頭部。頭輪頂部外面是「梵穴輪」，不要經常觀，氣脈沒有成就如果觀的話，胖子容易得血壓高，瘦子血壓低的人容易頭昏。「眉間輪」是頭頂中心，就是間腦，是眉間輪部位，沒有成就不要輕易觀，因為輕易觀，一般人容易得精神病。因為精沒有化氣，氣沒有化神，所以普通只觀三脈四輪，不觀七輪。這是無上的祕訣，今天告訴你們了。

三脈四輪為什麼觀不起來？解剖學上能解剖得出來嗎？三脈四輪，活的人身上可以研究，但是解剖不出來。注意！三脈四輪是意生身的境界，大家光在肉體上找，怎麼觀得起來呢？所以你上座觀想，在意境上有三脈四輪，必須忘記受陰，也就是忘記肉體的感覺，因為這是想陰的境界。大家觀想觀不起來，都被受陰拉住了，都想在肉體上有三脉四輪，所以觀不起來，知道了嗎？

甲問：三脉四輪發動了，可不可以觀想？

師答：可以，動了一陣，馬上要觀想整個化光，有形的光，然後化空，不要儘住在脉輪上，那樣就被受陰轉，就永遠不能淨化了。

乙問：已經觀想化光、化空的，不必再觀想三脉四輪了嗎？不然要怎麼觀？

師答：剛才是答覆他的問題，你是修什麼法化的光？

乙答：白骨觀。

師答：由白骨觀的修法已經達到化光，空了，身體的架子還有嗎？（答：沒有）。完全在一片光中？（答：是的）。可以把三脉四輪，像一個圖案那樣觀想，也可以不觀想圖案；現在可以當場試驗一下，在這光明定當中觀三脉四輪，不管肉體。

我們現在大家學法，為什麼困住了呢？因為書中的表達是世間形容，所以叫你觀，相等於肚臍的這部的中間，有一個梵文或藏文的字，當然中文、英文也可以，「由臍中紅（ཨ）阿字燃火輪」。至於說是梵文對或藏文對，那個不是問題，不要被種子字（即字母）困住了，意思是在相對於現在肉身的臍輪部分，有一個（ཨ）阿字。怎麼叫燃火輪？像火光一樣的爆發，像放煙火，爆米花或者霓虹燈的火光。不要執著在肚臍裏，執著有肉體的感受，那很危險。初學的人如果一定要執著肉體，在裏頭搞，往往搞出很多毛病，怪毛病都來了。所以要知道觀想這個事情，主要是意境上的事，大家觀不起來，拚命拉到肉體上的字，所以修不成。當然這裏頭還有一個問題，等一下記得問我。

「觸頭頂白杭（ཧཾ）字」，降白色的甘露，像白骨觀的方法。這個《禪祕要法》非常偉大，包括了顯教、密宗、小乘、大乘，都修這個法。白骨觀最後叫作日輪觀，由臍發動，作蓮花觀，那就叫作禪祕，在禪法裏頭的真正無上密意。意境上的事，叫你肚臍的煖相上來，頭頂上的甘露下降，換句話說，煖不能到頭頂上。今天有人問我：打坐以後觀想，腳底下熱不起來，反而頭頂熱。我叫他注意，要看病吃藥，那是不對的，顛倒了。真得定，觀起來頭頂永遠是清涼的，暖相由下到上，心窩子以上都是清涼的。「流入心中青灰色（ཧཱུྃ）謗字」，甘露下降，甜的口水下來，到心臟、心窩，就是心輪這一部分，「青灰色」就是秋天天藍色，淡一點，這是要配合中脈藍色而講。「謗字」，這個種子字沒有關係，用蓮花、佛像都可以，各家不同，明白了道理可以不管他，沒有關係。甚至於頭頂上阿彌陀佛，心輪上觀音菩薩，乃至頭頂上觀音菩薩的淨瓶，心中阿彌陀佛，都可以，沒有關係。只是你要先定一個，自己確定一個不變動，這是繫心一緣的道理。只要做此觀想，可以生起身體上樂感、光明，自己也自然會明白，很明顯的生起這些精神感受。

你們觀白骨已經有經驗，一觀足趾頭，煖就自然生起，如果能由足趾觀到小腿、大腿，到了髖骨以上，腰骨這裏，樂感就生起了，用不著那麼吃力照大圓滿那麼觀。雖然在密宗講，大圓滿是無上大法，但在教理的分判方面，到了樂、明、無念生起，不過是四加行中得煖位而已。關於加行，小乘也有，四果羅漢每個都有，但程度不同；大乘有十地，每一地四加行的程度不同。所以大家修白骨觀，為什麼煖那麼容易得？但不要認為是無上煖位，是初修煖位而已。由煖發起渾身快感，內外一片光明，都是有相的，這時候不要求無相，只求有相，由意境上生起。

「此於樂未生之中而修習也」。上面是未得煖位，樂感也沒有生起當中，用這個方法、次序來修，是假定煖位得了，樂感也生起了。

「生起後、即此謗字漸細，最後無緣境中心鬆懈而住，空樂離戲論智三晝夜即成就也」。生起後，先從心裏縮小觀想的境界，縮到最後一點空，這一點空，像牛毛般細的這一點亮光，沖到頭頂上，散之於虛空，最後一身完全放下而定。這個工夫難不難？很容易。那麼你說到了這個工夫，這個境界，悟道了沒有？沒有！成道悟道是般若智慧，而這是工夫。工夫是境界，用意境可以造得出來，修得出來的，凡是修得成功的，就壞得了，不修就沒有了，都是生滅法。最後在無緣境中，心鬆懈而住以後，在空樂境界就要有「離戲論智」了，這是般若。也就是說，認清所謂身上的樂覺受，氣脈通了的快感，空的境界，這一切都是一念唯心所生，非空非有，即空即有，要生起就有，要它沒有就沒有，唯我自在。明白了原來這也是一念。

這樣專修三天三夜，就可以修成功空樂定。不過在三晝夜成功以前，要先修加行一百天，而且不管男女，這一百天當中，身體要絕對持戒不漏，有一次漏丹都成問題，所以不是那麼容易的。有些人買一本密宗的書看看，也去修，亂搞，又沒有得明師的口訣，所以出毛病的非常多，嚴重得很。假定一百天當中有漏了，再重新來過，從第一天算起，這是講空樂定。

「第二明光明者，身調要及脉調要與上相同」。就是說修大圓滿三個方法，三個方法不是三個次序，如果把他變成次序也可以，先修成功空樂定，進而修空明定，也可以。空明定調身的方法，三脉四輪與上面一樣，不管修空樂定、空明定，初步修煉調身、調脉又是另一個工夫，這次我們沒有提到。

「想若、蔣（即左右二脉名詳前）二脉氣內吸時，現有輪迴涅槃一切皆化入於心中之五光團，生起空明智，氣合口（閉氣）定於心中，又作徐呼吸氣，最後漸小漸細（指光團）無緣境中而鬆懈，於三晝夜顯現空明無分別光明也」。

「若、蔣」即是左紅右白二脉，另外《六成就法》中，第一先修靈熱拙火，這樣氣脉成就以後就可以得空明定。氣脉成就的方法，要專門修煉氣功，平常我也講過，白天注意左鼻的呼吸，晚上注意右鼻的呼吸，是初步的講法。嚴格講法，子時以後開始，到次日午時十一點以前，注意左鼻的呼吸，午時以後到夜晚亥時以前，注意右鼻的呼吸，這是一。呼吸的修法，當然開始修九節佛風，還是有形的，是給你初步練習的，真正九節佛風、寶瓶氣煉到了，不須要指頭按鼻孔了，用意志可以控制，要左鼻呼吸就左鼻，要右鼻呼吸就右鼻，要它雙鼻停止呼吸就停止。但是專修時不管左右，意境上觀想，就是意識的觀想，是想陰境界，配合呼吸進來的氣，有七彩的光明進來。六成就的修法，不但左鼻或右鼻的氣進來，有七彩的光，乃至渾身八萬四千毛孔，吸氣時都是七彩的光明進來，放出去的，是身體內的濁氣。在座有同學鼻子不好，我告訴他照工夫來，用冷水洗鼻子。都市的空氣髒得很，兩鼻孔像煙囪，把髒空氣吸到肺部怎麼不生病！所以寶瓶氣煉好了，在街上走路，空氣可以少吸一點，自己把鼻孔關住，不吸外面的空氣。一個修行人，每天全身九竅，隨時要洗乾淨，這是戒律。

洗鼻子法：用乾淨清水，兩個鼻子吸進來，嘴裏吐出去，這也是洗腦。初步只要吸一點，慢慢吸，吸進去時，腦子會刺痛，其實腦子一點都不會受傷。腦子痛過了以後，冷水沖進來，刺激頭部鼻竇腔內的神經，這樣不會患鼻炎了，然後氣功可以成就了，要氣停住就停住。這位同學兩個月練好了，也少感冒了，他教給別人，大家也很感謝他。還有一個，食道管一定要乾淨，當然唸「阿」也是修煉食道的方法，如果硬要做的話，要買一塊乾淨的紗布，消毒過，三四尺長，坐著慢慢的嚥下去，脖子要立起來，等於到醫院照胃鏡一樣。早晨空肚子吞，都吞到肚子中，最後嚥完了，脖子依然立著，把紗布慢慢拉出來，食道管和胃都洗乾淨了。不過拉出來的布很髒，才曉得自己內部是那麼可怕。如果用這個方法，包你一輩子不會得食道癌，所以人體內部非常髒，這還只能說洗胃，還不能說洗腸。現在科學發明的胃鏡是檢查胃，吞下去，鏡子在裏頭轉，胃內部都可以照出來。

由煉氣的原理曉得，要想得光明，光明由氣生，樂由精生，無念由神生，神滿了自然無念。實際上，不管是空樂、空明，以無念為最高，但不能偏重於無念。所以我們得了一個結論出來：內外光明一片呈現，是氣成就來的。所以六成就中，氣成就法就是光明成就，如果氣真煉成了，起先是定中自己閉眼看到，內外光明一片，但別人並沒看到你什麼光明。進一步氣脉真成就了，一定放光。大家沒有成就，就是沒有修煉，修煉氣脉成就了的，飲食自然減少。但是要想氣脉成就，飲食不能多，飲食是無形殺人最厲害的東西。孔子都曉得，食氣者壽。（《孔子家語・執轡第二十五》：食草者善走而愚，食桑者有緒而蛾，食肉者勇毅而捍（悍），食氣者神明而壽，食穀者智惠（慧）而巧，不食者不死而神。）

又說修無念法

「第三無念光明者：身調要相同，心調要中初射者，想心中白色阿「ཨ」字放光，唸哈二十一遍，由頭頂向天空界中去，即於此想自然消滅之境，遂生起無念明朗智」。調身的要點都相同，注意！每一步的修法都是身體要調好，身體一天到晚有病，昏頭昏腦的，修行就免談了。不要說密宗，顯教都修不好，四大有如此之重要。本來四大皆空，但你空不了，是因全身都是業力把你綑綁住了，所以密宗的方法，調四大最重要。為什麼比丘戒律第一條戒淫，不能漏精呢？調身之重要也。一漏了丹，四大就分離了，重點在這裏。

這個法本中，所教修無念的方法，是心中觀一點光明，向頭頂沖向空中，然後空了。這就是射法，向頭上沖出去。這個方法是，觀想心中白色「阿」字放光，或白色光明放光，唸「哈」二十一遍，同破瓦法一樣。但是我告訴你，精氣神沒有修圓滿前，千萬不要修無念法向上射，因為向上走的修法容易短壽。向下沉的法子是長壽的法門。原則如此，所以一切密宗的方法，就是這樣變出來的，非常簡單。原理懂了以後，顯密都是一樣。普通一個人老了，下部先死，再老就剩腦部了，最後喉嚨出最後一口氣，上行氣與下行氣分離，死了。所以說修白骨觀，腳底心使它發暖，就是長壽法在內了。我一直鼓勵你們修白骨觀，什麼方法都包括在白骨觀裏頭，簡單而明瞭。為什麼沖上去容易無念？強迫性的無念，妄念容易逼出去。換句話說，氣容易散開，所以氣功有了成就才可以修，否則就危險了。這是由頭頂向天空散去，一切妄念自然空了，生起無念的境界。

「又持者，天清澄時，背日而定，即觀於天空之境，心不散亂而住，遂生起無念智」。什麼叫保持定的境界？要在高山上修，臺灣的高山不適宜，濕氣太重，西北的高山、西康、西藏、雲南迤西的高山可以。天氣最澄清時，在山頂上，背著日光打坐，兩眼觀空。觀空定有下面幾個方法。

一象王視，象眼是向左右看的，臉不動。象鼻子大，右眼看右邊，左眼看左邊，所以叫象王視。

二凝視：兩個眼睛集中一點，到中間來，不要隨便搞這個方法，血壓低會頭昏，血壓高的人馬上又會高起來。

三平視：下面的眼皮往上，上面的眼皮垂下蓋一點點。在高山頂上怎麼坐？密宗叫獅子坐，也是狗的坐法。眼觀於空，同《椎擊三要》一樣，心注於眼，眼注於空，空無所住。自然空了，一片光，身體忘掉，空，什麼都不管。眼珠疲勞了，閉起眼睛也是一樣，眼珠不動。假如你們將來找到這樣理想的高山，懸崖更好，練習忘記了空間，將來可以不用跳傘，萬丈懸崖要下來就下來。獅子坐很舒服，手放在腳後跟裏面，這姿勢舒服得很，你們平常打坐，有時可以用這個，可以不要用坐墊。在懸崖上以獅子坐入定，下面看萬丈空谷，當然身體要平，尤其是女性，腿要併攏來，可是身體要伸直，要把身體姿勢調好。打坐有九十多種坐法，這是其中之一，這個是住山上專修的修持方法，最容易入定。觀空，修破瓦法，這個觀空的境界最容易生起無念智，但要注意要視而無視，若用看的，會把眼珠看壞了。

「又修者，定於天空後，又漸漸觀於地石山岩等諸境界，無有實法，成如天空，即自身亦變成如空，內外中三者皆成空界，於無有分別天空境中，不動不散坦然而住，即生起一切法無念本自解脫昔來法性本淨心淨智慧」。觀空以後，然後慢慢的意識境界觀地、石、山、岩等，都是空的，就像達摩祖師那兩隻眼睛，漸漸的忘掉了牆壁，忘掉了對面的山，對面的東西都沒有了，都觀空了，自然一切本空，自然一切無念，就可以達到了明心見性的境界。當然事實上還有，所以你們去查《大藏經》，佛的祕密早在顯教中告訴你們了。在密法法要中，神通修法就是這樣修，由觀空修法，氣脉成就了，然後空的定修好了，由眼神修通，等於催眠術一樣，然後把山岩牆壁都看空了。到達那個境界以後，什麼鋼鐵，電梯，根本不成妨礙，要進去就進去，要出來就出來，就是這個修法。這也是意境所生，是神通境界，是觀想成就，這是持法，保持定的境界，這個功能永遠保持著。

「此乃正行光明口訣也，其後一切皆無執着，當學習當下無生力淨法也」。今天結論所講的，簡單扼要，什麼禮拜、磕頭這些花樣，都給你拿掉，無上密宗，赤裸裸的，就是這麼一個，把那些形式主義，統統丟掉，「其後」，到了無念境界以後，一切皆無執著。所以密宗稱中國的禪宗是大密宗，這裏也告訴你，到達樂明無念成就以後，一切都不需要執著，應該要學習禪宗的當下即是，這是畢竟的無上淨土法門。

「如是樂明無念光，著述行證所獲文，以此善願諸眾生，了悟心性而不住，本來法身願獲得，更深心光明智要，如上師云諸行持，頞格雪山旁我等，願妙演說宏敕論」。這個法門，是歷代祖師修證有成的經驗，累積而傳下來，但願一切眾生明心見性，不執著，一無所住。也就是禪宗的境界，自性的法身本來在，應該當場得到，更進一步心的光明智慧法要，就是這本法本，希望大家宏揚。

今天本法本圓滿了，我要提起諸位注意，自正月打七以來，一直奉勸諸位努力研究《禪祕要法》白骨觀，努力修證，然後將來再講《六成就》《大手印》與《大圓滿》，可以對照看看。其實釋迦牟尼佛，早就把祕密宣說出來了，只是一般學佛者不信，沒有辦法。

我剛才提到一個問題須要補充，臍中「阿」字燃火燄不是在肚臍裏，而是差不多這個部位。你們修白骨觀也好，其他觀想也好，一個原則，今天把祕密告訴你們，比如一提媽媽，大家就有母親的影像，依照這個道理，一轉到白骨就來白骨了嘛，這是意境上的。換言之，你意境上觀想三脉四輪就有了，這是幻想，幻想定住久了，工夫一到，回轉到身上來就上來，意境上說有就有。怎麼說觀想不起來呢？但你說那是假的，你把假意境定住，不要三晝夜，你只要定住一個時辰，然後安那般那呼吸調勻，一回轉，馬上到身上來，觀想有什麼難嗎？那麼笨！只會玩嘴巴說，不研究。那麼一到身上來，一到臍輪，一念專一，臍輪沒有不發拙火的，到臍輪一發熱，就發樂。這時要見地清楚才行，貪圖樂，貪圖熱，就在臍輪上，你非崩潰不可，要大漏丹，不得了。到這裏要曉得馬上轉到顯教《心經》：「受不異空，空不異受；受即是空，空即是受」，趕快把感覺的境界拿掉，立刻上面甘露就下降，成就了。「三晝夜即成就」這句話，講得太長了，真的理通了，智慧的事，剎那之間就成了。不是騙你，騙人的話下地獄，真正佛法就是如此，但那是大智慧的本錢。

「無垢光所作大圓滿禪定休息精華撮要引義圓滿　吉羊　吉羊　吉羊」

大圓滿禪定休息簡說

建議售價・520元

講　　述・南懷瑾

出版發行・南懷瑾文化事業有限公司

網址：www.nhjce.com

代理經銷・白象文化事業有限公司

412台中市大里區科技路1號8樓之2（台中軟體園區）

出版專線：（04）2496-5995　　傳真：（04）2496-9901

401台中市東區和平街228巷44號（經銷部）

購書專線：（04）2220-8589　　傳真：（04）2220-8505

印　　刷・基盛印刷工場

版　　次・2016年5月初版一刷　2016年7月初版二刷　2016年9月二版一刷　2017年1月三版一刷　2018年2月三版二刷　2019年8月三版三刷　2021年8月三版四刷　2024年8月四版一刷

設計編印　白象文化

www.ElephantWhite.com.tw

press.store@msa.hinet.net

總監：張輝潭　專案主編：林榮威

國家圖書館出版品預行編目資料

大圓滿禪定休息簡說／南懷瑾講述．--初版.—臺北市：南懷瑾文化，2016.05

面：　公分.

ISBN 978-986-91347-8-1（平裝）

1.藏傳佛教　2.注釋　3.佛教修持

226.962　　104014289

※缺頁或破損的書，請寄回更換。※版權歸作者所有，內容權責由作者自負